ESSAI HISTORIQUE

SUR

LA BARONNIE DE CLÉRIEU.

DU MÊME AUTEUR.

Le parlement de Francfort et ses relations diplomatiques avec la République française. — Paris, 1852, br. in-8°.

La Réforme & la Révolution. — Paris, 1853, br. in-8°.

De l'idéal dans la littérature moderne. — Mme la comtesse Hahn-Hahn. — Paris, 1854, br. in-8°.

Notice sur Hector de Maniquet. — Valence, 1866, br. in-8°.

Le marquis d'Aubais. — Marseille, 1870, br. in-8°.

VALENCE, IMPRIMERIE DE CHENEVIER ET CHAVET. — 1873.

ESSAI HISTORIQUE

SUR

LA BARONNIE DE CLÉRIEU

EN DAUPHINÉ

ET SUR

LES FIEFS QUI EN ONT DÉPENDU

PAR

Anatole DE GALLIER

Président de la Société d'Archéologie et de Statistique
de la Drôme.

LYON

A LA LIBRAIRIE ANCIENNE D'AUGUSTE BRUN

rue du Plat, N.º 13, à l'enseigne de la *Providence*.

—

M.DCCC.LXXIII.

Cet *Essai* a paru de 1866 à 1872 dans le *Bulletin* de la Société d'Archéologie et de Statistique de la Drôme.

ESSAI HISTORIQUE

SUR

LA BARONNIE DE CLÉRIEU

ET SUR

LES FIEFS QUI EN ONT DÉPENDU.

PRÉFACE.

« Persuadé qu'un fait oublié est une perte essentielle », écrivait le savant marquis d'Aubais dans la préface de ses *Pièces fugitives pour servir à l'Histoire de France*, « je n'ai
» rien négligé pour mettre par écrit tout ce que j'ai pu ap-
» prendre. On aura beau dire que ce sont des minuties......
» C'est un préjugé que les ignorants et les paresseux veulent
» établir. » Sans posséder la rare érudition du fameux généalogiste, il est indispensable d'être pénétré de cette idée, quand on prétend toucher aux annales d'une province. Plus on remonte dans le passé, et plus l'exactitude minutieuse devient nécessaire. Si, dans les siècles rapprochés de nous, notre histoire présente un ensemble facile à suivre et à démêler au milieu des événements multiples qu'elle renferme, elle se décompose en mille rameaux en se rapprochant de ses origines. L'unité française, œuvre lente, durable et glorieuse de la dynastie Capétienne, a été précédée d'un travail analogue dans nos provinces. Par la conquête, les alliances, les cessions volontaires, les acquisitions ou les échanges, les Dauphins, pour citer un exemple rentrant naturellement dans notre sujet, se sont successivement aggrégé les diverses portions de la contrée, qui a reçu leur nom.

Prendre à ses débuts, dans les ténèbres des vieux âges, une seigneurie indépendante, pour la suivre au milieu de ses transformations, alors même qu'elle a perdu l'allodialité, mais qu'elle conserve encore une place dans la hiérarchie féodale; suppléer par les chartes au silence presque habituel des chroniqueurs; s'efforcer de faire sortir la vie et la lumière de parchemins, hélas! trop laconiques, c'est une tâche qui n'a plus besoin d'être justifiée et dont on comprend généralement aujourd'hui l'utilité.

Nous venons tenter un travail de ce genre pour la baronnie de Clérieu, un de nos grands fiefs dauphinois, entrevu de loin en loin dans les récits de nos historiens. Il est vrai que ce sujet a déjà été succinctement traité par M. l'abbé Vincent, auquel on doit un certain nombre d'intéressantes notices sur diverses communes du département de la Drôme. Nous aurons plus d'une fois à citer la brochure de M. Vincent. Mais notre plan, plus vaste que celui adopté par ce laborieux ecclésiastique, embrasse une infinité de détails étrangers au but qu'il s'est proposé. Ainsi, surtout pour les premiers temps, il nous a paru que le meilleur moyen de nous orienter au milieu de faits épars, souvent au premier abord dépourvus d'enchaînement, était de dresser, avec toute l'exactitude permise par les documents entre nos mains, des généalogies qui ne se présentaient qu'avec de notables lacunes. Trop souvent des œuvres de cette sorte sont entreprises dans l'intérêt, plus ou moins bien déguisé, de la vanité d'une famille. Nous prenons la plume, au contraire, avec une parfaite indépendance, et, comme on le verra, sans aucune arrière-pensée. Nous n'avons, Dieu merci, personne à glorifier de parti pris. Éteints depuis longtemps, la plupart des noms que nous rencontrerons laissent, du reste, à nos appréciations une entière liberté. Notre travail se divise naturellement en deux parties. La première raconte l'histoire de ces petits dynastes appartenant à trois races successives; la seconde est consacrée aux fiefs qui dépendaient d'eux à l'intérieur comme au dehors de la baronnie. Commençant au Xe siècle, à une époque très-voisine de l'établissement des seigneuries héréditaires, nous finissons avec la Révolution, qui a définitivement anéanti ce qui restait encore de la féodalité.

Entre le comté d'Albon, Romans, Valence et le Rhône, dans une contrée médiocrement accidentée, si on la compare à la majeure partie de la province, accédant d'ailleurs à la grande voie de communication d'un fleuve, ouverte, par conséquent, de bonne heure à la civilisation et à la culture, la baronnie de Clérieu, au plus haut point de sa splendeur, couvrait, avec ses arrière-fiefs, dix-sept communes actuelles du département de la Drôme (1), et, à toutes les époques, beaucoup d'autres terres entre les mains de ses possesseurs ajoutaient à son importance politique. Elle a eu tour à tour pour seigneurs les premiers sires de Clérieu, qui figuraient aux diètes de l'Empire parmi les grands feudataires de l'ancien royaume de Bourgogne et qui osèrent lutter contre Saint Louis, les Poitiers, comtes de Valentinois, éteints en Dauphiné avec la belle Diane, enfin les La Croix-Chevrières illustrés au XVIe siècle par Jean de La Croix, diplomate et magistrat célèbre, mort évêque de Grenoble.

Elle a compté parmi ses vassaux les Montchenu, les Baternay, les Claveyson, les Allemand, les Bocsozel, les Brunier, tant d'autres noms fameux dans notre pays, qui accroissaient le prestige de leurs suzerains et devaient contribuer à l'éclat de cette petite cour, depuis si longtemps disparue.

Les secours ne nous ont pas manqué dans notre modeste tâche. Le savant M. Émile Giraud, ancien député de la Drôme, dont le beau livre sur l'*Abbaye de Saint-Barnard et la ville de Romans* est destiné à rester au premier rang parmi nos monuments provinciaux, est bien connu en Dauphiné par sa parfaite complaisance et son empressement à aider de ses lumières ceux qui lui témoignent le désir de traiter un point de notre histoire locale. Qu'il nous permette de le remercier ici de ses précieuses communications, de ses bons avis. M. le marquis de Chabrillan a

---

(1) *La sirerie*, plus tard baronnie *de Clérieu*, était formée de Clérieu et son annexe Saint-Bardoux, de Veaunes, Marsas, Chanos et Curson, auxquels il faut ajouter Beaumont-Monteux et la Roche-de-Glun distraits à l'avénement des Poitiers, enfin la seigneurie de Chantemerle considérée comme unie à Clérieu. Les arrière-fiefs étaient Claveyson, Saint-Jean-de-Mureils, Montchenu, Baternay, Miribel-en-Valclérieu, Margès, Mercurol, Larnage et Croze.

bien voulu nous ouvrir les riches archives du château de Saint-Vallier, héritage de famille, parmi lesquelles les papiers de Clérieu tiennent une grande place. Nous devons aussi exprimer notre gratitude pour plusieurs de nos collègues de la Société d'archéologie de la Drôme : l'excellent M. Lacroix, archiviste du département, si bien au courant du dépôt qui lui est confié et toujours obligeamment disposé à en faciliter l'accès; M. Henri Morin-Pons, l'auteur de la *Numismatique féodale du Dauphiné*, mettant généreusement à notre disposition les volumineuses notes de Moulinet, dont il est l'heureux possesseur; notre ami M. Charles de Rostaing, qui s'est donné la peine de prendre pour nous de nombreux et importants extraits; M. Henri Machon, qui nous a fait part des premiers documents d'où nous est venue l'idée de ce travail. Pour ne pas rendre cette liste trop longue, nous nous acquitterons de nos autres dettes, à mesure qu'en avançant dans notre œuvre l'occasion se présentera. Si, malgré ces encouragements, malgré nos longues et patientes recherches, il nous est arrivé de commettre quelques omissions, ou, ce qui serait plus grave, de nous laisser entraîner à quelque erreur, nous prions le lecteur, selon l'antique usage, de vouloir bien nous excuser.

PREMIÈRE PARTIE.

LES SEIGNEURS DE CLÉRIEU.

CHAPITRE PREMIER.

La maison de Clérieu.

Malgré son apparente grandeur, l'Empire Romain fut peut-être l'époque la plus funeste des annales de l'humanité : en même temps qu'il tarissait les sources de la liberté, il abaissait la conscience à un niveau jusque-là inconnu. Chez ce peuple, dont tous les ressorts sont tendus vers la conquête et la domination, il n'y eut jamais place pour le libre arbitre, pour la personnalité. C'est au milieu de l'éclat menteur d'une civilisation corruptrice, dominée par la lamentable figure de l'esclave enchaîné au foyer projetant son ombre sinistre sur le monde antique tout entier, que germèrent naturellement ces odieuses doctrines reprises par le despotisme de tous les temps, sacrifiant systématiquement l'individu à l'abstraction impitoyable de l'État.

Le sentiment de l'indépendance, la fierté innée de l'homme, qui ne relève que de sa conscience, nous sont venus de ces Barbares, auxquels Dieu livra l'Europe pour la renouveler. A l'heure où Rome finissait au banquet de Trimalcion, la grande forêt germanique abritait de sauvages aggrégations d'hommes, peuplades errantes, fédérations nouées ou rompues selon l'intérêt ou les passions de chaque tribu, devant nous apporter des instincts tout à fait opposés à la monstrueuse centralisation, qui, en s'étendant, avait fini par tout frapper de stérilité et de mort. Au sein de cette société primitive, à la fois pastorale et guerrière, dont les Arabes du désert peuvent nous donner une idée, la servitude ne présentait pas le caractère dégradant, inhérent aux périodes de décadence et de raffinement, et se prêta facilement à la transformation opérée par la féodalité. Cette race chaste, indomptable, farouche et généreuse, qui étouffait les lâches dans la boue, respectait un ennemi demandant merci, élisait ses chefs et rendait la justice en assemblée générale, constituera, quand elle aura reçu le Christianisme, un des agents les plus actifs de la formation moderne.

Fidèle à ses origines, le moyen âge offrit, comme caractères persistants, l'affirmation de la personnalité et l'éparpillement des forces. Si le génie de Charlemagne parvint à plier cent nations diverses sous le joug de l'ancienne hiérarchie, cette restauration d'un passé connu seulement des lettrés, cette brillante et fugitive œuvre d'art s'écroula d'elle-même entre les mains de ses faibles successeurs. Un siècle et demi plus tard, Boson fondait un royaume national du Sud-Est, plus restreint et plus homogène, auquel les affinités de ses populations semblaient promettre de longues destinées. Cette nouvelle tentative d'organisation devait échouer devant la fusion encore incomplète d'éléments trop résistants, et le mouvement historique se continua dans une direction opposée.

Pendant l'anarchie qui prépara et suivit la dissolution du royaume de Bourgogne, la région dont s'est formé plus tard le Dauphiné se fractionna en une infinité de petites souverainetés. A côté de la puissance des églises et des monastères, la plus légitime alors, puisque émanant du libre consentement des peuples, elle exerçait par ses bienfaits, ainsi que par sa protection, une action réellement civilisatrice, surgirent de toutes parts des seigneuries qui n'eurent pas toujours une origine aussi pure. On a souvent répété avec raison que les concessions viagères de charges ou de territoires, appelées *bénéfices* dans la langue féodale, donnèrent lieu, avec le temps et la faiblesse des souverains, à l'institution des fiefs héréditaires; mais du IXe siècle, où ils commencent à s'établir, au XIIe, où, dans notre province, ils sont généralement confirmés, que d'usurpations, que de changements violents au milieu de luttes obscures, de guerres incessantes de seigneur à seigneur! Le capitaine d'aventure, réunissant autour de lui une bande d'hommes d'armes prêts à devenir des tenanciers, bâtissait un château-fort sur la montagne et se taillait devant lui, suivant sa puissance, un lambeau de territoire, ne s'inquiétant de l'autorité nominale de l'Empire que le jour où il en obtenait une facile investiture. Il en fut de même à toutes les époques de trouble : maints soldats de fortune profitèrent des guerres civiles du XVIe siècle pour s'arroger la qualification d'écuyer et parvinrent à faire souche (1).

A côté de Grenoble, où les comtes d'Albon l'emportaient sur les évêques, les Sassenage appelaient à la défense de leurs forteresses une foule de nobles vassaux; la tribu des Allemand fermait les défilés de l'Oisans et du Trièves et s'avançait jusqu'à Uriage, souvent en lutte avec les Ainard, les vainqueurs des Sarrasins. Tandis que les comtes de Forcalquier régnaient à Gap et à Embrun, qui avaient eu auparavant leurs comtes particuliers, d'indomptables races de chasseurs de chamois, telles que les Flotte et les Bardonnenche, maintenaient leur indépendance dans les vallées sauvages où se précipitent les avalanches et sur les Alpes inaccessibles. Les barons de La Tour-du-Pin, tige de la troisième dynastie delphinale, occupaient les deux rives pittoresques du haut Rhône; limitrophes du comte de Savoie, dont les possessions s'enfonçaient comme un coin dans le cœur du pays, hésitant entre les deux alliances, les Clermont, soumis seulement au XIVe siècle, dominaient dans les Terres-Froides. Au dessous de Vienne, la cité sainte de la Gaule chrétienne, et du riche patrimoine des Beauvoir, les Roussillon, qui prétendaient se rattacher au comte Gérard, célébré dans les romans de chevalerie, s'étendaient non loin de Mantaille et du berceau des Dauphins et pénétraient en Vivarais. Les comtes de Valentinois, à Chabeuil les Gontard, les Lambert-François, parents de la maison de Bourgogne, puis les Bérenger établis dans le Royans, les Adhémar dans la Valdayne, les comtes de Die, les barons de Meuillon et ceux de Montauban se partageaient le bas Dauphiné (2).

---

(1) Voy. D. VAISSETTE, *Histoire du Languedoc*, t. V, *Preuves*, col. 230.
(2) CHORIER, *Histoire générale de Dauphiné*, t. Ier, page 774 et suiv. — G. ALLARD, *passim*, etc.

Parmi les seigneurs principaux que nous venons d'énumérer, les sires de Clérieu furent appelés à jouer de bonne heure un rôle considérable. A la lisière de la fraîche vallée où l'Herbasse lente dérobe son cours entre les arbres de la prairie, le village de Clérieu, autrefois entouré de remparts, dont on aperçoit çà et là quelques vestiges, s'étale au pied de sa vieille église sous le vocable de Notre-Dame. Sur un mamelon voisin, des ruines indiquent la place du manoir, où fut enfermé au XIVe siècle l'archevêque de Vienne, Bertrand de La Chapelle. Si l'aspect des lieux nous fait ordinairement pressentir leur importance dans l'histoire, rien dans la configuration de ce calme paysage, dans la situation de ce vallon qui semble fermé à tous les bruits du monde, ne nous explique comment il a pu devenir le centre d'un petit état, dont les turbulents voisins furent contraints de subir la suzeraineté ou s'empressèrent de solliciter la protection. Il faut sans doute demander les causes de cette puissance à des faits sur lesquels le silence des documents ne nous permet que des conjectures, à l'audace persistante des premiers seigneurs favorisés par des entreprises heureuses, à d'habiles traités d'alliance, à des mariages, enfin, avec ces premières dynasties locales, un moment prépondérantes, bientôt éteintes ou disparues. La possession du château de La Roche-de-Glun, dominant le cours du Rhône et les deux routes qui le côtoient, contribua peut-être plus que toute autre chose à servir les ambitieux desseins de cette race aventureuse.

Dans les anciens titres, Clérieu est appelé *Claria, Clariacum, Clayriacum, Cleriacum, Clareyum, Clariou,* etc. Les chroniqueurs du règne de Saint Louis, étrangers à la province, lui donnent même le nom de *Cloregium* (1). On a trouvé à Clérieu quelques-uns de ces débris romains que le sol de notre vieille Gaule recèle si abondamment sur presque tous les points de

---

(1) *Recueil des Historiens des Gaules et de France*, in-fol., t. XXI. La forme *Clairiacum* eut donné lieu à une confusion avec la ville de Cléry en Orléanais, désignée sous ce nom. (Voyez le même *Recueil*, t. XX, p. 771.) Nous avons cru devoir rejeter l'orthographe officielle et moderne de *Clérieux*.

son territoire (1). Chorier prétend, sans aucune espèce de preuve, que le nom de ce village vient de celui du romain Clarus, qui sans doute l'aurait fondé ou y aurait possédé une villa (2). Si, du champ sans bornes des conjectures, on veut entrer dans le domaine de l'histoire, le premier monument qui s'offre à nous avec une date certaine est une inscription funéraire du VIe siècle de l'ère chrétienne, conservée chez un habitant de la localité, M. Isidore Seyvon (3).

---

(1) VINCENT, *Notice historique sur la baronnie de Clérieu*; Valence, 1864, in-8°, page 65.
(2) CHORIER, *Histoire générale du Dauphiné*, t. I, p. 203.
(3) Cette inscription a été publiée par M. Vincent. Nous donnons ici la version plus complète de M. l'abbé Perrossier.

```
. . . . . . . . . . AB . . . . . . . . . . .
. . . . . . RA Q (ve) VIX (it)
(o) BIIT IIII (quarto) IDVS
(indic) XIONE OCTAVA
(Jo) HANNIS VCC
. . . . . CESSEME
```

Nous nous sommes adressé, pour obtenir l'explication de cette curieuse inscription, à l'obligeance de M. Allmer, un des maîtres de la science épigraphique, qui a bien voulu nous autoriser à insérer ici le résultat de ses savantes recherches. Tout en nous faisant observer que n'ayant pas vu luimême le monument, et par conséquent étant obligé de s'en rapporter à la transcription qui lui est communiquée, insistant d'ailleurs sur ce point qu'il manque évidemment plusieurs lignes précédant les fragments qui nous restent, il conclut à la restitution suivante :

```
. . . . . . . . . . . . . . . . . . . . . . . . . . . . AB
(AETATE TENE) RA Q (VI) VIX (IT)
. . . . . (ANNOS. . . . . MENSES. . . . . O) BIIT IIII IDVS
. . . . . (INDIC) XIONE OCTAVA
. . . (POST CONSVLATVM JO) HANNIS V (IRI) C (LARISSIMI) C (ONSVLIS)
(VIVAS IN DEO DVL) CESSEME.
```

Voici, enfin, les observations que cette inscription suggère à M. Allmer :
« Lignes 1 et 2. Le mot AB ne s'adapte à aucune des formules par lesquelles
» commencent ordinairement les épitaphes chrétiennes; la ligne qui con-
» tient ce mot était sans doute précédée de plusieurs autres lignes. L'épi-
» thète DVLCESSEME, qui termine l'inscription et qui paraît ne pouvoir

A l'époque où l'hérédité des noms commença à s'établir parmi les maisons puissantes, précisément au moment où les Clérieu apparaissent dans notre province, l'ignorance était générale; la possession étant préférable aux titres les plus réguliers, on s'inquiétait peu de fixer le souvenir même des événements domestiques, et la nuit des temps se faisait naturellement au bout de deux ou trois générations. Aussi, ce n'est que dans les monastères, où se conservaient encore quelques lumières, que l'on retrouve, à l'occasion de donations ou de transactions, les premiers rudiments généalogiques des familles historiques.

» s'adresser qu'à un jeune enfant, apporte quelque vraisemblance à la res-
» titution AB AETATE TENERA.

» Ligne 3. On remarque que les épitaphes des enfants, plus particuliè-
» rement que les autres, relatent avec soin l'âge atteint au moment de la
» mort; elles mentionnent non-seulement les années et les mois, mais
» aussi les jours, quelquefois même les heures. Sur notre inscription, les
» mots ANNOS, MENSES, pouvaient n'être pas gravés en toutes lettres.

» Lignes 4 et 5. Il manque au commencement de la 4ᵉ ligne le nom du
» mois, auquel se rapporte le mot IDVS de la ligne précédente, et au
» commencement de la 5ᵉ ligne l'indication du *post-consulat*, qui régit au
» génitif le mot JOHANNIS. Le Jean, dont il est ici question est le consul
» de l'an 538 (*Johannes sine collega*), dont le consulat, ainsi que M. Ed-
» mond Leblant en fait la remarque dans ses *Inscr. Chrétiennes de la
» Gaule*, p. LXXII, a servi dans la Viennoise, sans qu'on sache pourquoi,
» de point de départ à une supputation particulière qui a duré jusqu'en 550,
» bien qu'il y ait eu des consuls en exercice jusqu'en 541, année du consulat
» de Basile, le dernier particulier qui ait été revêtu de cette dignité,
» et bien qu'à partir de là l'usage ait été de dater par les *post-consulats*
» de Basile. La huitième indiction mentionnée sur l'inscription ne se ren-
» contre qu'une fois de 538 à 550 et correspond à la période comprise
» entre le 1ᵉʳ septembre 544 et le 1ᵉʳ septembre 545, c'est-à-dire au
» 5ᵉ ou au 6ᵉ post-consulat de Jean, selon que le mois, dont l'indication
» manque, était antérieur ou postérieur au mois de janvier 545. Si l'on se
» fût servi de la supputation commune, notre marbre eût été daté, suivant
» le cas, du troisième ou du quatrième post-consulat de Basile.

» Ligne 6. VIVAS IN DEO m'a paru préférable dans une épitaphe chré-
» tienne à HAVE ET VALE, qui sent le paganisme. DVLCESSEME pour DVL
» CISSIME n'offre rien d'extraordinaire, la confusion de l'E et de l'I est
» des plus fréquentes sur les inscriptions du VIᵉ siècle. »

Ordinairement, les seigneurs concédaient aux églises des forêts, alors sans valeur et des terrains incultes, qui, plus tard défrichés et devenus supérieurs par leur culture aux campagnes environnantes, tentaient fréquemment la cupidité des descendants du donateur. Afin de se mettre à l'abri de pareilles revendications et dans l'espoir d'imprimer un caractère plus durable aux libéralités dont ils étaient l'objet, les moines faisaient quelquefois ajouter au seing ou signe du bienfaiteur, ceux de ses enfants et même de sa femme, dont le prénom nous est alors ainsi conservé; car il n'était pas alors d'usage de mentionner son nom de famille. Pour ne citer que des exemples connus et voisins de nous, les chartriers de l'abbaye d'Hautecombe en Savoie, de la Chartreuse de Portes en Bugey, du prieuré de Domène près de Grenoble, nous ont donné les origines des Clermont, des Coligny, des Ainard. Il devait en être de même pour les Clérieu, qui ne le cédaient en ancienneté qu'à un bien petit nombre de familles : le *Cartulaire de Saint-Bernard* de Romans, publié il y a peu d'années par M. Giraud, nous a révélé les premiers degrés de leur généalogie. La persistance du nom de Silvion, que l'on rencontre le premier, pourrait nous faire incliner vers une extraction gallo-romaine reliant peut-être les Clérieu à quelqu'une des maisons patriciennes qui remplirent, sous les Mérovingiens, un rôle important. Mais on sait qu'au Xe siècle déjà les noms avaient perdu leur caractère significatif, et étaient portés indifféremment par les deux races, dont l'autonomie tendait à s'effacer. D'ailleurs, les prénoms de Guillaume et de Roger, de provenance germanique incontestable, sont fréquents aussi chez les Clérieu et s'opposent à ce que l'on puisse former une conjecture un peu plausible sur leur nationalité primitive.

Dans la première moitié de ce triste Xe siècle, qui par les violences et les iniquités dont il est rempli, a justement mérité le nom de *siècle de fer*, l'archevêque Sobon, en possession du siége de Vienne depuis 927, eut de graves difficultés avec les moines de l'abbaye de Saint-Barnard, refusant de reconnaître sa juridiction. Les censures ecclésiastiques n'ayant produit, à ce qu'il paraît, aucun résultat, le prélat envoya des troupes qui, sous le prétexte de réduire les révoltés, incendièrent l'église et pillèrent le monastère (1), dont les biens furent partagés entre les chevaliers de cette étrange croisade. Poussés au désespoir, les religieux recoururent au pape (2), qui, pour soustraire l'abbaye à la tyrannie d'indignes évêques, « *ne lupina rabies tyrannorum episcoporum ulterius hanc discerpere adtemptet* », la plaça sous l'autorité et la protection immédiate du Saint-Siége. Tourmenté par ses remords, un des chefs de l'armée prévaricatrice, Silvion, auquel incombait, sans doute, la plus grande part de responsabilité dans ces actes odieux, était venu à Rome s'agenouiller aux pieds du Père des fidèles. Le pardon de son crime ne lui fut accordé qu'à la condition de subir une pénitence publique. En outre de l'obligation d'abondantes aumônes, il fut tenu de rebâtir l'église incendiée par ses ordres et d'affranchir soixante de ses serfs. M. Giraud conjecture, avec raison, que ce pénitent riche et puissant, portant le nom de Silvion, si fréquent chez les Clérieu, est l'ancêtre de leur dynastie. Les nombreux démêlés de ces seigneurs avec Saint-Barnard, dont ils refusèrent souvent de restituer les propriétés, apportent une évidence presque absolue à l'assertion du savant historien de Romans (3).

D'après les dates, ce Silvion, instrument trop docile des vengeances de Sobon, dut être le père ou le grand-père d'un

---

(1) Ces scandaleuses querelles se retrouvent quelquefois au moyen âge. Vers le milieu du XI⁰ siècle, la magnifique abbaye de Poultières en Champagne fut brûlée par les ordres de l'évêque de Langres. (Voy. le *Voyage littéraire de deux Bénédictins*; Paris, 1717, p. 105, cité dans la brochure de M. de Terrebasse, intitulée : *Gérard de Roussillon*.

(2) Ce bref n'a pas de date. M. Giraud l'attribue à Jean XI et place le fait entre 931 et 933. Rapprochant les événements de plusieurs années, M. Hauréau *(Gallia Christiana, prov. Vienn.*, col. 60 et 166) prétend, au contraire, qu'il s'agit ici de Jean XII, qui ne monta sur le trône pontifical qu'après la mort de Sobon, ce qui expliquerait comment ce prélat put échapper aux foudres de l'Église; du reste, aucune indication positive ne vient trancher la question.

(3) GIRAUD, *Cartulaire de Romans*, N.ᵒˢ 1 et 4, et *Essai historique sur l'abbaye de Saint-Barnard et la ville de Romans*, t. 1, p. 20. — CHARVET, *Histoire de la Sainte Église de Vienne*, p. 258, 293.

autre Silvion, le premier seigneur de Clérieu dont on ait connaissance. On trouve ce dernier en 994 chargé de biens d'église, question toujours pendante, dans laquelle on se débat du IXe au XIIe siècle. La vieillesse est venue, la conscience parle aux approches de la mort. Silvion propose de rendre à Saint-Barnard les propriétés usurpées par ses ancêtres. Il fait plus ; il engage ceux des chanoines, demeurés fidèles aux devoirs de leur état, à réclamer le concours de Thibaud, archevêque de Vienne, leur supérieur naturel, et à s'adresser au concile provincial, qui se tenait alors à Anse, pour obtenir d'être replacés sous la règle ecclésiastique, à laquelle ils avaient été soustraits dans ces temps de désordre, probablement sous le pontificat de Sobon. Les offres généreuses de Silvion furent acceptées, et le concile ordonna que les chanoines rendraient au monastère les biens qu'ils détenaient, en y ajoutant même leur propre patrimoine (1).

Dans la charte de 994, Silvion est qualifié « *magnificus vir* » et dans celle de 967, où il figure comme témoin, il est appelé « *princeps* » (2). On n'ignore pas que cette épithète de *prince*, accordée seulement à des personnages dans une situation très-élevée, était, selon la remarque de M. de Gingins, « un titre plutôt honorifique que dynastique » (3), et signifiait tout simplement un des premiers seigneurs du pays (4). Dans les anciens actes, les Simiane en Provence et d'autres maisons illustres sont quelquefois ainsi désignés, sans que cette appellation, inusitée dans la noblesse française, soit jamais devenue héréditaire. En réalité, les Clérieu, portèrent seulement le titre de *Sires*, qui suffisait aux Coucy : la baronnie n'apparaît que bien plus tard, sous les Poitiers.

---

(1) Giraud, *Cartulaires* N.os 11 et 11 *bis*, et *Essai historique*, p. 26 et suiv. — Martène et Durand, *Thesaurus anecdotorum*, t. IV, p. 78. — Labbe, *Concilia*, éd. de Venise, 1728, t. II, col. 1003. — Charvet, p. 268.

(2) *Cartulaire* N.° 261.

(3) *Bosonides*, p. 218.

(4) Voyez le *Glossaire de Ducange*, v.° *princeps*.

Faut-il reconnaître le Silvion du concile d'Anse dans ce Silvius, qui en 977, du consentement de sa femme Gunilis ou Unilis et de son fils *Guillaume*, fit de vastes concessions de terrains pour la fondation du prieuré conventuel de Saint-Pierre de Rompon, au diocèse de Viviers? La charte, qui fait partie du *Cartulaire de Cluny*, est rapportée par M. l'abbé Rouchier dans son *Histoire du Vivarais* (1). Cette identité, si elle pouvait être établie, aurait son importance ; elle prouverait que dès cette époque les Clérieu étaient possessionnés sur les bords du Rhône, du côté de La Voulte, dans les lieux mêmes où leur autorité fut reconnue et sanctionnée au XIIe siècle par les empereurs d'Allemagne. Si, dans la fondation de Rompon, Silvion ou Silvius ne prend pas le nom de Clérieu, il n'en est pas non plus en possession dans l'acte de 967, et nous l'en voyons investi seulement en 994. Mais, ce qui donne une grande vraisemblance à notre supposition, c'est le prénom de *Guillaume* qui appartient au fils aîné de Silvion Ier de Clérieu. En effet, le *Cartulaire*, qui longtemps encore nous servira de guide, nous fournit les noms de plusieurs des enfants de ce dernier. Outre Guillaume Ier et Adon, qui possédèrent successivement Clérieu, il eut deux filles. L'une, appelée *Fida*, épousa Guillaume, seigneur par usurpation du territoire sur lequel s'élevait Saint-Barnard. De ce mariage vinrent Léger, archevêque de Vienne en 1030, Guillaume, Hermann et Adon. L'autre fille de Silvion, dont le nom n'est pas arrivé jusqu'à nous, fut mère d'un certain Guigues, qui figure au *Cartulaire* comme donateur de l'église de Romans, en 1064 (2). M. le marquis de Pisançon, auteur d'un intéressant travail sur l'*Origine des Dauphins*, conjecture, non sans quelque probabilité, que ce Guigues n'est autre que Guigues le Prince, père de Guigues le Vieux, tige des comtes d'Albon (3).

Dans cette aride nomenclature, dont nous sommes forcé de nous contenter aux débuts, Guillaume Ier surnommé *Manceps*,

---

(1) Tome Ier, p. 610.
(2) GIRAUD, *Cartulaires* N.os 277 et 56, et *Essai*, p. 173, 30, 32, 61.
(3) *Bulletin de la Société d'Archéologie de la Drôme*, t. 1er, p. 42, 44, 45.

soit à cause de ses richesses, soit peut-être en raison de sa cupidité, ne trouve une mention qu'à l'occasion de l'octroi, plus probablement de la restitution qu'il fit à l'église de Saint-Barnard du mas de La Bouverie sur le territoire de Romans (1). Encore paraît-il que cette sorte de transaction amenée par l'archevêque Léger, parent proche des Clérieu, comme nous avons vu, demeura sans résultat ; car nous assistons à de nouvelles discussions à ce sujet sous Adon, frère et successeur de Guillaume, resté comme lui en possession de La Bouverie. Adon, témoin, le 27 janvier 1052, de l'acte par lequel Ismidon de Peyrins restitue à prix d'argent divers biens enlevés à Saint-Barnard, du temps du trop fameux archevêque Sobon (2), fut le père de Guillaume II de Clérieu, ainsi que nous l'apprend la charte N.º 190, sur laquelle repose tout l'échafaudage des premiers degrés de la généalogie de cette maison.

Un document dont nous aurons bientôt à entretenir le lecteur (la bulle de l'empereur Conrad II en faveur de Silvion II) nous fait connaître que sous le règne d'Adon le fief dominant de Clérieu était déjà constitué dans ses limites les plus étendues. La possession de Faramans (entre Anjou et la Côte-Saint-André) et de La Voulte se présente aussi dès cette époque avec une grande probabilité. Mais ce ne fut que plus tard, sous l'influence d'un état social plus avancé, que d'illustres vassaux vinrent se grouper autour de la seigneurie qui fait le sujet de ce travail.

La longue existence de Guillaume de Clérieu, IIe du nom, s'écoula, comme celle de ses prédécesseurs, comme celle de ses contemporains, en alternatives de violentes usurpations sur l'Église, de restitutions et de libéralités envers elle. Le premier acte où il se trouve mentionné remonte à 1062 (3). Il figure encore le 11 mars 1123, avec son fils l'abbé de Saint-Félix, dans la procession solennelle qui conduit à Crépol la châsse de saint Barnard venant prendre possession, à la façon des seigneurs

---

(1) GIRAUD, *Cartulaires* N.ºs 173 et 190, et *Essai*, p. 143.
(2) GIRAUD, *Cartulaire* N.º 4. — CHARVET, p. 193.
(3) GIRAUD, *Cartulaire* N.º 45.

féodaux, d'importantes concessions de terrains faites à son monastère (1). Lorsque l'archevêque de Vienne, Guy de Bourgogne, destiné plus tard à ceindre la tiare sous le nom de Calixte II, disputait, contre le droit et les traditions, le comté de Salmorenc et l'église de Saint-Donat, à saint Hugues, évêque de Grenoble, quand, oubliant un moment son caractère, il obligeait à la fuite le pape Urbain II accepté par lui comme arbitre du différend, et se vengeait par ses vexations des chanoines de Romans demeurés fidèles aux souverains pontifes, Guillaume de Clérieu joua un rôle analogue à celui qui avait rendu tristement célèbre Silvion, le premier de ses auteurs connus. Attaché peut-être à l'archevêque de Vienne par un lien féodal, ou bien obéissant à quelque animosité, dont le souvenir ne nous est pas parvenu, contre son voisin Odilon de Châteauneuf-d'Isère, le frère de saint Hugues, il se jeta avec Lambert-François de Royans sur les terres de l'abbaye, ravagea les bords du torrent du Chalon-de-Gigouriou, insultant les clercs sur son passage, enlevant dans une razzia rapide les bestiaux et même les gerbes de blé que les fermiers n'avaient pas eu le temps de rentrer dans les granges. L'ambition des deux alliés paraît s'être tournée, dès cette époque, vers le château de Pizançon, qui put défier toute attaque, grâce à la protection de l'évêque du Puy, l'illustre Adhémar, possesseur de fiefs dans le voisinage (2). Quelques mois plus tard, le 28 novembre 1095, Urbain II adressa, du concile de Clermont, un bref aux deux coupables, les menaçant d'excommunication s'ils ne venaient à réparer leurs torts; il témoignait en même temps son juste mécontentement contre l'archevêque de Vienne, le dépouillant de sa juridiction sur Saint-Barnard, dont il avait abusé (3). Mais Guy, issu de la maison souveraine des comtes de Bourgogne, ne pouvait être traité comme son prédécesseur Sobon; malgré sa rébellion momentanée, il se distinguait par des qualités éminentes qu'il

---

(1) GIRAUD, *Cartulaire* N.º 166, et *Essai*, t. Iᵉʳ, p. 146.
(2) *Essai*, t. I, p. 115 et suiv.
(3) *Cart.*, N.ᵒˢ 7 *bis* et 8, et *Essai*, t. I, p. 118.

déploya dans le gouvernement de l'Église, et dont le pape dut tenir compte. Lambert-François et Guillaume, qui avaient obéi à l'impulsion du prélat, furent eux-mêmes récompensés de leur soumission. Sous la médiation de l'archevêque, une transaction intervint entre Guillaume et les chanoines lésés, mais n'osant pas rompre avec un aussi dangereux voisin. Guillaume commence par rapporter le butin mal acquis (*malæ captiones*) qu'il avait fait récemment. Il cède ses prétentions sur une maison contiguë au monastère et restitue tout ce dont lui et les siens s'étaient saisis, y compris les églises de Clérieu et de son mandement (1), données autrefois par son oncle Guillaume *Manceps,* du consentement d'Odyle de Châteauneuf, qui exerçait sans doute des droits sur cette vallée. D'un autre côté, la possession viagère de la Bouverie, dont la restitution, tant de fois stipulée, n'avait été en réalité jamais effectuée, à cause de l'importance de la situation de ce manse donnant pied dans les affaires de l'abbaye et de la ville qui grandissait à son ombre, est maintenue à Guillaume, bien déterminé au fond du cœur à la transmettre à ses héritiers (2). Dans une série d'actes sans date, comme les précédents, mais s'enchaînant évidemment les uns aux autres, ces arrangements se complètent. Guillaume donne l'église de Sanson avec cinq mas environnants; il consent à la restitution des dîmes de Chanos, dont il possédait une part (3). Mais ces sacrifices nécessaires eurent pour récompense l'acquisition régulière de Pizançon convoité par les Clérieu, et qui marque une ère nouvelle dans leur puissance. A l'instigation de l'archevêque Guy, leur ancien allié, Guillaume, d'accord avec Lambert-François, auquel il devait en céder une part, fut investi vers le commencement du XIIe siècle de ce fief de l'abbaye, et tous deux prêtèrent à cette occasion le serment de

---

(1) Les seigneurs féodaux usurpaient non-seulement les dîmes, mais les droits de sépulture et les revenus légués par la piété des fidèles (Voy. CHORIER, t. II, p. 14). Cet état de choses répandu par toute l'Europe n'était qu'une faible partie des abus contre lesquels s'élevèrent alors les Papes.

(2) *Cartulaire,* N.os 173 et 190.

(3) *Id.,* N.os 274 et 216.

fidélité (1). A la lecture des documents d'où ressortent des griefs, que l'on ne voulait pas sans doute exprimer avec une trop grande clarté, on pressent que le Chapitre, ayant dû avoir la main forcée en laissant Guillaume et Lambert, qualifiés *viri potentes nostre Romanensis ecclesie vicini*, s'emparer d'un des plus beaux fleurons de la temporalité de l'église de Romans, se résigna à sanctionner cet état de choses, sauf à insérer dans l'acte la clause illusoire que Pizançon ferait retour aux chanoines après la mort des usufruitiers. La division du fief en deux parts, qui prirent plus tard le nom de parerie poitevine et de parerie delphinale, se perpétua jusqu'à la Révolution, mais toujours sous la mouvance du Chapitre (2).

Moins turbulent que Lambert-François, Guillaume se montre en pacifiques relations avec ses pieux suzerains. Comme seigneur haut-justicier de Clérieu, il adjuge aux chanoines des propriétés qu'on leur contestait injustement sur la paroisse de Saint-André de Royon, dénomination restée à un quartier de la commune de Clérieu (3). Mais, au sujet du compromis ménagé par lui avec Archinjaud, fils de Truanus, vehier de Lambert-François, il est accusé par les bons religieux de n'avoir pas tenu la main à la stricte exécution des conventions (4). Est-ce lui ou son fils l'abbé de Saint-Félix qui figure comme témoin dans la charte de tradition ou plutôt de déguerpissement, *carta guirpitionis*, faite en 1128 par un certain Léger de Clérieu, Silvion de Claveyson et autres, de la terre *de Fabricis* à l'église de Grenoble (5)? Cette terre est sans doute la même chose que le territoire de *Fabrica*, près de Crozes, cité dans l'hommage d'Arthaud de Claveyson du 18 janvier 1344.

Guillaume eut pour contemporain Mallenus de Clérieu qui en 1078, d'accord avec sa femme Jacelda, donna aux chanoines

---

(1) A la possession du château de Pizançon étaient attachés des droits d'usage dans la forêt de la Bayanne (*Cart.*, N.º 17).

(2) *Cartulaire*, N.ºˢ 174 et 269, et Giraud, *Essai*, t. I, p. 136.

(3) *Cartulaire*, N.º 225.

(4) *Id.*, N.ºˢ 162 et 164 *bis*.

(5) Valbonnays, t. I, p. 129.

des biens situés au lieu de Vernaison. Nous dirons plus tard pourquoi nous avons cru devoir l'exclure, ainsi que plusieurs autres personnages du même nom, de la généalogie de la maison qui nous occupe en ce moment.

Quant à Guillaume lui-même, il laissa deux fils : Silvion II, destiné à continuer la famille en l'environnant d'un plus grand éclat, et Guillaume, abbé de Saint-Félix de Valence et sacristain de Romans, hautes dignités ecclésiastiques, qui devaient se transmettre dans cette race dont elles flattaient l'orgueil et semblaient devoir faciliter les projets ; Valence formait d'ailleurs un trait d'union avec les possessions des Clérieu en Vivarais (Châteaubourg, La Voulte et probablement déjà Garauson). Les actes de l'abbé Guillaume vont de 1123 jusque vers 1174 ; il conserva une part dans la seigneurie, et on le voit, en diverses circonstances, faire preuve d'autorité, soit isolément, soit d'accord avec son frère. Ainsi, il permet aux chanoines de prendre leur affouage dans son bois du Vorassier, *Voriaciacum, Varacenum* (1). Il y avait dans cette localité, entre Romans et Clérieu, une église qui, après avoir appartenu à Guillaume-le-Roux (Guillaume Ier), Adon et Guillaume II, avait été donnée à Saint-Barnard par Guinisius de Châteauneuf, frère de saint Hugues (2). Elle s'est effacée du sol comme Saint-André de Royon. Guillaume servit efficacement les intérêts du Chapitre dans la contestation avec Silvion, à propos de la clôture de la ville (3).

Silvion II, qualifié par le chroniqueur Radewich : *magnus Silvio princeps et præpotens de Claria*, fut seigneur de Clérieu, Beaumont-Monteux, la Roche-de-Glun, Faramant en Dauphiné, La Voulte, etc., et co-seigneur de Pizançon. Dès le début de sa domination (1130), les différends avec Saint-Barnard recommencent. Mais Amédée, comte de Genève, offre sa médiation qui est acceptée. Silvion renonce à la Bouverie, abandonne

---

(1) *Cartulaire*, N.° 294.

(2) *Cartulaire*, N.° 201.

(3) Guillaume est encore mentionné dans les chartes 164 *bis*, 276, 277, 278, 304, 305, 306, 308, 313, 314, 330, 332, 335, 337, 340, et dans VALBONNAYS, t. I, 180.

moyennant un cens annuel ses prétentions sur une partie des biens du Chapitre confinant le torrent du Chalon, et l'acte est confirmé par sa femme, Mételine, par son frère l'abbé de Saint-Félix. Falques de Montchenu, Guillaume de Mercurol, des chevaliers et des chanoines assistent à ce compromis solennel (1).

A peine cette querelle fut-elle vidée que s'éleva un autre sujet de discorde bien plus important, devant, à travers des phases diverses, se poursuivre durant longues années. D'après les coutumes féodales, on ne pouvait construire une forteresse sur les marches ou frontières d'un fief sans l'assentiment des seigneurs haut-justiciers voisins, principe demeuré de nos jours dans les règles du droit national (2). Le Chapitre avait entrepris de clore de murailles la ville de Romans, de bonne heure fort industrieuse, et dont les richesses étaient de nature à tenter l'avidité des hommes peu scrupuleux de ces temps de violence. Quoique vassal de l'abbaye pour sa portion de Pizançon, Silvion, dont la terre de Clérieu allait jusqu'aux portes de la ville, aurait dû être consulté et ne pouvait voir sans un secret déplaisir les précautions prises pour se mettre à l'abri d'un coup de main; il est à croire qu'il n'avait pas fait sans arrière-pensée la cession du manse de la Bouverie; il lui importait d'ailleurs que le pont sur l'Isère, une des rares et importantes voies de communication de la contrée, demeurât toujours complétement libre, et s'il parut céder brusquement sur ce point (3), c'est qu'il sentit qu'en face d'un ennemi commun menaçant de tout envahir, les luttes intestines devenaient inopportunes.

Affermis dans le Graisivaudan, les comtes d'Albon commençaient à tourner leur ambition du côté du Viennois. Guigues IV, le premier de ces princes qui ait pris le nom de Dauphin, revendiquant, au nom de sa femme Marguerite, sœur du comte Renaud, les droits des comtes de Bourgogne sur Vienne (4), avait

---

(1) *Cartulaire*, N.° 277, et GIRAUD, *Essai*, t. I, 172-174.
(2) BRUSSEL, *Nouvel examen de l'usage général des fiefs en France*, p. 383. — Cet auteur mentionne une guerre en 1228 entre les comtes de Champagne et de Nevers pour une question de ce genre.
(3) *Cartulaire*, N.° 277.
(4) CHORIER, *Hist. générale du Dauphiné*, t. II, p. 51.

déclaré la guerre à l'archevêque et se préparait à l'attaquer dans son abbaye de Saint-Barnard, dont l'enceinte de remparts était à peine commencée. Le Dauphin, maître de Saint-Vallier et impatronisé dans Peyrins à côté de François de Royans, rencontra peu de résistance dans la contrée; il saccagea Romans, brûla l'église et rançonna les chanoines; il ne fallut rien moins que l'intervention du Pape pour l'arrêter dans ses entreprises. Resté à peu près le seul allié du Chapitre, Silvion s'était maintenu dans Pizançon qu'il tenait en commun avec Gontard, le successeur de Lambert-François. Trois ans plus tard, en 1137, il s'apprêtait à résister à une nouvelle expédition qui paraît n'avoir pas eu lieu (1). La mort de ce prince en 1142 au château de la Buissière, à la suite d'une blessure reçue dans une guerre contre le comte de Savoie, et la prudente régence de sa veuve mirent enfin un terme aux craintes sérieuses d'agression. Silvion disputait Alixan à l'évêque de Valence, auquel, un siècle auparavant, une convention avec l'église de Vienne en avait assuré la possession (2). Mais l'intervention de l'archevêque Étienne et le souvenir de leur alliance récente amenèrent, en 1144, le sire de Clérieu à abandonner ses prétentions (3). Cependant la pente naturelle des choses avait encore donné un libre cours aux anciens motifs de rancune accrus de difficultés nouvelles. Il paraît que les Romanais abusèrent de la permission accordée par l'abbé de Saint-Félix de prendre du bois au Vorassier; il en résulta sans doute des rixes, et le feu avait été mis à divers endroits de la forêt. D'autre part, Silvion estimait à une forte somme les services rendus au Chapitre lors de l'invasion du Dauphin. Hugues, qui avait succédé à Étienne sur le siège archiépiscopal de Vienne, réussit à rétablir la paix entre les parties intéressées (4). Vers la même époque, Silvion saisit avec empressement l'occasion qui lui parut favorable d'accroître sa

---

(1) *Cartulaire*, N.° 294, et Giraud, *Essai*, t. I, p. 188, 195.

(2) *Cartulaire*, N.° 16 *bis*.

(3) Giraud, *Essai*, t. I, p. 195, et Columbi, *De rebus gestis Valentin. et Diens. episcop.*, p. 20 et 94.

(4) *Cartulaire*, N.° 294.

puissance et de lui donner un plus grand éclat. En léguant le royaume de Bourgogne à son neveu Conrad-le-Salique, empereur d'Allemagne, Rodolphe, mort en 1032, le dernier de sa race, et qui par sa faiblesse s'attira le surnom de *fainéant*, n'avait pu transmettre avec les insignes royaux que les derniers vestiges d'une autorité fort contestée. Les querelles injustes ou imprudentes dans lesquelles furent entraînés les successeurs de Conrad, les excommunications encourues par eux, les schismes qu'ils s'attachèrent à fomenter dans l'Église, achevèrent de rompre des liens depuis longtemps relâchés, et cette prétendue suzeraineté se réduisit à une mention, pas toujours observée, dans les protocoles des notaires. Aussi la délégation de ses droits sur les anciens états de Boson, faite par Lothaire II au duc de Zæhringhen, n'amena aucun résultat sérieux. Mais la maison de Souabe apporta sur le trône impérial des vues d'ambition plus suivies, relativement à cet annexe de l'empire Germanique. Dans le but de renouer la chaîne interrompue des anciennes traditions et de s'attirer de nombreuses créatures, Conrad III (Conrad II comme roi de Bourgogne), après lui Frédéric Ier, prodiguèrent les concessions de droits régaliens aux princes, aux prélats, aux villes, aux monastères, même aux simples chevaliers, et ce n'est que par des actes de ce genre que l'on peut, selon un historien allemand moderne, se faire une idée exacte de l'étendue et des limites des contrées regardées comme soumises encore à la mouvance de la couronne d'Arles (1). En Dauphiné, le prestige impérial s'était maintenu plus qu'ailleurs (2); dominés avant tout par leur convoitise des possessions ecclésiastiques, les Clérieu, qui n'avaient pas pris part au grand mouvement religieux des Croisades, inclinaient naturellement vers les Césars, ainsi qu'une bonne portion de la noblesse du pays, et Silvion fut un des premiers à solliciter une de ces chartes d'investiture, qui s'obtenaient ordinairement à prix d'argent. Les empereurs signaient, sans y regarder de bien près, les actes de ce

---

(1) RAUMER, *Geschichte der Hohenstaufen*, B. V., s. 79.
(2) CHORIER, *Hist. générale du Dauph.*, t. II, p. 13.

genre qui n'étaient appuyés d'aucune autorité réelle; on a des preuves de cette manière de procéder dans les concessions contradictoires faites en 1162 et 1164 aux comtes de Provence et de Forcalquier (1). La bulle délivrée le 16 des kalendes d'octobre 1151 par l'empereur Conrad à Silvion (2) l'affranchit de la domination des comtes d'Albon, domination qui devait être récente, puisqu'elle n'est mentionnée dans aucun monument antérieur, pour ne le faire relever que de l'empire. Conrad donne au *vénérable prince* Silvion l'investiture de Clérieu, des autres châteaux, faubourgs, *suburbia* (il s'agit évidemment de la Bouverie), et domaines, qu'il possèdera désormais librement comme son aïeul Adon. L'Empereur révoque les ventes ou transactions faites par l'archevêque Léger au bénéfice de Saint-Barnard; enfin il accorde le droit de péage par terre et par eau à La Voulte et à Confolens, sur les deux rives du Rhône et de l'Isère. Si l'on se laissait aller à cette opinion, aujourd'hui encore assez généralement accréditée, que le Rhône formait alors la limite entre l'Empire et le royaume de France, on aurait lieu d'être surpris de voir les libéralités de Conrad s'étendre à la rive droite; mais on est bien forcé de reconnaître, par l'étude des documents, que le Vivarais avait appartenu au royaume de Bourgogne. En 1146, le même Conrad investit son parent Guillaume, évêque de Viviers, de divers droits régaliens dans son diocèse, confirmés, près d'un siècle après, par Frédéric II, qui indique la rivière d'Ardèche comme la limite de l'Empire (3). Le Vivarais ne devint français que sous Philippe-le-Bel.

---

(1) BOUCHE, *Hist. de Provence*, t. II, p. 132 et 134.

(2) GIRAUD, pièces justificatives à la suite du *Cartulaire*, p. 321. Cette pièce avait été donnée assez inexactement par VALBONNAYS, t. I, p. 89. On sait que l'illustre président, devenu aveugle, était obligé d'avoir recours à des copistes qui ont commis plus d'une erreur. La bulle est datée de *Garmacia*, qui, ainsi que le conjecture très-justement M. l'abbé Chevalier, n'est autre chose que la ville impériale de Worms. En effet, *Conradus, episcopus Garmaciensis*, figure parmi les témoins, et nous voyons dans MOOYER, *Onomastikon chronographikon hierarchix Germanicæ*, qu'à cette époque Conrad de Steinach était évêque de Worms.

(3) COLUMBI, *De rebus gestis episcop. Vivariensium*, p. 95 et 126. — Alb. DU BOYS, *Album du Vivarais*, p. 182.

Frédéric-Barberousse succéda à son oncle Conrad. Ce prince aventureux, soupçonné d'avoir aspiré à la monarchie universelle, ce héros épique, vivant encore au bout de sept siècles dans les légendes de la poésie populaire, après avoir rempli l'histoire de son nom, ainsi qu'il arrive toujours à ceux qui, sans merci, écrasèrent les nations sous leurs pieds dominateurs, fut élevé au trône de Charlemagne aux acclamations de tous. Dès le début du règne et dans l'espoir d'une expédition prochaine en Italie, les chevaliers affluèrent autour de lui, désireux de s'attacher à une fortune qui paraissait s'annoncer si brillante. A Worms, où se tint une des diètes de l'empire, il reçut l'hommage féodal du sire de Clérieu et d'autres seigneurs dauphinois, dont l'intérêt n'avait pas reculé devant les fatigues d'un aussi long voyage (1). C'était prévenir une des plus chères pensées d'ambition du maître, le rétablissement du royaume des Bosonides, et Silvion obtint sans peine une nouvelle inféodation directe de l'Empire pour Clérieu et Charmagneu (terre sur l'Isère, entre Romans et Confolens), avec leurs territoires et leurs péages, menaçant d'une amende de cent livres d'or pur quiconque tenterait de le troubler dans ces possessions. Le comte Amédée de Genève et Guigues de Domène, de la maison de Monteynard, figurent parmi les témoins, à côté des princes de l'Empire (2).

---

(1) CHORIER, *Hist. générale du Dauph.*, t. II, p. 56.

(2) *In nomine sanctæ et individuæ Trinitatis, Fridericus divina favente clementia Romanorum rex augustus............... Concedimus tibi, vir nobilis Silvie de Clayriaco, et per te legitimis heredibus tuis in feudum castrum Clayriacum et Charamaneum necnon thelonea et pedatica ad ipsa pertinentia, seu alias possessiones quas de jure regni nostri possedisse disnoceris, salva nimirùm Imperii nostri justitia, et habeas tam tu quam heredes tui legitimi plenariam potestatem in hiis omnibus disponendi, utendi, fruendi, commutandi, transactandi, ingrediendi et egrediendi absque ullius contradictionis molestia; et facietis nobis nostrisque successoribus pro hiis omnibus tale servitium tam in militia quam in curia, quale debent casati (vassaux) nostri qui similia beneficia a nobis habent, nullique de eisdem possessionibus facietis homagium et fidelitatem, nisi nobis et nostris successoribus Regibus sive Imperatoribus. Si quis vero, quod absit, in eisdem possessionibus quas tibi ac tuis heredibus legitima traditione donavimus et Imperiali aucthoritate confirmamus, aliquo modo molestare te vel heredes*

Le dynaste de Clérieu accompagna Barberousse à l'assemblée de Roncaglia, où furent entendues les doléances des envoyés des villes italiennes (1). Initié à la splendeur des fêtes royales, au commerce d'une société relativement lettrée et polie, ébloui par la magnificence du plus puissant souverain de l'époque, le courtisan, qui chevauchait par les passages du Tyrol et les plaines de la Lombardie, dans le cortége du redoutable empereur, ressemblait bien peu sans doute à ses rudes ancêtres, dont la vie s'était écoulée toute entière sur leurs fiefs, et se flattait évidemment d'assurer à sa race un avenir de grandeur que les circonstances ultérieures devaient l'empêcher d'atteindre ; car

---

tuos presumpserit, banno regali subjaceat et centum libras auri purissimi componat, quarum partem dymidiam camere nostre, reliquam vero tibi tuisque heredibus persolvat. Et ut hec donatio sive confirmatio rata et inconcussa permaneat, presentem paginam aurea bulla nostra persignari jussimus manuque propria corroborantes ydoneos testes subtus notari fecimus quorum nomina sunt hec : Arnoldus Coloniensis archiepiscopus, Conradus Auguste episcopus, Guichardus Argentie episcopus, Gauterus Spire episcopus, Conradus Wormacensis episcopus, Vuibalbus Stabulensis abas, Fridericus filius Imperatoris, Conradius dux supremæ Alsacie, Henricus dux Bavarie, Henricus dux Saxonie, Hermannus palatinus comes de Rino, Ortebricus comes de Lansceburg, Vihermus de Bachena (Badena), Amedeus comes Gebennensis, Guigo de Domena, Petrus Vivaciar. Signum Dni Frederici invictissimi Romanorum regis. Ego Arnoldus Moguntine sedis archiepiscopus et regie curie cancellarius recognovi, anno Dominice incarnationis MCLII, indictione II, regnante Frederico Romanorum rege augusto, anno regni ejus secundo. Data Vuormacie eadem die qua prefatus A. cancellarius in archiepiscopum Moguntie sedis sublimatus est in Christo feliciter. Amen. (Arch. de la ch. des comptes du Dauph., extrait aux arch. du château de Saint-Vallier.) Le millésime est évidemment faux. La seconde année du règne de Frédéric Ier correspond à 1153 et non à 1152. RAUMER (II, 530) nous apprend d'après SCHANNAT e TOLNER que l'empereur se trouvait en juin 1153 à Worms, où il ne parait pas être venu en 1152. La véritable date nous est donnée par la mention de l'élévation du chancelier Arnold de Seelenhofen au siége de Mayence, qui eut lieu le 7 juin 1153, à ce que nous apprend MOOYER, *Onomastikon.* Voyez dans LE LIÈVRE, *Hist. de l'antiquité et saincteté de la cité de Vienne,* p. 341, et dans CHARVET, page 345, une bulle en faveur de l'église de Vienne portant la même indication relative à Arnold et datée de 1153.

(1) CHORIER, t. II, p. 57.

la destinée ne lui réservait pas même de se maintenir dans l'indépendance conquise par Silvion.

A la diète de Besançon, où s'ébauche la lutte fatale entre les Hohenstaufen et la Papauté, nous le voyons, en octobre 1157, s'asseoir parmi les grands feudataires du royaume de Bourgogne un moment restauré, lorsque Frédéric, venant par son mariage d'unir à ses droits ceux de la comtesse Béatrix, reçut le serment de fidélité de la haute noblesse et des évêques, dont la facile soumission frappait d'étonnement l'annaliste du règne (1). Mais la vie politique de Silvion s'arrête là. Soit qu'à partir de cette époque la faveur impériale ait décru pour lui, soit, comme il faut plutôt le supposer, qu'il n'ait pas été tenté de prendre part aux expéditions hasardeuses et lointaines, il rentre désormais dans sa province pour n'en plus sortir et nous ramène aux événements locaux.

En 1152 il avait servi de témoin, avec son fils du même nom, dont nous apprenons ainsi l'existence, Aldebert et Guillaume de Crussol, Giraud Bastet, Falques et Jourdan de Montchenu, Guillaume de Mercurol et autres, à une donation faite par Mételine (prénom assez répandu alors) à son frère Bernard Aton, vicomte de Nîmes. Cet acte et un du même genre souscrit par Pagana, autre sœur du vicomte, nous prouvent combien le cercle des relations des Clérieu s'était étendu (2).

Silvion recommença bientôt à inquiéter les habitants de Romans et à s'opposer aux travaux de fortification de leur ville. La médiation de son frère Guillaume, sacristain de l'abbaye, l'in-

---

(1) *Quod modo viventium excedit memoriam hominum aliquando contigisse Stephanus Viennensis archiepiscopus et archicancellarius de Burgundiâ et Heraclius archiepiscopus et primas Lugdunensis et Odo Valentinensis episcopus et Gaufredus Avenionensis et Silvio de Clario, tunc ad curiam venientes Frederico fidelitatem fecerunt atque homagium et beneficia sua de manu illius reverentis sumpserunt.* (RADEWICH, ap. MURATORI, *Rerum Italic. scriptores*, t. VI, col. 750. — Voy. aussi CHORIER, t. I, p. 777, et t. II, p. 59.)

(2) BALUZE, *Hist. de la maison d'Auvergne*, t. II, p. 489. — D. VAISSETTE, *Hist. de Languedoc*, t. II, preuves, col. 538. — TEULET, *Layettes du trésor des Chartes.*

fluence de l'archevêque Étienne, plus ménagé encore par l'empereur que Silvion lui-même, obligèrent ce dernier à donner son consentement, auquel se joignit celui d'Arthaude, sa seconde femme. Il s'engagea à payer une faible redevance pour continuer à posséder le manse de la Bouverie ; mais ce fief, désormais renfermé dans les remparts, ne devenait plus qu'une ferme vulgaire, et il en aliéna bientôt la plus grande partie au bénéfice des chevaliers de Saint-Jean de Jérusalem (1). Ainsi se trouvèrent anéantis en un seul jour des plans mûris avec patience, transmis de génération en génération. Pressés entre les possessions des comtes d'Albon, les évêques de Valence et la maison de Poitiers, les Clérieu ne pouvaient s'agrandir qu'aux dépens de Saint-Barnard. Introduits dans Pizançon, ils menaçaient la ville des moines et la cernaient de toutes parts. L'établissement d'une enceinte fortifiée écarta pour toujours ces rêves ambitieux. Dès lors la résidence de Clérieu n'avait plus de raison d'être et devait tôt ou tard être abandonnée par les descendants de Silvion, pour la position plus importante de la Roche-de-Glun.

Comme nous venons de le voir, le cartulaire de Saint-Barnard nous apprend que Silvion II s'était marié deux fois, d'abord, dès 1130, avec Mételine, mentionnée encore en 1150, ainsi que ses enfants, dans la charte 294, ensuite avec Arthaude, qui figure en 1160 au N.º 304. Il est difficile de faire concorder ces dates avec celle qui semble ressortir d'un document contenu dans le cartulaire de la célèbre abbaye de Saint-Chaffre en Velay, le bref adressé par le pape Luce à J., évêque de Valence, pièce qui ne porte d'autre indication que celle du 4 des calendes d'avril, mais dont le millésime est forcément déterminé par l'existence simultanée d'un souverain pontife appelé Luce et d'un évêque de Valence dont le nom commence par J., conditions qui, dans toute l'histoire de l'Église, ne se trouvent réunies qu'en la seule année 1144, où Luce II ceignait la tiare et où saint Jean occupait le siége épiscopal de Valence. Dans ce bref, qui a pour but d'attirer les rigueurs des censures canoniques sur la tête

---

(1) *Cartulaire*, N.ᵒˢ 304 et 377, et GIRAUD, *Essai*, p. 213, 214, 215 et 233. — Notes Ms. de MOULINET.

d'usurpateurs de biens d'église, S. de Clarei (Clérieu) et sa femme A. de Crest, sont signalés comme s'étant emparés par la violence des possessions du monastère de Clivum, soumis à la juridiction de Saint-Chaffre. *Adversus S. de Clarei et A. de Cresto uxorem quoque ipsius et quosdam alios parrochianos tuos B. B. abbatis et fratrum monasterii S. Theoffredi querelas accepimus, quod monasterium quod vocatur Clivum graviter inquietaretur* (sic) *et bona sua ei per violentiam auferant* (1).

Si S. de Clarei et A. de Cresto sont les mêmes personnages, ainsi qu'il est naturel de le supposer, que Silvion II et sa seconde femme Arthaude, comment concilier cette date de 1144 avec le témoignage du cartulaire de Saint-Barnard, prolongeant l'existence de Mételine au moins jusqu'à 1150. Nous nous contentons d'exposer cette difficulté sans la résoudre, faute de données suffisantes. Quoi qu'il en soit, le bref du pape Luce II nous fait connaître qu'il y a eu au XIIe siècle une alliance entre les Clérieu et la famille des seigneurs de Crest, probablement une branche cadette habitant à La Roche ou à Glun. C'est en vain que, sur la foi d'un passage de Valbonnays, où il faut évidemment accuser l'erreur du copiste, on chercherait à établir une communauté d'origine entre ces deux races bien distinctes. On voit à la p. 172 du t. 1er de l'*Histoire du Dauphiné* (article *Berlion de la Tour-Vinay*) Silvion de Crest désigné comme Silvion de Clérieu, à l'occasion de la cession de son hommage consentie par l'évêque de Die en faveur de la dauphine Béatrix et de son fils. Mais la charte sur laquelle s'appuie le docte président et qu'il rapporte en entier (p. 121, 122) ne fait nulle mention du

---

(1) Sans doute, en ajoutant une virgule, on peut lire : *Adversus S. de Clarei et A. de Cresto, uxorem quoque ipsius*, ce qui changerait tout à fait le sens et mettrait trois personnes là où nous n'en voyons que deux. Toutefois, ce qui nous fait préférer l'autre interprétation, c'est que le plus ordinairement, dans les chartes, on donne le nom ou au moins l'initiale du nom de la femme, et que, dans le cas dont il s'agit ici, on ne comprend pas qu'elle soit mentionnée, si ce n'est en raison des droits ou prétentions qu'elle avait pu apporter à son mari. Silvion se sera appuyé sur des précédents du même genre dans la famille d'Arthaude pour mettre la main sur une partie des biens du prieuré.

nom de Clérieu (1). D'un autre côté, par une singulière coincidence, une inadvertance analogue a été commise par l'avocat Dubois, qui, dans un factum de procès publié en 1759 (Grenoble, impr. d'André Arnaud, in-fol.) pour messire Nicolas de La Croix, comte de Saint-Vallier, affirme que les Clérieu avaient possédé à une époque très-reculée les seigneuries de Crest, Aoste et Divajeu (2). On doit chercher évidemment la cause de cette méprise dans la cession momentanée de ces terres accordée en 1267 par le dauphin Guigues VII au comte de Valentinois, en échange de la coseigneurie de Clérieu, acte que nous aurons à mentionner dans le second chapitre du présent travail. Là se bornent les rapports de Clérieu avec Crest et les autres localités que nous venons d'énumérer.

Où était situé ce monastère nommé *Clivum*, victime des spoliations de Silvion? On peut hésiter entre deux localités dont les églises dépendaient également de Saint-Chaffre à une époque reculée. On est tout d'abord tenté de chercher cette localité sur la rive gauche du Rhône, dans le diocèse de Valence et le voisinage à la fois de Clérieu et des seigneurs de Crest, à Cliousclat, que les anciens pouillés désignent sous le nom de *Clivum monasterii* (2). Un juge fort compétent, le savant historien du

---

(1) Le savant M. Hauréau affirme lui-même que la moitié de la seigneurie de Crest fut donnée à l'église de Valence par Silvion de *Clérieu. (Gallia Christiana*, prov. Vienn., col. 317.)

(2) Voici les termes dont se sert le jurisconsulte dauphinois : « Ce fut,
» dit-on, dans quelqu'une de ces guerres (avec les Dauphins) que les seigneu-
» ries de Crest, Aoste et Divajou furent enlevées aux Silvion ; sans doute qu'une
» des conditions imposées par le vainqueur, dans le traité de paix, fut l'en-
» tière renonciation et abandon desdites seigneuries par le seigneur de
» Clérieu (p. 4)...... Les seigneurs de Clérieu, déjà affaiblis par la perte de
» Crest, Aoste et Divajou, le furent encore plus par le partage et la division
» de leur baronnie, dont une partie passa dans la famille des comtes de
» Fayn. Les désordres de ces malheureux temps n'ont laissé aucun monu-
» ment par où l'on puisse découvrir la cause et l'époque précise de ce par-
» tage (p. 5). »

(3) Le nom de Cliou-Usclat s'est transformé ou plutôt allongé en mémoire de l'incendie allumé au XIVe siècle par Raymond de Turenne. Ce village avait précédemment imposé son nom à la famille noble de Cliou, *de Clivo*,

Vivarais, que nous avons consulté, incline vers cette interprétation. Reste une autre opinion qui nous paraît encore la plus plausible, plaçant le point en litige en face même de la Roche, sur la rive opposée du fleuve, dans l'enclave formée jusqu'à la Révolution par le diocèse de Vienne, à Glun, qui appartenait sans doute déjà aux Clérieu. Glun était, en effet, un prieuré dépendant de Saint-Chaffre (1). Il est vrai que dans cette hypothèse le bref semblait devoir être adressé non à l'évêque de Valence, mais à son métropolitain, et que, d'un autre côté, comme veut bien nous le faire observer M. l'abbé Rouchier, la bulle d'Alexandre III énumérant en 1178 les possessions de Saint-Chaffre en Vivarais, et les autres documents de la même époque ne donnent pas à Glun le nom de *Clivum*, mais celui de *Cleu*. Mais ne peut-on répondre que Silvion se trouvant diocésain de Valence, à cause de plusieurs de ses terres, le pape Luce II comptait sur l'influence du saint pontife qui occupait le siége de Saint-Apollinaire, que d'ailleurs *Cleu* pouvait être la désignation en langue vulgaire et *Clivum* l'appellation latine de Glun, et que la forme *ruppis de Clivo* pour la Roche-de-Glun, bien que postérieure, a son incontestable importance. D'ailleurs, on peut inférer d'un passage de Chorier qu'Arnaud de Crest était en 1191 un des notables habitants de Glun. Cet auteur nous apprend, en effet, que le traité qui soumit les Clérieu à la suzeraineté delphinale fut juré « par Guillaume de Clérieu..., par Guillaume » de la Roche, par Arnaud de Crest et par tous les habitants de » la terre de Glun, dès l'âge de XV ans en haut. Il fut même » stipulé que de dix ans en dix ans ce serment serait rafraîchi » *(sic)* : cela regardoit la terre de Glun seulement » (2). Nous reviendrons sur cette circonstance, lorsque sa date sera arrivée.

---

dont une branche établie au Pouzin était représentée en 1340 par Bernard de Cliou, officier de justice du comte de Valentinois dans cette dernière seigneurie.

(1) Au XVIIe siècle, Glun n'était plus qu'une annexe de la paroisse de Mauves. L'un et l'autre dépendaient du prieuré de N.-D. de Tain de l'ordre de Cluny. Ces localités demeurèrent pendant des siècles unies sous la domination de la maison de Tournon.

(2) *Histoire générale du Dauphiné*, t. II, p. 77.

Enfin, on trouve un Arnaud de Cristo mentionné au XIIe siècle comme seigneur de Durtail, terre voisine de Glun. (GARNODIER, *Recherches sur Saint-Romain-de-Lerp*, p. 262.)

Silvion II eut trois fils, tous probablement de sa première femme : 1° Silvion, que nous ne connaissons que par l'acte relaté dans Baluze et qui mourut sans doute avant son père, sans laisser de postérité; 2° Guillaume l'abbé, seigneur de Clérieu, qui renonça à l'église après avoir recueilli l'héritage paternel; 3° Roger, le seul qui ait continué la lignée.

Guillaume fut, comme son oncle et son homonyme, sacristain de Romans et abbé de Saint-Félix de Valence. Ce n'est pas lui, mais cet oncle Guillaume l'ancien, qui, avec trois autres chanoines, alla plaider en 1157, à Besançon, auprès de Frédéric-Barberousse, pour les intérêts de l'abbaye de Saint-Barnard. Quoique ce personnage soit qualifié de fils de Silvion de Clérieu de bonne mémoire, il ne faut voir dans cette assertion qu'une des fréquentes inexactitudes de la chancellerie impériale dans ses rapports avec l'ancien royaume de Bourgogne. La présence de Silvion-le-Grand à cette même diète de Besançon ne peut laisser place à aucun doute (1).

Quant au Guillaume dont nous nous occupons dans ce moment-ci, il confirma en 1178 à l'église de Saint-Ruf deux vignes au Champ-Palassa, sous le cens de douze deniers, et le tènement *Durandi de Romanis*, au territoire de *Faventina*, sous celui de deux sols (2). Ses largesses s'exercèrent envers les moines cisterciens, réunis alors depuis un demi-siècle dans le site sauvage

---

(1) *Qualiter dilectus noster Vilhelmus fidelissimi nostri Silvii de Cleriaco recolende memorie filius, Romanensis ecclesie thesaurarius, cum tribus ejusdem ecclesie (canonicis), adiens presentiam nostram, humiliter majestatem nostram imploravit.* (Bulle de Frédéric Ier du 25 nov. 1157, en faveur des chanoines de Romans, communiquée par M. l'abbé Chevalier.) Nous sommes heureux de trouver une occasion de dire ici combien nous devons, sous tous les rapports, à l'érudition si variée de ce jeune ecclésiastique, en train de donner, par la publication des *Cartulaires Dauphinois*, une vive impulsion aux recherches historiques dans notre province. — C'est sans doute le même frère de Silvion qui figure au N.° 385 du *Cartulaire de Saint-Barnard*.

(2) L'abbé CHEVALIER, *Cartulaire inédit de l'ordre de Saint-Ruf.*

et pittoresque de Léoncel, dont l'abbaye, pendant sa longue existence, a compté parmi ses bienfaiteurs les comtes d'Albon, les Poitiers et en dehors de notre province le roi saint Louis et tant d'autres princes et personnages illustres. On trouve, en effet, aux archives de la Drôme (1) la charte originale dans laquelle, en 1185, *Guillelmus de Clario,* abbé de Saint-Félix, donne aux religieux de Léoncel l'investiture de tout ce qu'ils avaient acquis dans les limites de ladite abbaye de Saint-Félix (distinctes de celles du prieuré), leur accorde des droits d'usage sur les pâturages du territoire de Revest et sur ceux de la châtellenie de Pisançon *(castellarie de Pisencens)* pour ce qui lui appartient, et ratifie sous le cens d'usage les ventes qui ont pu être faites aux moines par ses hommes et tenanciers. Il reçoit six livres cinq sols. Poncius, archiprêtre de Romans, Humbert de Curson, chanoine de Saint-Ruf, Adémar de *Alta villa* (Hauteville), Garenton de Castelboc (Châteaubourg), Pierre de Revest, etc., sont au nombre des témoins. Une autre charte sans date, émanée du même personnage, exempte encore Léoncel des droits de péage, de leyde et de tous autres qui se perçoivent dans l'étendue de ses terres. Il ordonne en même temps aux baillis de ses diverses seigneuries de défendre et de protéger le couvent et tout ce qui lui appartient, à l'égal de ses propres biens (2). L'abbé Guillaume se laissait-il aller en ces circonstances à un sentiment de piété si naturel chez un ecclésiastique, si fréquent alors dans toutes les classes de la population, ou bien obéissait-il à une pensée d'ambition et de vanité, en créant pour lui et pour les siens des droits de patronage sur un monastère important, déjà favorisé, comme nous le verrons plus loin, par Roger, frère de Guillaume. La manière peu canonique dont l'abbé de Saint-Félix procéda plus tard, nous fait pencher vers cette dernière explication de sa conduite dans le cas dont il s'agit. Quoique pourvu d'importants bénéfices, il paraît qu'il n'était pas irrévocablement engagé dans les ordres, et qu'à la mort de son frère Silvion il se maria, dans l'espoir de continuer sa race. Sa femme A. (il résulte d'un

---

(1) *Fonds de Léoncel*, orig. sur parchemin.
(2) Orig. aux arch. de la Drôme, *Fonds de Léoncel.*

autre acte qu'elle s'appelait Aalis) consent en 1194 à une donation sur laquelle nous allons entrer dans quelques détails, et l'intervention de l'archevêque de Vienne et de l'évêque de Valence, qui apposèrent leurs sceaux à côté de celui de Guillaume, prouve que cette union avait été acceptée par l'autorité religieuse.

On sait qu'alors, par une heureuse compensation aux iniquités dont le siècle était rempli, l'Église opposait une merveilleuse fécondité de créations et de bienfaits, domptant des passions encore sauvages et se jouant des obstacles aveugles de la nature. En même temps qu'elle s'inclinait vers toutes les misères pour les consoler et les secourir, qu'elle recueillait les pauvres, les malades, les lépreux, elle suspendait des oratoires aux flancs des abîmes, cachait dans les forêts profondes des lieux d'asile et de prière, qu'une foi naïve parait des noms les plus poétiques, et fondait ces monastères bientôt illustrés par la science dont la gloire impérissable a traversé les âges. Ravies au-dessus des préoccupations terrestres par l'ardent mysticisme qui se manifestait à la fois dans tous les arts, les âmes tendres, les intelligences élevées accouraient chercher au désert le règne de la paix et de la justice si souvent absent du monde. Du sein des vallées solitaires, des sommets arides, hantés jusque-là par les seuls oiseaux de proie, montait nuit et jour la grave psalmodie des saints offices, implorant la miséricorde infinie pour les tristes enfants des hommes livrés à leurs discordes impies. Sans doute quelques abus se glissèrent dans le cloître à la suite des richesses, et les puissants se firent payer leur protection en inféodant à leur famille les dignités les plus lucratives des monastères. Mais ces tendances à l'affaiblissement et à la décadence, contre lesquelles réagirent de fréquentes réformes, demeurèrent étrangères à la pureté des débuts. Seul capable de faire éclore la floraison miraculeuse dont se couvrait le sol de l'Europe, le souffle de l'ascétisme chrétien remplissait ces austères thébaïdes, où se concentrait la vie intellectuelle et morale. Dans l'histoire encore si incomplète des établissements monastiques au moyen âge, il n'est guère de localité, si humble qu'elle soit, qui n'ait à revendiquer un souvenir.

Sur la partie du mandement de Pisançon que tenaient les

Clérieu et sur le territoire actuel de la commune de Marches, dans un emplacement acheté par la munificence de Guarnerius Albricus et de Martin de Bocsozel, de pieux laïques avaient construit à leurs frais le monastère de la Part-Dieu. Guillaume de Clérieu avait présidé à la bénédiction du cimetière. Mais cette fondation isolée, dépourvue, selon toute apparence, d'une règl précise, risquait de tomber dans le relâchement ou de ne fournir qu'une existence éphémère. D'accord avec leurs bienfaiteurs, ceux qui s'étaient voués à Dieu dans cette retraite ignorée sollicitèrent leur absorption par l'abbaye de Léoncel. Comme seigneur temporel, Guillaume confirme, à la prière d'Hugues, abbé de Bonnevaux, de bonne mémoire, et de Pierre, abbé de Léoncel, l'union des deux maisons religieuses, ajoutant, tant en son nom qu'en celui de sa femme, aux dons précédents celui de la moitié du manse *deuz Chapuisos*, les forêts de *Soiseranas* et *deuz Chalvez*, pour le cens de deux sétiers d'avoine, accordant en outre le droit de pâturage dans sa part du mandement de Pisançon, sous la redevance de deux sols *pro caseo* (sans doute pour chaque vacherie) (1). Dans un autre acte, à la même date, Lambert, doyen de Valence, qui avait en partie le domaine du terrain sur lequel la Part-Dieu était construite, donne aussi son consentement. Guillaume, abbé de Clérieu, reçoit en même temps *apud castrum de la Roche de Gluin*, en présence de sa femme Aalis, l'assentiment de Gontard et d'Albert, neveux du doyen, renouvelé à Pisançon dans la chambre dudit Guillaume. Comme supérieurs ecclésiastiques, l'évêque diocésain de Valence et l'archevêque métropolitain de Vienne accordèrent aussi leur adhésion (2). On sait que la Part-Dieu

---

(1) Orig. aux arch. de la Drôme, *Fonds de Léoncel*. Trois trous au bas du parchemin indiquent la place où pendaient les sceaux. Ceux de l'archevêque de Vienne et de l'évêque de Valence ont disparu. Il reste quelques traces peu distinctes de celui de Guillaume. Mais dans un *vidime* de cette charte délivré en 1378 on trouve l'indication suivante : *In sigillo medio dicti domini de Clariaco in medio ipsius sigilli erat et apparebat esse una manus tenens duas claves pendentes.* (Arch. de la Drôme).

(2) Arch. de la Drôme, *Fonds de Léoncel*.

devint le séjour d'été des religieux de Léoncel, trop cruellement exposés au rude climat de leur vallée alpestre (1).

Quelques années auparavant, un événement, que nous n'avons pas rapporté à sa date, pour ne pas interrompre la série des actes relatifs aux concessions faites par Guillaume à l'abbaye, était venu prouver une fois de plus le peu de valeur des patentes impériales, prodiguées à cette époque avec d'autant plus de facilité qu'aucune garantie n'en assurait l'exécution. La force des choses ne permettait plus aux Clérieu de maintenir leur allodialité au milieu de voisins trop puissants. Le Dauphin et le comte de Valentinois se disputaient la suzeraineté de quelques terres possédées par Guillaume de Clérieu vers l'embouchure de l'Isère et sans doute sur la rive gauche de cette rivière. La dauphine Béatrix et le régent Eudes s'adressèrent directement à Guillaume, avec lequel ils eurent en 1191 une entrevue à Saint-Vallier. On y conclut les conditions d'un traité par l'entremise de l'archevêque de Vienne, de l'évêque de Grenoble et d'Hugues, abbé de Bonnevaux, dont nous avons vu l'ascendant sur l'esprit du seigneur de Clérieu, attesté dans la charte d'union de la Part-Dieu. Chorier nous apprend que Béatrix acheta la soumission de Guillaume par le don de la terre de la Roche-de-Glun en fief rendable. Peut-être commet-il là une erreur; car il est probable qu'il y eut seulement reprise de fief, que l'étendard de la Dauphine flotta un moment sur le château de la Roche, si toutefois il était déjà construit, et que, cette formalité féodale accomplie, tout rentra aussitôt entre les mains de l'ancien possesseur. On s'engagea à une alliance mutuelle contre le comte de Valentinois; Guillaume reconnut la suzeraineté delphinale, non-seulement pour ses possessions sur les bords du Rhône, mais aussi pour sa terre de Clérieu, et il remit comme gage de sa parole le château de Larnage entre les mains des officiers de la Dauphine. Le traité, que l'on ne pouvait enfreindre sans encourir l'excommunication des prélats médiateurs, fut confirmé, au rapport de l'historien que nous venons de citer et qui probablement est cette fois dans le vrai en comprenant Glun dans la

---

(1) L'abbé NADAL, *Histoire hagiologique du diocèse de Valence*, p. 577.

terre de la Roche, par le serment de Guillaume de la Roche, d'Arnaud de Crest et de tous les habitants de Glun âgés de plus de quinze ans. Ce serment d'allégeance devait être renouvelé de dix ans en dix ans, mais dans cette terre seulement (1). Une pareille précaution montre l'importance de la Roche aux yeux des Dauphins, trop prudents pour l'avoir inféodée, et ne cherchant, au contraire, qu'une occasion pour s'en emparer, ce qui arriva à l'extinction des Clérieu.

Quoique les monuments certains nous fassent défaut à cet égard, ce fut sans doute vers le même temps que, par une sorte de compensation, les alleux de Montchenu, Claveyson, Crozes, Margès, etc., dont Roger, frère de Guillaume, devait transmettre les hommages à sa postérité, entrèrent dans la mouvance de Clérieu. En effet, vers la fin du XIIe siècle et au commencement du XIIIe, l'institution féodale parvient à l'accomplissement de sa hiérarchie compliquée et si solide qu'elle n'a succombé qu'au bout de plusieurs siècles, devant l'accord de la royauté et des communes. Composée jusque-là de forces éparses ou ennemies, la société obéit de proche en proche à un mouvement prononcé de concentration. Grâce à l'instinct de conservation, tout s'engrène et se superpose, tout se relie par une réciprocité d'obligations et de droits, à laquelle le souverain n'échappait pas plus que le simple possesseur de fief. On sait, par exemple, que le roi de France ne pouvait entreprendre une guerre nationale qu'avec le consentement de ses grands vassaux, et qu'il perdait toute son autorité sur le noble qui avait à se plaindre d'un déni de justice ou qui rendait volontairement son fief (2). La vitalité de cet état de choses qui, en son temps, fut un progrès, s'explique par les limites, en général mal définies, mais très-réelles, qui s'imposaient à chaque pouvoir. Sans doute ces époques de violents contrastes ont couvert bien des déchirements et des misères; le faible était loin d'être toujours respecté, et c'est par ce vice surtout que cette grande institution a mérité de

---

(1) CHORIER, *Histoire générale du Dauphiné*, t. II, p. 77.
(2) BRUSSEL, *Nouvel examen de l'Usage des Fiefs*, p. 163, 348, 350.

périr, mais elle a entraîné dans sa chute des trésors d'énergie et des germes d'indépendance qui peut-être ne nous seraient pas inutiles, même aujourd'hui. Si le moyen âge eût été le régime d'abjection et d'arbitraire absolu que présente la Turquie ou l'Égypte, il n'eût pas produit la chevalerie et les cathédrales gothiques, saint Louis, le Dante et saint Thomas d'Aquin, de grands génies et de grands caractères.

Bien des causes préparèrent la révolution, qui éclate au moment dont nous nous occupons. Le rapprochement, lentement accompli entre des populations d'origines diverses juxtaposées par la grande invasion, avait été favorisé par les premières croisades et d'autres guerres embrassant des provinces tout entières ; les plus forts et les plus habiles parmi les seigneurs s'étaient étendus aux dépens des moins importants. Les luttes locales, menaçant sans relâche les habitants des campagnes dans leur sécurité et dans leurs ressources, tendaient à diminuer devant un ordre relativement plus satisfaisant. En face des grandes souverainetés qui avaient surgi et qui entraînaient à leur tour dans leur orbite les fiefs les plus considérables, l'allodialité n'avait plus de raisons d'être ni de conditions d'existence. Sous peine de disparaître dans l'organisation qui se généralisait, il fallait se grouper et se subordonner. Tel est le secret de ces renoncements en apparence volontaires, de la décision de ces races si fières consentant à reprendre des mains d'un voisin plus puissant le fief qui, sous une longue suite d'aïeux, ne relevait que de Dieu et de leur épée.

L'histoire ne nous a rien transmis du rôle que dut jouer Guillaume de Clérieu dans les nouvelles conditions qui lui étaient faites. Nous ne connaissons qu'un des derniers épisodes de sa vie, où se révèle un des traits les plus curieux des mœurs du temps. Quoique entré de bonne heure dans l'église, quoique investi de riches bénéfices, nous avons raconté que Guillaume avait jugé à propos de se marier, n'entendant pas pour cela renoncer aux avantages de sa haute position ecclésiastique. Malgré les ménagements qu'imposaient alors la naissance et les richesses de ce redoutable voisin de l'abbaye, une situation aussi irrégulière devait avoir un terme. Sur la plainte des chanoines, Ainard, archevêque de Vienne et en cette qualité abbé de Romans, assigna Guillaume à comparaître devant lui. L'assemblée, qui se tint le 4 des calendes de novembre 1196, dans les cloîtres de Saint-Barnard, fut nombreuse et imposante. Vingt et un chanoines, dix-sept choristes et plusieurs autres clercs de l'église y prirent part. L'archevêque, assisté de deux de ses suffragants, Falcon de Valence et Jarenton de Die, procéda à l'interrogatoire de l'inculpé, qui, forcé de reconnaître qu'il jouissait de ses nombreux bénéfices comme clerc et non à titre héréditaire, et ne pouvait continuer à les posséder sans une autorisation spéciale, dut se démettre de l'office de sacristain de l'abbaye et résigner les églises de Samson et de Saint-Mamans. La puissance territoriale du sire de Clérieu ne permit pas, sans doute, aux prélats de pousser jusqu'au bout cette juste et tardive répression : ils lui permirent de conserver le revenu viager de quelques possessions dans la ville (1).

Marié peut-être dans un âge avancé, Guillaume ne paraît pas avoir laissé d'enfants : ce qui le prouve, c'est que Clérieu et la Roche passèrent après lui entre les mains de son frère Roger. Ce dernier est appelé par Chorier Roger l'abbé (2). Il y a là évidemment confusion avec Guillaume. On chercherait en vain le nom de Roger parmi ceux qui portaient alors la crosse dans les abbayes de la province. Apanagé, du vivant de son frère, de la seigneurie de la Voulte et d'autres terres sur les deux rives du Rhône, il faisait en 1186 don aux moines de Saint-Ruf, du consentement de l'évêque de Valence, d'Adémar de Poitiers probablement son suzerain, et de Guillaume de Clérieu, son frère, du manse *de Cortellas*, auprès de Livron, et confrontant la villa *de Massaz*. Il y joint des droits de dépaissance sur le

---

(1) *Cartulaire de Saint-Barnard*, N.º 371, et Giraud, *Essai*, t. Ier, p. 234-237. — Guillaume de Clérieu apparaît comme témoin dans des chartes de Saint-Pierre-du-Bourg, en 1209, 1210, 1214, 1217. Si c'est le nôtre, il aurait survécu bien des années à sa déposition comme sacristain de Romans. Dans le même cartulaire, *Guillelmus minor* en 1223, sans doute *Gratepaille*.

(2) *Généalogie de la maison de Sassenage*, p. 43.

territoire de la Voulte, jusqu'au Rhône. Sa femme qui, contre l'usage, n'est pas nommée, acquiesce à ces libéralités (1).

Précédemment et toujours pour la rémission de ses péchés, ce qui était la formule habituelle de ces âges de foi, il avait octroyé à Léoncel l'exemption des péages sur toute sa terre et rivière. La présence de B. (Bernard), abbé de Léoncel, nous permet de placer entre 1169 et 1173 cette charte sans date (2).

Peut-être est-ce le même Roger, à moins qu'il ne s'agisse de Roger II, beaucoup plus fameux, qui fut témoin, le 12 septembre 1215, au traité passé entre Aymar, fils du comte de Valentinois, et Giraud Bastet, seigneur de Crussol (3).

A la mort de Roger, les riches possessions des Clérieu se divisèrent. Il avait une fille, dont le nom n'est pas venu jusqu'à nous et qui apporta dans la maison de Fayno, la Voulte et la coseigneurie de la terre de Clérieu (4). L'unique héritière de ce mariage, Philippa de Fayno, épousa Aymar Ier, comte de Valentinois, comme nous le verrons au chapitre des Poitiers, où nous aurons à tracer l'histoire de la coseigneurie de Clérieu.

Philippa appartenait-elle à la maison chevaleresque de Fay, encore subsistante, appelée dans les titres latins *de Fayno* et qui porte dans son blason la fouine, arme parlante (*fagina* dans la basse latinité, *faino, faina* en langue vulgaire)? Cette

---

(1) Arch. de la Drôme, *Fonds de Saint-Ruf*, armoire 6, vol. 4, N.° 9. — HAURÉAU, *Gallia christ.*, prov. Vienn., col. 309.

(2) Arch. de la Drôme, *Fonds de Léoncel*.

(3) Communiqué par M. l'abbé Chevalier.

(4) Cette filiation est attestée par la charte intitulée : *Carta de pedagio dne Philipe comitisse Valentinensis*, dont nous extrayons les passages suivants : *Anno Dni, M° CC° XXXV° in festivitate sanctorum martirum Johanis et Pauli, Nos dna Philippa comitissa Valen., damus et concedimus Deo et ecclesie Sancti R (ufi) et vobis M (alleno), abbati eiusdem ecclesie........ ob remedium anime dni Rotgerii de Claireu, avi nostri materni et anime nostre et parentum nostrorum........ liberum transitum et absolutum........ ab omni pedagio et usatico............ per totam terram nostram nominatim ap (ud) Charamagneu et Rocham et Voutam........ Actum est hoc ap (ud) Sanctum Ruphum, in capella Sancte Marie-Magdalene.* (Arch. de la Drôme, *Fonds de Saint-Ruf.*

question a résisté jusqu'ici aux recherches des généalogistes. Une présomption grave en faveur de l'affirmative résulte de ce que dans les anciens inventaires des Poitiers, qui tenaient cette terre de leur aïeule, la baronnie de Fay est toujours indiquée comme située dans le royaume, ce qui exclut la localité de ce nom aux environs de Saint-Vallier et concorde avec la position géographique de Fay-le-Froid, ancienne baronnie sur les limites du Vivarais et du Velay, berceau des la Tour-Maubourg et des Fay-Solignac (1). Dans tous les cas, la généalogie des Fay, dressée au siècle passé par Gastelier de la Tour et qui a servi de base à l'article publié dans le *Dictionnaire de la Noblesse* de la Chenaye Desbois, ne peut contribuer à nous rapprocher de la vérité. Dans leur zèle maladroit, ces deux héraldistes donnent Pons de Fay, seigneur de Fay et de la Voulte en 1145, pour arrière grand-père à Philippa, dont l'alliance apporta ces deux terres dans la maison de Poitiers. Or, nous avons déjà prouvé par des documents authentiques qu'avant comme après Pons de Fay, La-voulte appartenait aux Clérieu. Le sceau de Philippa représentait un aigle (2), mais on sait qu'on ne peut tirer de ce fait aucune conséquence décisive, les armoiries ne se trouvant pas encore irrévocablement fixées, et souvent les branches d'une même maison s'armaient d'une manière différente.

Roger de Clérieu fut évidemment aussi le père de Guillaume-Gratepaille et de Roger II, désignés dans les chartes comme étant frères ; en effet, Chorier, qui malheureusement néglige trop souvent de nous faire connaître les autorités sur lesquelles il s'appuie, nous apprend que Gratepaille était petit-fils de Silvion (3). Guillaume eut Clérieu et Roger s'établit à la Roche, mais il paraît qu'en réalité ce dernier gouverna toutes les possessions restées dans la maison. Guillaume fut surnommé *Gratapailla*,

---

(1) Aymar V, comte de Valentinois, vend au vicomte de Turenne les châteaux et terres de Bouzols et Fay, assis au royaume. (DUCHESNE, *Comtes de Valentinois*, p. 56, et preuves, p. 57. — Bouzols est dans dans le Velay.

(2) P. ANSELME, *Hist. généal. des grands officiers de la Couronne*, t. II, p. 187.

(3) CHORIER, *Gén. de Sassenage*, p. 43.

Gratepailly, ou Gratepaille, Gratedépouille, dit Chorier. En dépit de cet étrange surnom, digne d'un chef de tribu sauvage, il doit être rangé dans la catégorie des rois fainéants, et presque en toute circonstance il marche assisté de son frère. En septembre 1221, Rémond de Charmes, probablement un cadet des seigneurs de la terre voisine de *Chalmen* ou Charmes, possédant la justice de Veaunes *(dominationem et merum imperium),* la vendit à Guillaume et à Roger de Clérieu, et reçut d'eux, avec la condition d'être désormais garanti contre tous, la maison forte de Veaunes, avec ses dépendances, en fief libre (1). Encore un petit seigneur indépendant, qui cédait à la nécessité et se mettait prudemment à l'abri.

Sans doute Gratepaille est le même que Guillaume de Clérieu, maître de chœur de Saint-Barnard, lors des différends du chapitre avec l'archiprêtre Pierre et Guillaume d'Arlea, différends réglés par l'archevêque de Vienne, le 2 juillet 1241 (2). Comme son oncle Guillaume l'abbé, notre sire de Clérieu jeta le froc aux orties; il épousa Julienne, fille de Raymond Bérenger II, seigneur de Pont-en-Royans, et de Vachère ou Vachette, sa femme, laquelle était peut-être fille de Lambert Adhémar II, seigneur de Monteil et de la Garde (3). Mais l'union du neveu ne laissa pas plus de rejeton que celle de l'oncle.

Guillaume et Roger furent, en 1246, médiateurs avec l'archevêque élu de Lyon entre le dauphin Guigues et Saint-Barnard, au sujet de l'hommage de quelques terres dans le mandement de Peyrins et aux environs (4). L'année suivante, les deux frères figurent avec Silvion de Clérieu, bailli de Gap, fils de **Roger**, les évêques de Grenoble et de Gap, comme cautions du Dauphin

---

(1) Extrait tout au long d'un registre existant aux archives de la chambre des comptes de Dauphiné, intitulé : *Cartularium homagiorum receptorum in baronia Clayriaci, de notis Steph. Guioterie,* in-4°, s. l., s. d., p. 90. Un exemplaire de ce rare volume, imprimé entre 1642 et 1650, se trouve aux arch. de la Drôme. — *Arch. du château de Veaunes.*

(2) *Cartulaire de Saint-Barnard,* N.° 374.

(3) CHORIER, *Sassenage,* loco citato.

(4) *Cartulaire de Saint-Barnard,* N.° 372.

dans le traité de ce prince avec l'archevêque d'Embrun (1). Voilà tout ce que l'on sait de Gratepaille.

Sous sa domination nominale, en 1241, Hugues Bertrandi de Clérieu, damoiseau, vend divers cens à Marguerite, prieure de l'abbaye de Vernaison. Guillaume de Clérieu, chevalier, dit *de la Roche,* qui, dans une charte du même genre de l'année précédente, est simplement nommé Guillaume de la Roche, est au nombre des témoins avec ses deux fils Mallenus et Chabert. Pour donner plus de solennité à cet acte, on emprunte, comme cela se passait souvent dans ces temps-là, le sceau de Roger, seigneur de la Roche, qui gouvernait alors la terre de Clérieu, *qui de mandato et voluntate fratris sui Gratipailla terram de Clareu tenebat et regebat tunc temporis* (2). Cet Hugues Bertrandi de Clérieu, ce Guillaume, nommé indifféremment de la Roche ou de Clérieu, ne nous paraissent pas faire partie de l'illustre maison dont nous esquissons l'histoire. A nos yeux, ce sont de simples chevaliers qui, à une époque où les noms n'étaient point irrévocablement déterminés, se désignaient par le lieu de leur naissance ou de leur habitation. Probablement Mallenus de Clérieu, qui en 1078 fit avec sa femme Jacelda don au chapitre de Saint-Barnard de biens situés à Vernaison, était dans le même cas (3) ; ainsi de Jueta de Clérieu, mentionnée comme vivant au même lieu en 1234 et 1257 (4). On sait que non-seulement des roturiers, mais encore des nobles portaient le nom du lieu de leur origine. Pour ne citer qu'un exemple ne nous éloignant pas trop de notre sujet, en 1355 Guillaume de Saint-Vallier dit *los Ramos,* chevalier, est au nombre des exécuteurs testamentaires d'Aymar de Poitiers, seigneur de Clérieu et de Saint-Vallier (5). Évidemment ce Guillaume n'appartenait pas à la maison de Poitiers.

---

(1) CHORIER, *Hist. génér. du Dauph.,* t. II, p. 116.
(2) Arch. de la Drôme, *Fonds de Vernaison.*
(3) *Cartulaire de Saint-Barnard,* N.º 241.
(4) Arch. de la Drôme, *Fonds de Vernaison.*
(5) DUCHESNE, *Comtes de Valentinois,* p. 28, et preuves, p. 31, 32.

Grâce à sa lutte avec saint Louis, Roger II est le plus connu de la dynastie des Clérieu. C'était d'ailleurs un des personnages importants de la province. Lorsque les Valentinois eurent chassé Guillaume de Savoie, leur évêque et seigneur, pillé les demeures ecclésiastiques et institué une sorte de république qu'ils appelaient *confrérie*, Roger fut, avec Giraud Bastet, seigneur de Crussol, au nombre des arbitres qui calmèrent la sédition, et le traité de paix fut conclu dans le château de la Roche-de-Glun, le 10 des calendes de novembre 1229 (1). On voit encore Roger intervenir comme témoin (calendes d'août 1244) dans un acte du même genre relatif aux libertés reconnues aux habitants de Grenoble par l'évêque et le Dauphin, coseigneurs de la ville (2). Son intervention plusieurs fois acceptée dans les querelles des communes avec leurs seigneurs, son influence qui contribua à obtenir du Dauphin en faveur de certaines localités de l'Oisans l'engagement authentique de ne pas augmenter les tailles payées sous les règnes précédents (3), prouvent à la fois la popularité dont Roger jouissait et les peines qu'il savait prendre pour la maintenir. Nous voyons par cet exemple, qui n'était point le seul, l'intérêt des nobles à se ménager des clients en dehors de leurs fiefs et combien les hommes intelligents commençaient dès lors à démêler l'influence croissante à laquelle était appelé le tiers-état.

La réputation de Roger, cette espèce de grand seigneur libéral, a été vengée récemment par M. Émile Giraud des attaques du sire de Joinville et des autres chroniqueurs du règne de saint Louis (4), et nous ne pouvons rien faire de mieux que d'adopter les conclusions à la fois si justes et si neuves de notre savant historien. Nous avons vu le droit de péage au confluent du

---

(1) COLUMBI, *De reb. gestis Valentin. episcop.*, p. 47. — CHORIER, *Hist. générale*, t. II, p. 108. — HAURÉAU, *Gallia christ.*, prov. Vienn., col. 313.

(2) HAURÉAU, *id. instrumenta*, col. 96. — VALBONNAYS, t. Ier, p. 22.

(3) La charte donnée à Saint-Laurent-du-Lac (Bourg-d'Oisans) le 4 des ides de mai 1251 est dans DUCHESNE, *Dauphins de Viennois*, preuves, p. 17. — Voy. aussi CHORIER, t. II, p. 133.

(4) GIRAUD, *Essai*, t. II, p. 25 et suiv.

Rhône et de l'Isère confirmé cent ans auparavant par les empereurs d'Allemagne en faveur des seigneurs de Clérieu. Du temps de Roger II, le péage s'exerçait au château de la Roche. Consacré par le suzerain, cet impôt était si conforme à la législation féodale qu'en 1445 il fut maintenu au même endroit, à la suite de la révision générale des péages de la province ordonnée par le roi Charles VII et le dauphin Louis son fils, et qu'il subsista jusqu'à la Révolution (1). Cependant, au mois de juillet 1248, saint Louis, allant s'embarquer à Aigues-Mortes pour la cinquième croisade, refusa d'acquitter à son passage les droits que Roger eut l'imprudence d'exiger. Malgré le succès avec lequel il avait rempli en diverses occurrences le rôle de médiateur, notre sire n'en était pas moins, comme tout homme de son temps, fort enclin à la violence. Les annalistes français de l'époque affirment que ce seigneur malavisé, qu'ils accusent, évidemment à tort, d'être un détrousseur des pélerins se rendant en Terre-Sainte, maltraita une portion de l'avant-garde qui allait préparer les logements de l'armée royale (2). La répression d'une pareille témérité fut aussi prompte qu'éclatante. Pourvu de bonnes fortifications, occupant une presqu'île étroite qui s'avançait dans les flots du Rhône, le château dut être assailli par terre et par eau et ne fut emporté qu'après une vigoureuse résistance. Le roi en fit abattre une partie. L'auteur des *Chroniques de Saint-Denis* prétend même qu'il fit mettre aux fers les défenseurs de la Roche. Il est peu probable que ce vertueux prince se soit rendu coupable d'une pareille injustice. Sur les instances du Dauphin, protecteur naturel de son vassal, la forteresse démantelée et en ruines fut rendue à Roger, sous la condition, à ce que l'on ajoute, de renoncer désormais à son droit de péage. On imagine bien que cette promesse arrachée par la violence ne

---

(4) VALBONNAYS, *Hist. de Dauphiné*, t. Ier, p. 72, 89, et t. II, p. 552.

(1) « Cil du chastel furent si outrecuidés qu'ils robèrent une partie de la » gent le roy qui aloient devant por faire garnison a ceus de l'ost. » — *(Chron. de Saint-Denis)*.

dut pas être gardée longtemps après le départ du souverain, qui venait ainsi d'imposer des lois hors de ses états (1).

Dans l'espoir de s'agrandir aux dépens des Clérieu ou tout au moins de recouvrer l'hommage qui lui avait été dénié en faveur du Dauphin, le comte de Valentinois était venu au secours du roi pendant le siége de la Roche. Cette querelle entre les deux voisins ne fut définitivement terminée que quatre ans après, lorsqu'à la suite des négociations ouvertes par le seigneur de Crussol, l'archevêque de Vienne, Jean de Bernin, dans une cour solennelle qu'il tint à Romans, réconcilia le Dauphin avec Aymar II, comte de Valentinois. Roger de Clérieu prit part au traité de paix (2).

Jusquici la généalogie des sires de Clérieu s'est appuyée sur des documents authentiques ou des conjectures offrant les caractères de la plus grande probabilité. Mais, au point où nous sommes arrivé, et pour quelques années seulement, le fil qui nous a guidé semble se rompre tout d'un coup. Pressé entre des témoignages en apparence contradictoires que nous nous sommes efforcé d'expliquer et de concilier, nous ne pouvons, malgré toute l'attention scrupuleuse que nous y avons apportée, nous flatter d'avoir échappé à toute chance d'erreur dans la restitution de cette filiation enveloppée, au moment qui nous occupe, d'une assez profonde obscurité, alors que les générations paraissent se succéder avec une rapidité peu conforme aux lois ordinaires de la nature. En rendant notre tâche plus difficile,

---

(1) JOINVILLE. — G. DE NANGIS, G. DE PUY-LAURENT, *Chron. de Saint-Denis*, GUIDON, GUIART, dans le *Recueil des hist. des Gaules et de France*, t. XX, p. 356 et 771; t. XXI, p. 114 et 696; t. XXII, p. 186. — LE NAIN DE TILLEMONT, *Vie de saint Louis*, t. III, p. 199. (Cet auteur place par erreur la Roche-de-Glun sur la rive droite du Rhône, t. VI, p. 246, note). — D. VAYSSETTE, *Histoire de Languedoc*, t. III, p. 460, et preuves, p. 462. (Une quittance de Trencavel au roi de France fournit la date du siége de la Roche.) — VALBONNAYS, t. II, p. 553. — CHORIER, t. II, p. 126, 127. — l'abbé GARNODIER, (*Recherches sur Saint-Romain-de-Lerp*, p. 106), nous apprend que saint Louis amarra sa flotille sous les murs du château de Châteaubourg, où il séjourna le 15 août; mais il ne cite pas ses autorités.

(2) CHORIER, t. II, p. 128, 129. — GIRAUD, *Essai*, t. II, p. 28, 29.

deux causes principales s'opposent à ce que nous puissions atteindre à cet égard à une certitude absolue. Malheureusement les textes originaux que nous aurions eu tant de profit à consulter ont péri pour la plupart, ou se sont égarés depuis longtemps ou bien encore ne sont pas partout parfaitement accessibles à tous ; nous sommes souvent réduit à des extraits d'une brièveté désespérante, à des analyses entreprises dans un tout autre intérêt que celui de la vérité historique, où les dates elles-mêmes ne sont peut-être pas toujours respectées par la négligence des copistes. D'un autre côté, la fréquence, dans la maison de Clérieu, des prénoms de Silvion et de Roger vient ajouter à la confusion. Favorisés, sans doute, par d'heureuses découvertes, de plus érudits que nous combleront un jour, nous le souhaitons de grand cœur, les lacunes que nous aurons pu laisser dans notre récit.

Roger II laissa trois enfants : 1º Silvion qui continua la postérité et auquel échut la succession paternelle ; 2º Jean, chanoine de Valence, ensuite religieux franciscain, mentionné dans la transaction de 1253 ; 3º d'après une généalogie de la maison de Clérieu dressée par Guy Allard et qui fait partie d'un manuscrit auquel cet historien travaillait encore la dernière année de sa vie (1), Chabert, châtelain de La Buissière. Quoique à cette époque les fonctions de châtelain ou gouverneur fussent recherchées par la noblesse, le défaut d'apanage convenable nous fait supposer que Chabert était peut-être bâtard. Ledit Chabert, vivant en 1250, est évidemment la souche de la branche qui posséda héréditairement dans la ville de Grenoble la véherie dite de Clérieu. Cette charge de judicature, transformée en fief utile, se divisait à Grenoble, comme en d'autres villes, entre plusieurs coseigneurs. La véherie de Clérieu n'y donnait droit qu'à la perception du douzième des amendes et des autres revenus communs, les onze autres parties demeurant à l'Évêque, au Dauphin et à la famille de Portetroyne ou Portetraine. « Le véhier de

---

(1) Ce manuscrit, dont M. de Rivoire-la-Bâtie a eu communication, était très-probablement dans les papiers légués à la bibliothèque de Grenoble par M. Allard du Plantier, descendant de l'écrivain dauphinois, mais n'a pu être retrouvé jusqu'ici.

» Clairieu, dit Valbonnays, étoit vassal de l'Évêque et tenoit de
» lui une maison appartenante à la véhérie de ce nom, qui étoit
» auprès d'une des portes de la ville. Chabert de Clairieu prêta
» hommage de la maison et de l'office en 1393 (1) à Guillaume,
» évêque de Grenoble, sans préjudice de celui qu'il devoit à
» Pierre Alleman, seigneur d'Uriage, pour la grande tour de
» la même maison. Cet office, qui a passé depuis dans les
» maisons de Ruyn et de Commiers, a toujours retenu le nom
» des seigneurs de Clairieu qui l'avoient possédé dès son établis-
» sement, suivant la remarque générale qu'on a faite touchant
» l'origine du nom de ces *Véheries*. Les droits de cette dernière
» n'ont point été confondus dans les portions acquises par les
» Dauphins. Ils sont demeurés au pouvoir de quelques maisons
» particulières. De celle de Commiers qui en a joui longtemps,
» ils ont passé à des successeurs d'un autre nom : ceux-ci, pour
» tout reste des droits anciens, qui y étoient attachés, n'ont
» conservé dans la ville qu'une douzième partie des langues de
» Bœuf (2) ». De Chabert descendait probablement Méraud de
Clérieu, employé par la Cour de France pour le transport du
Dauphiné au petit-fils de Philippe de Valois (3), et peut-être
Pierre de Clérieu, clerc paraissant dans un acte en 1361 (4).

Silvion de Clérieu, fils et successeur de Roger II, était bailli
des montagnes du Dauphiné du vivant de son frère. On sait
que les baillis, toujours alors des hommes d'épée peu au fait de
la jurisprudence, s'entouraient ordinairement d'assesseurs lé-
gistes dans leurs chevauchées judiciaires, lorsque, accompagnés

---

(1) Il y a dans le texte 1293, mais il faut lire 1393, qui est la date portée dans l'acte d'hommage inséré à la page 145.

(2) VALBONNAYS, t. 1er, p. 115.

(3) RIVOIRE-LA-BATIE, *Armorial du Dauphiné*, verbo *Clérieu*.

(4) D'HOZIER, armorial, 3e registre, généalogie de Virieu, preuves, p. XXXI. — Une charte du 24 avril, contenant une vente en faveur de l'église Saint-André de Grenoble et qui nous est communiquée par M. l'abbé Chevalier, fut passée « *apud Gratianopolim, ante ecclesiam beate Marie, in parvo ope-* » *rato, in domus domini Guig (onis) de Clayriaco.* » Nous ne savons si l'on doit rattacher ce personnage à la famille dont nous nous occupons.

d'une escorte armée, ils allaient tenir leurs assises d'une communauté à l'autre. Avant l'institution du conseil delphinal établi seulement sous Humbert II, les arrêts de ces cours ambulantes étaient sans appel; aussi l'importance des fonctions de ceux qui les présidaient tentait les plus grands seigneurs de la province, que la politique des Dauphins parvenait, par ce moyen, à s'attacher plus étroitement. C'est sans doute à cause des priviléges de sa charge, tout autant qu'en raison de sa position de grand vassal, que Silvion, menacé d'un procès criminel, récusa la compétence de la commission désignée pour le juger, réclamant la justice directe du Dauphin, en effet, la seule autorité au-dessus de lui. Les griefs nombreux imputés à Silvion témoignent de la violence de son caractère, de l'anarchie et des désordres auxquels la société était encore livrée à cette époque. On accusait Silvion d'avoir, malgré les ordres réitérés du Dauphin, retenu prisonnier Guigues Pagan, fils du seigneur Guigues Pagan. (Ce dernier est Guigues ou Guigon Pagan 1er du nom, seigneur d'Argental et La Faye en Forêts, baron de la Vocance.) Le voisinage des terres possédées en Vivarais par les Pagan et les Clérieu avait donné lieu sans doute à quelque conflit entre ces deux puissantes maisons. Il paraît que l'on contestait aussi à Silvion la possession légitime du château de Rochebloine dont les ruines dominent encore, en amont de Desaignes, la gorge sauvage où se précipitent les eaux du Doux. Ce fief, situé en Vivarais et de la mouvance des comtes de Forêts, fut cédé en 1262 par Roger de Clérieu au Dauphin, moyennant une somme de mille livres viennoises (1).

Mais cette usurpation et ce déni de justice n'étaient pas les actions les plus noires imputées à Silvion. On lui reprochait d'avoir donné asile, dans ses châteaux de Clérieu et de Pisançon,

---

(1) « *Pro inquisitione quam faciebat...... Dominus Guigo Dalphinus......* » *super Castro de Rocha-Blavonna et commissionne ipsius castri.* » (VALBONNAYS, t. Ier, p. 42.) — *Rocha-Blavonna* indique Rochebloine et non Rocheblave, dans le Diois, dont le nom latin est *Rupis-Blave.* Voy. D'HOZIER, généalogie des Rastel, au 4e registre de l'*Armorial général*. Cependant, l'inventaire de la Chambre des Comptes, aux archives de l'Isère, donne par erreur cette dernière localité pour l'acte de 1262.

aux assassins de Raynaud Galbert, homme-lige du Dauphin. On le soupçonnait, en outre, d'avoir recueilli Guoliset de Vatilieu, principal complice du meurtre de Berlion de La Tour, seigneur de Vinay, un des membres de cette race illustre qui allait bientôt monter sur le trône delphinal. Assigné à Saint-Donat, le 8 des calendes de mars 1250, devant la commission présidée par maître Pierre Lombard, juge ordinaire du comte Dauphin, Silvion se contenta de répondre que, tenant Lombard pour suspect, il n'acceptait le débat ni devant lui ni devant aucun autre, mais qu'il irait trouver son suzerain en ce moment à Anneyron et s'en rapporterait à son bon plaisir et à sa miséricorde (1). Le coupable échappait ainsi aux dangers d'une procédure régulière et réussit évidemment à désarmer le légitime courroux du Dauphin, car nous ne trouvons plus de trace de cette affaire.

La même année, Silvion reçut l'hommage d'Audebert de Châteauneuf pour tout ce que ce dernier possédait sur le territoire et la paroisse de Mureils et au tènement de Verdun (2). — En 1251, le jour de l'Exaltation de la Croix (14 septembre), Roger de Bermond, seigneur de La Voulte, auquel son aïeule Philippa, comtesse de Valentinois, avait fait donation de la coseigneurie de Clérieu, dispositions bientôt révoquées en faveur des Poitiers, comme nous le verrons au chapitre qui leur sera consacré, céda ses prétentions sur cette coseigneurie à Roger de Clérieu et à Silvion, son fils, qui ne semblent pas s'être jamais inquiétés d'en revendiquer la réalisation (3). Si cette date est exacte, elle établit que Silvion, dans les circonstances que nous venons d'énumérer, avait fait acte de souveraineté pendant l'existence de son père. Il n'était pas alors sans exemple qu'un seigneur se fît représenter par son fils pour la réception et la prestation des hommages et autres solennités de la vie féodale. La généalogie de la maison de Poitiers nous apprend qu'Aymar

---

(1) VALBONNAYS, t. Ier, p. 12, 42, 172, 173. — Le P. ANSELME, t. II, p. 29.
(2) Inv. de Clérieu de 1650, aux arch. du château de Saint-Vallier.
(3) Inv. de la Ch. des Comptes, bailliage de Saint-Marcellin, t. II, aux archives de l'Isère.

IV agit plusieurs fois en qualité de comte de Valentinois du vivant et du consentement de son père (1). — En 1253, Silvion reconnaît tenir en fief rendable de l'église de Vienne les fiefs de Miribel en Valclérieu et de Baternay. C'est le premier acte de vasselage des Clérieu envers Saint-Maurice qui soit parvenu jusqu'à nous (2).

Silvion mourut cette même année. Cette particularité nous est connue par un sceau gravé à la fin du premier volume de Valbonnays (pl. 6, N.° 5), à propos duquel l'historien dauphinois s'exprime en ces termes : « Ce sceau est celui d'une ancienne » maison fort illustre, qui est éteinte depuis longtemps.... L'écu » est parti. On voit, d'un côté, deux clés adossées, passées (3) » en pal. Il est échiqueté de l'autre, avec ces mots autour : » *Sigillum Rogerii de Clariaco. (Compositio super hæreditatem* » *Sylvionis de Clariaco inter Rogerium et Sylvionem filios ejus-* » *dem Sylvionis.* 1253.) Cart. vienn. et valent. ad an. 1253 (4) ». L'échiqueté qui remplit la seconde partie de l'écu indique probablement une alliance avec les Roussillon-Annonay.

Mais la mort de Silvion et la transaction entre ses deux fils au sujet de son héritage n'ont pu avoir lieu qu'à la fin de cette année 1253, ainsi que le prouve le cartulaire de Saint-Félix de Valence. L'île de Cilians (5) sur l'Isère, située entre le château de La Roche et la maison de l'hôpital de Monteils (commanderie de Monteux), avait été cédée pour un temps par le prieuré de Saint-Félix à Roger de Clérieu qui s'était engagé à y faire certaines améliorations. De lui elle avait passé à son fils, Jean,

---

(1) Le P. Anselme, t. II, p. 188.

(2) Registres capitulaires de l'église de Vienne, fol. XLIX. (Ce précieux manuscrit, qui appartient à la famille de Chaptal, de Romans, m'a été communiqué par M. Émile Giraud.) — Charvet, p. 397.

(3) Il faut lire évidemment *posées*.

(4) Valbonnays, t. Ier, p. 383. Nous nous sommes vainement enquis aux archives de l'Isère de l'original de cette charte, qui eût été pour nous si important.

(5) Sans doute la même chose que le marais de Sillart mentionné dans un acte de 1565 cité par M. l'abbé Vincent. (*Notice sur La Roche-de-Glun*, p. 45.) — Expilly (*Dict. des Gaules et de France*, verbo La Roche-de-Glun) indique aussi le bac de Sillard sur l'Isère, t. VI. p. 339.

chanoine de Valence, qui abandonna le siècle pour entrer dans l'ordre des Frères Mineurs. L'avide Silvion usurpa le domaine, dont son frère jouissait auparavant à titre viager. Il fallut sans doute la crainte des foudres de l'Église ou mieux encore celle des armes temporelles pour lui faire abandonner sa proie. Le 3 des nones de septembre 1253, par l'entremise de Jean de Bernin, archevêque de Vienne, et d'Adhémar de Grignan, une transaction intervint entre Silvion de Clérieu, seigneur de La Roche, et maître Guillaume, prieur de Saint-Félix. Les arbitres condamnèrent Silvion à déguerpir, en abandonnant les livres, ustensiles et autres objets appartenant à Saint-Félix, et à payer, à titre de dommages, trente livres en deux échéances au prieur, dont il reçut l'absolution et le pardon (1).

Il faut admettre que ce Silvion, auquel nous ne donnons pas plus de numéro d'ordre qu'à ses successeurs, à cause de l'incertitude des degrés généalogiques, eut deux fils, Roger, seigneur de Clérieu, que nous croyons être celui qui figure dans des actes de 1255 et 1262, au sujet desquels nous allons entrer dans quelques détails, et Silvion, seigneur de La Roche, dont l'article viendra après celui de son frère. Nous trouvons dans les registres capitulaires de l'église de Vienne qui ont servi de base à l'histoire de Charvet, la reconnaissance de Roger de Clérieu, datée des nones de mars 1255, pour les châteaux de Baternay et de Miribel en Valclérieu qu'il déclare tenir en fief de l'église de Vienne. La même année, le lendemain de la fête de Saint-Georges, Nicolas de Hauterive, chanoine Refecturier, représentant du chapitre, et Barthélemy de La Valette, au nom de l'archevêque, allèrent au château de Miribel qui, sur leur demande, leur fut rendu par Pierre Rostaing, chevalier, le tenant pour Roger de Clérieu. On voit que le château se composait de deux habitations ou corps de logis « duas domos, ma- » jorem et illam de medio ». On fit sortir tout le monde, afin que les conditions rigoureuses de l'hommage fussent accomplies, et les étendards de l'archevêque et du chapitre flottèrent sur la tour. De là les envoyés s'acheminèrent vers Baternay qu'occupait

---

(1) Cartulaire de Saint-Félix.

Girard de Baternay et où le même cérémonial se renouvela (1). C'est sans doute le même Roger qui, le dimanche après la Nativité de la Vierge, 1262, déclara tenir du Dauphin Clérieu et le château de Mercurol, se réservant l'hommage d'Arthaud de Claveyson et de Falcoz de Mercurol; en même temps, il cédait au même Dauphin le château de Rocheblave ou plutôt de Rochebloine, à la condition de recevoir, comme dédommagement, une somme de mille livres viennoises et d'être défendu contre tous, ainsi que son père Silvion (2). Évidemment, la date de 1262 ne peut s'accorder avec la charte indiquée par Valbonnays qui fait mourir ce Silvion en 1253. Dans l'absence des originaux, il est impossible de découvrir où se trouve l'erreur.

Cette même année 1262, le mercredi après la fête de Sainte-Magdelaine, Silvion, frère de Roger, rendit aussi le château de La Roche-de-Glun à Pierre de La Motte et Nantelme Panier, chevalier, envoyés du Dauphin, qui en prirent momentanément possession au nom de leur maître, en présence d'Aymar et de Pierre de Hauteville et de plusieurs autres témoins (3). Nous ignorons les causes qui portèrent tout d'un coup atteinte aux liens féodaux renouvelés dans cette circonstance et exposèrent Silvion de Clérieu, en 1267, à une guerre sanglante contre le comte de Valentinois et le Dauphin lui-même, dans les hasards de laquelle il fut fait prisonnier du comte. Heureusement pour le captif, son allié, Guillaume de Roussillon, fils du seigneur d'Anjou, s'était jeté dans le château de La Roche, dont les fortifications avaient eu le temps d'être relevées, et sortait tous les jours de cet asile inexpugnable pour aller ravager les terres des ennemis. Le Dauphin, qui souffrait le plus de ces incursions armées, traita avec Guillaume, qui reconnut tenir de lui le château jusqu'à la délivrance de Silvion et reçut la promesse d'en être personnellement investi dans le cas où le légitime seigneur mourrait en prison. Cet accord se fit, sans que le comte

---

(1) Reg. cap., fol. XLVII. — CHARVET, p. 397.

(2) Inv. de la Ch. des Comptes.

(5) Factum du comte de Saint-Vallier au sujet de Claveison; Grenoble, 1753, in-4°.

de Valentinois eût été appelé à y prendre part, mais amena bientôt une paix générale, à laquelle Silvion dut sa liberté et sa rentrée dans ses fiefs (1). Il paraît qu'une rançon avait été exigée par Aymar de Poitiers et avancée par Guillaume de Roussillon. En effet, par un accord passé le 2 janvier 1272 (1273 N. S.), à Annonay, dans le couvent des Frères Mineurs, Silvion, seigneur de Clérieu et de La Roche-de-Glun, fut condamné à payer deux mille livres sur une somme de quatre mille due pour sa libération à Guillaume, seigneur de Roussillon, et à son fils Arthaud, seigneur d'Annonay. Le château de Pisançon devait être engagé jusqu'au remboursement (2). Probablement, les deux autres mille livres formèrent compensation avec les revenus de La Roche dont Guillaume avait joui. Revenons sur plusieurs actes d'une importance secondaire que nous n'avons pas donnés à leur rang chronologique. Le 18 janvier 1261 (1262 N. S.), Silvion confirma au monastère de Léoncel les donations de ses prédécesseurs, Guillaume et Roger, les droits de pâturage concédés à La Part-Dieu et sur tout le mandement de Pisançon et le droit exclusif de chasse. Passé à Pisançon « in furnello juxtà » capellam » (3). Le lundi avant Saint-Benoit, 1273, le même Silvion renouvelle à Guy d'Auvergne, archevêque de Vienne, l'hommage pour Miribel et Baternay (4).

La guerre était, à cette époque, la condition la plus habituelle des populations. Nous trouvons les Clérieu mêlés sans cesse aux luttes intestines de leurs puissants voisins, et comme l'ère de leur grandeur était passée, ils sont souvent victimes d'événements, sur lesquels ils n'ont pu exercer qu'une fort médiocre influence. L'histoire des longues dissensions dont le fief de Pisançon fut alors l'occasion, ne nous est parvenue que d'une manière confuse, et M. Émile Giraud est le premier qui ait jeté quelque lumière sur le récit embrouillé de Chorier. En

---

(1) CHORIER, *Histoire générale*, t. II, p. 146, 147. — C'est le 11 des calendes de juillet 1267 que Guillaume de Roussillon remit le château de La Roche à Guillaume Sibuet, représentant du Dauphin.
(2) Analyse d'acte comm. par M. l'abbé Chevalier.
(3) Archives de la Drôme, fonds de Léoncel.
(4) Registre cap., fol. LIV. — CHARVET, p. 408

1274, Silvion de Clérieu et Lambert de Chabeuil occupaient les deux châteaux jumeaux de Pisançon, que l'un et l'autre tenaient de leurs ancêtres, sous la mouvance de l'église de Romans. La discorde ayant éclaté entre eux, l'archevêque de Vienne, voulant arrêter leur querelle, usa de ses droits de suzerain, en ordonnant la remise des places entre ses mains. Silvion seul obéit, et Guy d'Auvergne, déclarant tombé en commise le fief du rebelle Lambert, prétendit le faire occuper par Humbert de La Tour, devenu, peu d'années après, le dauphin Humbert Ier, qu'il favorisait à cause de leurs liens de parenté. La mort subite du descendant des Lambert-François ayant déjoué ces calculs, Humbert n'imagina rien de mieux que d'acheter des héritiers de ce dernier de prétendus droits sur un fief en déshérence, et s'installa à Pisançon, malgré les protestations du chapitre. Mais la vacance du siége archiépiscopal, qui, selon l'antique usage, appelait l'évêque de Valence à l'administration intérimaire de l'église de Vienne, et de celle de Romans par conséquent, changea bientôt la face des choses. Amédée de Roussillon, alors évêque de Valence, recourut aux armes, après avoir épuisé les exhortations et les menaces. Au nombre des fidèles vassaux du chapitre, qui reçurent l'ordre d'aller assiéger le château usurpé par Humbert, et qui prit plus tard le nom de parerie delphinale, se trouvait Silvion de Clérieu. Non-seulement l'attaque ne réussit pas, mais encore Humbert porta ses ravages sur les terres de Silvion, ruina le prieuré de Saint-Bardoux et s'empara du château de La Roche-de-Glun, prétendant le garder sous le prétexte qu'il relevait de Robert II, duc de Bourgogne, évidemment comme tuteur du jeune dauphin Jean Ier, et accusant sans doute Silvion de n'avoir pas renouvelé l'hommage en temps utile, lorsque l'intervention du duc lui-même força le seigneur de La Tour à renoncer à son usurpation. Une conférence tenue en 1279, entre Anjou et Roussillon, amena une trêve (1).

---

(1) CHORIER, t. II, p. 152 et suiv. — GIRAUD, *Essai*, t. II, p. 51 et suiv. — COLLOMBET, *Histoire de l'Église de Vienne*, t. II, p. 100. — HAUREAU, *Gallia Christ.*, prov. Vienn., col. 157.

Ce fut l'année suivante que mourut Silvion, le dernier des sires de Clérieu qui ait porté ce prénom, jusque-là si usité dans leur race qu'il répand une certaine confusion dans leur généalogie. Guy Allard prétend qu'il avait épousé Josserande de Poitiers, fille d'Aymar Ier, comte de Valentinois (1), tandis que le testament de son fils Roger nous apprend que Silvion eut pour femme Béatrix, sans nous faire connaître à quelle famille elle appartenait. Le 2 des ides de février 1279, il avait testé en faveur de son fils, Roger, avec cette condition que si ce dernier n'exécutait pas des clauses qui ne sont pas parvenues jusqu'à nous, tous ses biens situés en Dauphiné seraient dévolus au roi de France. A la différence de ses ancêtres qui avaient leur sépulture à l'abbaye de Vernaison, Silvion fut enseveli dans le couvent des Frères Mineurs de Valence, sans doute en souvenir de Jean de Clérieu entré dans cet ordre.

Roger de Clérieu était chanoine de Valence, comme plusieurs de sa maison avant lui. Il avait été du nombre de ceux qui s'opposèrent à l'élection au siége de Valence de Guy de Montlaur, doyen du Puy, et parvinrent à la faire casser par le pape Clément IV (2). En 1277, il inféodait à Jean de Dol le mas des Bordilières dans le mandement de Garauson (3), et, le 12 mai 1283, lui-même rendit hommage à l'église de Valence pour le château de Garauson « *castrum de Garausone* », en présence des abbés de Saint-Félix et de Saint-Théodoret, de Pierre Galbert, chevalier, etc. (4). Garauson, aujourd'hui Groson, autrefois prieuré, maintenant paroisse formant une section de la commune de Saint-Barthélemy-le-Pin, dans le canton de Lamastre (Ardèche), passa au XIVe siècle aux Poitiers avec les autres terres des Clérieu, et fut vendu, en 1390, par Louis de Poitiers, comte de Valentinois, à Radulph ou Raoul de Lestrange, dont les descen-

---

(1) GUY ALLARD, *Dictionnaire*, t. II, col. 723.
(2) HAURÉAU, *Gallia Christ.*, prov. Vienn., col. 315.
(3) Archives du château de Solignac (Ardèche). — L'inféodation fut renouvelée en 1292.
(4) Archives de la Drôme.

dants, tombés en quenouille en 1743 dans la maison de Romanet, qui releva le nom et les armes de cette branche, possédèrent la seigneurie jusqu'à la Révolution.

Lorsque Roger succéda à son père, le château de Pisançon (plus tard parerie poitevine) et celui de Châteaubourg, ce dernier relevant de l'église de Valence, avaient été consignés, à la suite de la trève, entre les mains d'Amédée de Roussillon, qui se hâta de les restituer au nouveau sire de Clérieu (1), et la paix fut bientôt réglée par l'arbitrage de divers seigneurs. Chorier, qui se contredit quelquefois, prétend que Roger ne put, malgré les instances du duc de Bourgogne, entrer en possession de La Roche-de-Glun, retenue, depuis la captivité de Silvion, par Guillaume de Roussillon, qui l'aurait ensuite abandonnée au Dauphin (2). La transaction indiquée plus haut entre Silvion et Guillaume ne permet guère de supposer qu'on eût laissé de côté une question aussi grave. Dans tous les cas, il y eut de la part des Dauphins occupation de La Roche, qui prit fin précisément à cette époque. L'inventaire de la Chambre des Comptes de Dauphiné mentionne un hommage de Roger au Dauphin (calendes de septembre 1280) pour La Roche-de-Glun. « Ledit de Clérieu, y est-il dit, quitte au Dauphin les fruits perçus de cette terre, pendant que le Dauphin et son épouse la détenoient (3) ». Roger s'efforça de réparer les désastres d'une trop longue guerre ; il voulut relever de ses ruines le prieuré de Saint-Bardoux, et, du consentement de la régente Béatrix, il unit à cet établissement les revenus de la maladrerie de Beaumont, dans le mandement de Clérieu, sans que l'autorité religieuse eût été appelée à intervenir (4).

Le même Chorier fait la remarque qu'il n'y eut pas dans le

---

(1) *Vita Amedei Rossillonæi, episcopi Valentinensis et Diensis primi*, ap. COLUMBI, Opuscula varia, p. 358. — AYMARI RIVALLII, *de Allobrogibus*, p. 439.

(2) T. II, p. 163.

(3) Voy. aussi DUCHESNE, *Comtes de Valentinois*, p. 15.

(4) CHORIER, t. II, p. 155. — GIRAUD, *Essai*, t. II, p. 60.

Viennois de plus grand seigneur que Roger (1). On le voit en effet prendre part aux assemblées des grands vassaux de la province (2). Il figure comme témoin dans les occasions solennelles, où les Dauphins souscrivent des engagements importants (3). En 1282, il obtient d'Aymard de La Tour, seigneur de Vinay, la liberté de Guionnet de Rivoyre, retenu prisonnier à La Tour-du-Pin (4). Aymar de Poitiers, comte de Valentinois, l'évêque et les chanoines de Valence, Louis, sire de Beaujeu, le choisirent, en diverses circonstances, comme arbitre (5). Il reçut, en 1285, les hommages de Falques de Montchenu, pour la moitié du château de Montchenu; de Guillaume Allemand, pour le château de Marjais (Margès); de Josserand, seigneur de La Motte-de-Crose, pour le fief de Crose; de Guionnet d'Hauteville, pour Hauteville; d'Aymar de Mouchet (dè Moscheto), pour le Mouchet; de Reymond Berlion, de Guillaume de Châteaubourg, pour des biens à Clérieu; d'Hugues de Saint-Marc, de Pierre Gay, de Martin de Marsas; en 1295, de Reymond de Veaune, pour la maison forte de Veaune; en 1302, d'Artaud de Claveyson, pour la troisième partie du château et mandement de Mercurol, et la huitième partie du château et mandement de Claveyson rendable (6). Enfin les cartulaires de Vernaison et de Léoncel mentionnent le nom de Roger, à propos de donations ou d'échanges.

Dans un de ses ouvrages restés longtemps inédits, quoique préparés pour l'impression, et dont nous devons la publication récente au docte bibliothécaire de la ville de Grenoble, M. H. Gariel, Guy Allard affirme que la dauphine Anne, après la mort

---

(1) CHORIER, t. II, p. 163.

(2) *Idem*, p. 173.

(3) VALBONNAYS, t. Ier, p. 234, et t. II, p. 26, 27, 31, 35, 37, 51, 52, 54. — CHORIER, t. II, p. 178, 179. — DUCHESNE, *Dauphins*, p. 31, 33 et preuves, p. 25, 29. — *Id. Comtes de Valentinois*, p. 29.

(4) Notes de MOULINET.

(5) Actes communiqués par M. l'abbé Chevalier. — COLUMBI, *De rebus gestis episc. Valent.*; Lugdunum, 1652, p. 139.

(6) Inv. de la Ch. des Comptes. — *Cartularium homagiorum..... de notis Stephani Guioterie*. — Factum du comte de Saint-Vallier sur Claveyson.

de son frère, ordonna aux principaux seigneurs de la province, par lettres du mercredi après la fête de Sainte-Madeleine 1276, de venir lui rendre hommage à Grenoble; qu'ils s'assemblèrent à Saint-Marcellin, refusant d'obéir et menaçant de se défendre par les armes; que la Dauphine et son mari, Humbert de La Tour, se gardèrent d'insister et firent engager les mutins à rentrer chez eux. L'historien dauphinois ajoute que parmi ces feudataires révoltés se trouvaient « Roger, seigneur souverain » de Clérieu, ne relevant que de l'empire, Falques, seigneur » de Montchenu, Guillaume de Claveyson, seigneur de » Mercurol (1) ». Il est possible que les possesseurs des grands fiefs aient essayé de profiter d'un changement de dynastie pour reconquérir leur indépendance, ou qu'ils aient tout simplement favorisé les prétentions de Robert, duc de Bourgogne, à la couronne delphinale. Mais, dans tous les cas, Allard a commis deux graves erreurs, en plaçant l'avénement de la dauphine Anne à l'année 1276, tandis que son frère Jean, auquel elle succéda, ne mourut qu'en 1281; en second lieu, en affirmant que les Clérieu avaient conservé leur allodialité, définitivement perdue, cependant, comme nous l'avons vu, depuis un siècle environ.

Roger de Clérieu testa le 14 des calendes de juillet 1303, mardi avant la nativité de saint Jean-Baptiste, dans la grande cour du château de La Roche-de-Glun (2), en présence de Jean de Virieu (de Viriaco), official et chanoine de Valence, et du notaire Jean de Arlay, du diocèse de Besançon, habitant à Valence. Nous ne donnerons qu'une analyse de ce document important, trop long pour être inséré ici. Le testateur élit sa sépulture à Commercy (Vernaison), dans l'église où furent

---

(1) GUY ALLARD, OEuvres diverses. Description historique de la ville Grenoble, p. 279.

(2) Archives du château de Peyrins, copie collationnée au XVIIe siècle, par Pierre Bergier, conseiller-secrétaire du Roi en sa Chambre des comptes de Dauphiné.

ensevelis sa mère et Roger, son aïeul paternel. Il y établit une fondation annuelle de quarante sous viennois pour son propre anniversaire, et de vingt sous, pour ceux de son père et de sa mère. Il lègue à l'église de Clérieu cinq sous de rente ou un capital de cent sous; au chapelain de Clérieu, vingt sous une fois payés; à l'église Saint-Jean de La Roche pour sa reconstruction, cent sous; au chapelain de la même église, vingt sous; aux chapelains de Pisançon, Miribel-en-Valclérieu, Châteaubourg et Chantemerle, chacun la même somme; à l'église de Saint-Bardoux, une rente de cinq sous; aux religieuses de Soyons, soixante sous une fois payés, « *pro tribus pictanciis* (1) »; au monastère de La Part-Dieu, dix sous de rente ou un capital de dix livres; aux Frères Mineurs de Valence, vingt sous annuels ou vingt livres de capital, pour l'anniversaire de son père, Silvion, enseveli dans leur église, et soixante sous, pour trois pitances de moines; aux Frères Prêcheurs de Valence, soixante sous pour deux pitances; aux Frères Mineurs de Romans, la même somme destinée au même usage; à l'église Saint-Apollinaire de Valence, vingt-cinq livres, pour les anniversaires de la famille; à Frère Ricon de Beauregard « *de Bello Respectu* », afin qu'il prie pour lui, cent sous. Pour le repos de son âme, pour celles de ses parents, de Roger, son aïeul paternel, et de Gratepaille, frère de ce dernier (2), et de tous ceux dont il aurait pu recevoir à son insu des biens sujets à restitution « *omnium aliorum a quibus*
» *aliquid habuimus vel recipimus minùs justè, de quibus non*
» *sum memor* », (N'y a-t-il pas là comme un vague souvenir des usurpations de biens d'églises par les plus anciens membres

---

(1) La maison de Clérieu a donné plusieurs religieuses au monastère de Soyons. Marie et Bonne de Clérieu sont présentes en cette qualité à la cession du fief de Soyons, par l'abbesse à l'évêque de Valence, le 14 des calendes de novembre 1245. (GARNODIER, *Recherches sur Saint-Romain-de-Lerps*, p. 347.)

(2) Ce passage semble en contradiction formelle avec les analyses d'actes qui nous ont amené à placer plusieurs générations entre Roger, frère de Gratepaille, et Silvion, père du testateur.

de la maison de Clérieu?) une somme de cinquante livres sera distribuée aux pauvres dans les localités des diocèses de Vienne et de Valence désignées par les exécuteurs testamentaires. Viennent ensuite les libéralités envers les vassaux les plus affectionnés, et, sans doute, d'anciens serviteurs ; cent sous à Périne, veuve de Thomas Geneveys ; dix livres à Silvonet Lobet ; Guigonet Medici (1), Guillemet de Châteaubourg et Guigues de Curson recevront chacun la même somme.

Roger reconnaît à sa fille Béatrix, femme d'Aynard de Saint-Quentin, seigneur dudit lieu, les neuf cents livres constituées pour sa dot et y ajoute cent livres ; elle a eu en outre en habits ou joyaux « *arnesiis* » une valeur de deux cent cinquante livres. Dans le cas où elle n'aurait pas d'enfant, tout ce qu'elle a touché serait dévolu à ses frères, sauf trois cents livres, dont elle pourrait faire ce que bon lui semblerait. Mêmes dispositions relativement à Marguerite Allemand, femme d'Albert de Sassenage, et à sa sœur Catherine, se partageant les droits de leur mère Sybille de Clérieu, fille de Roger et mariée à Guigues Allemand. Le testateur déclare avoir reçu dix-sept cents livres, pour la dot de sa femme Marguerite de Poitiers. Il lui lègue, tant qu'elle ne se remariera pas, cinquante sétiers de froment, trente sétiers de seigle et vingt sétiers d'avoine à prendre chaque année sur les moulins de Clérieu, une rente de soixante livres sur le péage de La Roche, cinquante sommées ou charges de vin qui doivent être délivrées tous les ans, moitié par Guillaume Graton et moitié par Guichard ; elle aura de plus la jouissance des maisons de Chantemerle et de Vernaison. Roger lui donne aussi ses trois grandes coupes d'argent.

Dans le cas où il aurait de sa femme un enfant posthume, il veut qu'il entre en religion ; si c'est un fils, il aura mille livres ; si c'est une fille, il ne lui en est constitué que cinq cents. Il institue son fils Guillaume Graton son héritier dans ses châteaux et mandements de Clérieu, Chantemerle, Miribel, Pisançon, sa maison de Romans, les fiefs et arrière-fiefs qu'il possède à

---

(1) Voyez sur les Medici du Dauphiné, venus peut-être de Florence, VALBONNAYS, t. 1er, p. 255 et suivantes.

Mercurol, Claveyson, audit Miribel, à Margès, Baternay, Montchenu et dans ses biens du Viennois, jusqu'à la route appelée *via moniha* (*via munita*, l'ancienne voie romaine pavée) qui sert de limite au mandement de Clérieu et de La Roche.

Il donne à son autre fils Guichard les châteaux et mandements de La Roche-de-Glun, y compris le péage de Charmagneu et le port de Confolens, les châteaux et mandements de Châteaubourg, de Garauson, tous les fiefs et arrière-fiefs qu'il possède au delà du Rhône, dans le royaume de France, en particulier ceux de Toulaud, Solignac et Saint-Barthélemy-le-Pin, ses droits et propriétés à Valence et dans les mandements d'Upie et Montmeyran. Ledit Guichard sera tenu de solder les dettes et legs de Gratepaille et de Roger, son frère, de Silvion et de Béatrix, père et mère du testateur, et tous ceux compris dans le présent testament, à moins de clauses contraires. Dans le cas où Isabelle, femme de Guillaume Graton, viendrait à mourir *ab intestat* et s'il fallait rendre la dot, cette restitution incomberait aux deux frères par égale part. En revanche, les arrérages du vingtain pour Clérieu et Chantemerle seront divisés entr'eux (1). Ils se partageront aussi les armes, armures, meubles et ustensiles de maisons et cuisines. Les coupes, écuelles et autres vases d'argent seront vendus par les soins des exécuteurs testamentaires, pour subvenir, autant que possible, aux frais des funérailles et aumônes (2), et ces énumérations nous fournissent

---

(1) *De vinteno verò mihi dato propter militiam meam in castris et mandamentis Clayriaci et de Chantamerle, per undecim annos, volo quod illud quod supererit ad recuperandum et solvendum post mortem meam sit et esse debeat commune inter prædictos filios meos et hæredes.*

(2) *Item volo et præcipio quod omnes balistæ meæ, ubicumque sint, et armaturæ meæ ferreæ et suppelectilia domorum et coquinarum mearum et alia garnimenta mea, exceptis cyphis, scutellis et aliis vasis meis argenteis inter prædictos Guillelmum et Guichardum, filios et hæredes meos, communiter æquis portionibus dividantur. Volo etiam et expressè præcipio quod statim post mortem meam omnes cyphi, scutella et alia vasa mea argenteæ per manus exequatorum meorum vendantur pro expensis funeris mei faciendis et aliis elemosynis meis, in quantum possibile erit, persolvendis.* Nous pensons que le mot *balista* doit être interprété dans le sens d'arbalète et nom de baliste.

des détails curieux sur l'ameublement des habitations féodales à cette époque. Quant aux vases vinaires et *tines*, ils resteront là où ils se trouvent.

Roger établit ensuite des substitutions entre les deux frères, et, à défaut d'eux et de leurs descendants, en faveur de sa fille Béatrix et, enfin, de sa petite-fille Marguerite. Dans le cas où l'héritage parviendrait à l'une d'elles ou à leurs successeurs, il sera établi une chapellenie dans chacun des sept principaux châteaux actuellement sous la domination de Roger, et les possesseurs de ces châteaux conserveront le droit de collation et de présentation à l'archevêque de Vienne ou à l'évêque de Valence, selon que la fondation sera comprise dans le diocèse de l'un ou de l'autre. Mais, si tous les descendants du testateur venaient à s'éteindre, Clérieu passerait, avec une partie de ses arrière-fiefs, au pouvoir du comte de Forets; Miribel, Chantemerle et le reste des arrière-fiefs, à celui qui serait alors seigneur de Beaudiner en Velay, terre récemment entrée dans la maison de Poitiers; Aymar de Poitiers aurait Pisançon; La Roche-de-Glun appartiendrait au seigneur de Roussillon, sans doute en mémoire des services rendus, moins de quarante ans auparavant, par cette famille à Silvion de Clérieu, lors de la guerre contre le Dauphin et le comte de Valentinois, et cette disposition contribue à rendre encore plus improbable la prétendue usurpation de La Roche par Guillaume de Roussillon, que nous avons essayé de réfuter plus haut. Enfin, Châteaubourg, Garauson et les autres fiefs au delà du Rhône devaient être le partage du seigneur de Saint-Didier. Il s'agit évidemment de Saint-Didier-la-Séauve, baronnie diocésaine du Velay, dont le château avait donné son nom à une race féodale éteinte en 1379 chez les Joyeuse.

Les exécuteurs testamentaires désignés sont l'abbé de Saint-Ruf, le prieur des Frères Prêcheurs et le gardien des Frères Mineurs de Valence, ainsi que Jean de Virieu, déjà mentionné. Au nombre des témoins figurent Pierre Eustorge, chevalier, Guigon de Curson, Silvonet Lobet, Aymaron d'Hauteville, damoiseaux, Étienne Galesii, chapelain du château de La Roche. Guillaume Graton et Guichard jurèrent sur les saints évangiles d'observer les dernières volontés de leur père, où, dans le vague pressentiment de l'extinction prochaine des Clérieu, toutes les éventualités avaient été minutieusement prévues. L'exécution de ces dispositions semblait assurée tout au moins pour une longue suite d'années. Mais Dieu, qui se rit des vains desseins des hommes, permit, comme nous le verrons bientôt, qu'au mépris d'engagements sacrés, le testament fût déchiré par les fils mêmes du testateur.

Roger de Clérieu avait épousé, vers 1281, Marguerite de Poitiers, fille d'Aymar II, comte de Valentinois, et de Florie de Beaujeu. Elle est mentionnée dans le testament de son père, pour un legs de deux cents livres viennoises, en outre de sa dot, en paiement de laquelle son frère lui céda le château de Châteauneuf-de-Vernoux (1). De ce mariage vinrent : 1º Guillaume Graton, qui suit ; 2º Guichard, dont l'article viendra après ; 3º Béatrix, mariée à Aynard, seigneur de Saint-Quentin; 4º Sibille, femme de Guigues Allemand, morte du vivant de son père.

Guillaume Graton est le second Gratepaille que Guy Allard assure avoir vécu en 1289 (2), et l'on ne peut douter que le premier de ces noms ne soit le diminutif du second. Les charges qu'occupa Graton, les missions diplomatiques que lui confia son suzerain, les événements auxquels il fut mêlé, témoignent de sa capacité et de son importance dans la province. Dans sa jeunesse, il exerça les fonctions de sacristain de Saint-Félix de Valence (3), fonctions presque héréditaires dans sa famille, tandis que les Dauphins étaient chanoines-nés de Vienne, d'Embrun, du Puy-en-Velay; plus tard il devint bailli du Viennois, du Valentinois et du Diois. En 1296, il assista à l'hommage prêté

---

(1) ANSELME, t. II, p. 188 *bis*. — DUCHESNE, *Histoire des comtes de Valentinois*, p. 15 et preuves, p. 12. — GUY ALLARD, *Dictionnaire*, t. Iᵉʳ, col. 297.

(2) GUY ALLARD, *loc. cit.*

(3) Il est mentionné en 1297, comme sacristain de Saint-Félix, parmi les témoins de la sentence arbitrale rendue entre l'abbé de Léoncel et le prieur de Saint-Félix, au sujet de possessions au terroir de Rivier. *(Archives de la Drôme.)*

par Jean, comte de Forets, à l'église de Vienne, pour les fiefs que ce dernier recevait comme dot de sa femme (1). Il était en 1300 dans l'armée delphinale qui assiégea et prit, au nom de Raymond de Meuillon, le château de Mérindol sur le prince d'Orange, et il protesta, ainsi que son beau-frère Guigues Allemand et plusieurs autres seigneurs de la province, contre la sentence du recteur du comté Venaissin, qui les déclarait passibles d'excommunication (2). Du vivant de son père, auquel il paraît avoir succédé en 1304, date de son hommage au Dauphin (3), il agit comme seigneur de Clérieu en accordant à Reymond de Veaunes, à Guillaume de Châteaubourg, chevaliers, à Guigues de Saint-Marc, à Guillaume et Ponson d'Hauteville, à dame Tholonna de Clérieu *(sic)* et à François de Givors, damoiseaux, possesseurs des fiefs de Curson, Hauteville et Aurel, la faculté de ne payer les droits de plaids qu'au changement de vassal, les exemptant de les compter aussi à l'avénement du seigneur (4). Lorsque Jean II succéda en 1307 à Humbert Ier, Graton et son frère Guichard furent des premiers à aller reconnaître le nouveau Dauphin, qui devait leur accorder une certaine part dans sa confiance, et à lui prêter foi et hommage (5). Pendant quelques années cependant, on ne rencontre le nom de Graton qu'au milieu d'affaires d'un intérêt secondaire. Il est présent (14 juin 1307) à l'emphytéose du port de Claix sur le Drac octroyée à Guigues Allemand (6). Il est un des arbitres qui obligent en 1308, Hugues de Bressieu, doyen de l'église de Vienne, principal instigateur du meurtre d'Antelme de Miribel, courrier *(correarius)*, in-

---

(1) CHORIER, *Histoire générale*, t. II, p. 185.

(2) VALBONNAYS, t. II, p. 103.

(3) Hommage de Graton au Dauphin, comme son homme lige, pour Clérieu et ses arrière-fiefs, 1304, mercredi après la fête de saint Luc, évangéliste. (*Inventaire de* 1650 *aux archives du château de Saint-Vallier.*)

(4) *Cartularium homagiorum.... de notis Stephani Guioterie*, p. 92 et suiv.

(5) VALBONNAYS, t. Ier, p. 208, 265 et t. II, p. 129, 130.

(6) *Id*, t. II, p. 134.

tendant et procureur fiscal de l'archevêque, à se démettre de ses fonctions (1). La même année, un horizon plus vaste s'ouvrit pour le sire de Clérieu. Il fut envoyé avec Guigues Allemand, seigneur de Valbonnais, et Béraud, seigneur de Mercœur, connétable de Champagne, auprès de Philippe-le-Bel, pour tâcher d'obtenir, par son intervention, une paix définitive entre le Dauphiné et la Savoie ; ils accompagnèrent à Poitiers le roi de France, trop occupé de régler, de concert avec le pape, les conditions de l'abolition de l'ordre des Templiers, pour s'immiscer dans les affaires de ses voisins. Cette ambassade solennelle n'aboutit qu'à la continuation de la trêve entre le Dauphin et le comte Amé de Savoie (2). Chargé sans doute, bientôt après, d'une mission en Italie, dont nous ne connaissons pas l'objet précis, mais qui doit se rattacher à la question vainement débattue à Poitiers, Graton suit, au delà des Alpes, les pas des princes de Savoie. Il assiste en 1310, à Asti, à l'investiture accordée par Henri de Luxembourg, roi des Romains, à Amé-le-Grand du comté de Savoie, des duchés de Chablais et d'Aoste (3). Il contribua évidemment pour une grande part au traité de confédération conclu à Milan, le 10 février 1311, entre Philippe de Savoie, prince d'Achaïe, comte de Piémont et Guy de Montauban, frère du Dauphin ; traité habile qui donnait des alliés à Jean II dans la maison même de Savoie. Le nom de Graton se trouve parmi les témoins à côté de Guy, seigneur de Tullins, de Guy de Laye et de Galbert, coseigneur de Luzerna (4).

Le but de sa négociation atteint, Graton repasse les monts. Le II des calendes de novembre 1312 ; il se rend caution, avec son frère Guichard, de Guy de Tournon, pour sûreté du paiement de la dot d'Adhémaronne, fille de ce dernier (5).

---

(1) CHORIER, *Histoire générale*, t. II, p. 208, 209.

(2) CHORIER, t. II, p. 210, 211. — DUCHESNE, *Dauphins de Viennois*, p. 46. — GUICHENON, *Histoire de la maison de Savoie*, édition de Turin, t. Ier, p. 358.

(3) GUICHENON, *Histoire de la maison de Savoie*, t. Ier, p. 359.

(4) GUICHENON, *id.*, t. Ier, p. 319. — VALBONNAYS, t. II, p. 146. — GUY ALLARD, *OEuvres diverses*, *Histoire des comtes de Graisivaudan*, p. 410.

(5) Notes de Moulinet. — Aymare ou Adhémaronne de Tournon épousa Hugues de La Tour, seigneur de Vinay.

Dans la lutte inévitable, souvent apaisée, toujours renaissante entre le Dauphiné et la Savoie, qui se touchaient et se pénétraient pour ainsi dire en tant de points, lutte appartenant à l'histoire générale de notre province et dont ce n'est pas ici le lieu de décrire les phases successives, vient se placer, à la date de 1313, un épisode que nous ne pouvons passer sous silence. Les historiens de Savoie (1) racontent qu'Henri, baron de Montauban et de Meuillon (2) ayant introduit en Dauphiné une compagnie de Gascons commandée par Annequin de Clérieu et Amé de Poitiers, seigneur de Saint-Vallier, ces troupes furent défaites par le comte Édouard de Savoie, aux environs de La Côte-St-André, où elles exerçaient de grands ravages. Jean Servion (3) entre dans de curieux détails sur cette rencontre. « En temps
» il avoit une compagnie de gens amassez qui estoyent aulx
» partyez de Gascongne et au pourchas du Dauphin Jehan et du
» comte Guilliame de Geneve.... et ainsy ils vindrent deux capi-
» taynes messire Annerquin de Clérieu et messire Amé de Poi-
» tiers et amenarent aveques eulx une grande compagnye de
» gens d'armes, lesquels se vindrent lougier ung espace de temps
» aux villages dempres Saint-Andrieu. » Édouard, fils du comte Amé, rassembla ses troupes à Saint-Georges-d'Espéranche, près de La Côte-Saint-André. « Quant messire Annerquin de Clérieu
» et messire Amé de Poitiers se virent estre surpris ils se mirent
» en ordonnance et embataille et dirent à leurs gens : *il faut*
» *morir ou soy deffandre, car fuyre ne povons nous, ne nous*
» *sauver ne retraire..* » L'armée d'Édouard se porta au devant d'eux. «... et quant les deux capitaynes et leurs gens les virent
» venir en telle ordonnance ils cogneurent et dirent : *nous aurons*
» *affayre, or sa nul ne se bouge, laissons nous assaillir, et sy*
» *tost quils se desmarcheront ly frappons sus, car ausy fumes*

---

(1) Guichenon, t. Ier, p. 376. — Paradin, liv. II, chap. 105. — Voyez aussi : *Aymari Rivallii de Allobrogibus*, p. 453.

(2) S'il s'agit d'Henri de La Tour, évêque élu de Metz, il ne prit le titre de baron de Montauban qu'après la mort de son frère Guy, arrivée en 1317.

(3) *Chronique de Savoie*, ap. *historiæ patriæ monumenta*, t. 1er, p. 218.

» *nous mors.* En ces parolles vint Monseigneur Edoard o son
» avant garde et les escrya, *randes vous, randes*, et messire
» Annerquin de Clérieu crya : *n'y a il nulle mercy, ne nul re-*
» *mede*, et Monseigneur Edoard respondest *neny* et alors se
» prindrent a mesler. » Annerquin et Pirot de Sainte-Garnelle
furent pris, messire Amé de Poitiers fut tué. Au chapitre
suivant Annerquin est nommé par deux fois Annerquin de
Quirieu. Sans nous arrêter à l'anachronisme qui fait mourir en
1313 Amé de Poitiers, seigneur de Saint-Vallier, que des documents authentiques prouvent avoir été encore vivant en 1349 (1),
une seule chose nous intéresse dans ce récit naïf et coloré : cet
Annerquin ou Annequin, évidemment un personnage d'importance, puisqu'il est qualifié de messire et que son nom précède
celui d'Amé de Poitiers, avait-il quelque chose de commun
avec Graton et Guichard de Clérieu? Il est à peu près certain
que non. Ce chef de bandes, qui à l'appel du Dauphin se jette sur
la province comme sur une proie, était probablement étranger
au pays et devait son surnom, parvenu jusqu'à nous sous une
forme assez indécise, à quelque localité possédée par lui en fief,
ou conquise et occupée momentanément, mais dont il est impossible de déterminer la position géographique. Quant à ce
nom ou prénom étrange d'Annequin, il fut porté quelques
années plus tard par un autre routier, selon toute apparence
allemand d'origine, ravageant la Savoie, de concert avec l'anglais
Jean Hawkwood, et finissant par rançonner la commune de Pise,
qui l'avait imprudemment engagé à son service (2).

Le 20 novembre de la même année 1313, les habitants de Die
s'adressent à Graton, comme bailli du Valentinois et du Diois,

---

(1) P. ANSELME, t. II, p. 187.

(2) Voyez sur cet Annequin de Bougar, appelé par les historiens italiens *Anichino Bongarden* (Baumgarten)? Ricotti, *Storia della compagnie di Ventura in Italia.* — Notre savant ami M. Paul Allut, qui, dans son beau livre intitulé : *Les Routiers au XIVe siècle, les Tard-venus et la bataille de Brignais*, a étudié cette curieuse époque à un point de vue spécial, a bien voulu nous fournir d'abondants renseignements sur cette question.

pour se faire confirmer les libertés comprises dans la charte concédée, le 12 mars 1240, par Humbert IV, évêque de Die (1). Mais, la charge que le sire de Clérieu tenait du comte de Valentinois, laisse bien moins de place dans sa vie que son rôle de conseiller du Dauphin. Le 31 janvier 1317, il assiste au traité qui règle les droits d'Anne de La Tour, fille de feu Guy, baron de Montauban, frère du Dauphin, et mariée à Raymond, prince d'Orange (2). Cet arrangement fut conclu à l'époque du voyage d'Avignon entrepris par Jean II. Graton accompagnait alors ce prince, qui mourut en revenant dans ses états. A défaut de son frère Henri, évêque de Metz, le testament du souverain désignait Graton pour exercer la régence, conjointement avec Guillaume, comte de Genève et Geoffroy de Clermont (3). L'influence du seigneur de Clérieu ne paraît pas avoir décru sous le nouveau règne. Il est témoin du serment prêté par le jeune dauphin Guigues VIII à l'église de Vienne en 1320 (4). Quelques mois auparavant, il avait représenté ce prince à une conférence tenue avec les envoyés du comte de Savoie (5). Mais la paix avec cette puissance n'était jamais durable. Un événement de cette interminable guerre allait bientôt faire dévier la succession prochaine des Clérieu de la voie tracée par le testament de Roger. Profitant des embarras et des difficultés que suscite toujours la minorité du souverain, les princes Édouard et Aimon de Savoie portèrent avec une grande vigueur les hostilités au cœur même du Dauphiné. A la suite de plusieurs combats heureux, ils firent prisonniers, en 1321, dans le Viennois (on n'indique pas la lo-

---

(1) *Cartulaire de la ville de Die*, publié par M. l'abbé Chevalier, p. 100.
(2) Valbonnays, t. II, p. 154.
(3) Chorier, t. II, p. 230. — Valbonnays, t. Ier, p. 277,342 et t. II, p. 173.
(4) Chorier, t. II, p. 238. — Guy Allard, *Comtes de Graisivaudan*, p. 417.
(5) Valbonnays, t. II, p. 183. — Guy Allard, *Les aïeules de la duchesse de Bourgogne*, p. 90. — *Les comtes de Graisivaudan*, p. 417.

calité où se passa cette rencontre), Amédée comte de Poitiers (1) et Graton de Clérieu. La captivité de ces deux personnages dura longtemps. L'ordre de les mettre en liberté est du mois de mars 1323. Le taux énorme de leur rançon explique la lenteur des négociations qui amenèrent ce résultat. Ils furent taxés à la somme de huit mille florins, que l'historien Cibrario évalue à celle de 230,624 livres en monnaie moderne (2). Devant une charge aussi lourde, Graton, n'ayant pas d'enfant et voyant son frère Guichard aussi sans postérité, prit le parti d'aliéner quelques-uns de ses fiefs. Il s'adressa à son cousin germain Aimar III comte de Valentinois, qui consentit à payer la rançon totale, et le 27 février était intervenu un acte par lequel Graton, du consentement de Guichard, substitué à tous ses biens, cédait au comte Miribel-en-Valclérieu, Pisançon, ainsi qu'une maison accompagnée d'une tour qu'il possédait dans la ville de Romans auprès de l'église. Cette cession s'accomplit « ob causam » videlicet quod dictus dominus Comes expedivit et liberavit » dominum Gratonem a carcere et captivitate in qua fuit captus » et detentus per illustrem virum dominum Amedeum Comitem » Sabaudiæ (3). » Le dernier jour du même mois de février, par une autre charte, complément obligé de la première, Aimar III rétrocédait aux deux frères la jouissance des propriétés concédées (4). Mais les engagements des Clérieu ou leurs sentiments

---

(1) Il s'agit d'Aimar III de Poitiers, comte de Valentinois, ou plutôt, vu le grand âge du comte, de son fils aîné seigneur de Saint-Vallier. André Duchesne et l'Histoire générale des grands officiers de la Couronne se taisent sur cette circonstance.

(2) *Storia della monarchia di Savoia*, vol. secondo, Torino 1841, p. 330, où sont citées les sources suivantes : *Conto di Francesco di Serra valle, castellano d'Aiquebella. Traités anciens*, Mazzo, IV, N.ᵒˢ 1,5 et 6.

(3) *Inv. de* 1650. — CHORIER, t. II, p. 239. — P. ANSELME, t. II, p. 188. — DUCHESNE, *Comtes de Valentinois*, preuves, p. 361, donne par erreur à ce traité la date du 3 juin 1331.

(4) *Archives du château de Saint-Vallier.* — DUCHESNE, loc. cit. — P. ANSELME, t. II, p. 186. — Le 26 janvier 1329, Guichard rendit hommage au chapitre de Saint-Barnard, pour le fief de Pisançon. (Docteur Ulysse CHEVALIER, *La seigneurie de Pisançon.*)

de reconnaissance ne s'arrêtèrent pas là, ainsi qu'on le verra par le testament de Graton, libellé quelques mois seulement plus tard. A la fois parent, du côté maternel, du Dauphin par les Poitiers et du comte de Forets par les sires de Beaujeu, Graton servit plusieurs fois d'arbitre et de caution dans les relations entre ces deux souverains. Il avait garanti la dot d'Alix de Viennois, fille d'Humbert Ier, mariée à Jean Ier comte de Forets; aussi fut-il compris dans les lettres de contrainte décernées à Paris, le 1er juillet 1320 par le roi Charles-le-Bel contre le dauphin Guigues, afin de l'obliger à payer ce qui restait dû sur cette somme (1). Graton est présent avec son frère à l'hommage rendu à Saint-Vallier, le 18 janvier 1325, pour divers châteaux par ce même comte Jean au Dauphin (2). Il est au nombre des cautions de la somme empruntée la même année par les États de la province pour faire la guerre à la Savoie (3). Enfin son nom se trouve parmi ceux des pleiges de son suzerain Guigues VIII dans le traité avec le comte de Forets (4).

Comme nous l'avons déjà dit, Graton n'eut pas d'enfant de sa femme Isabelle, dont on ne donne pas le nom. Serait-ce cette Isabelle de Poitiers que Guy Allard assure être entrée dans l'alliance des Clérieu (5), quoique la généalogie des Poitiers n'en fasse pas mention? Dans son testament daté du jeudi après l'Assomption 1323, le sire de Clérieu repousse expressément la substitution fondée par son père, et, dans le cas où son frère Guichard ne laisserait pas d'enfant, il institue après lui pour son héritier Guillaume de Poitiers, seigneur de Saint-Vallier et de Fay, le même qui se rendit célèbre par la captivité de l'archevêque de Vienne. Dans l'énumération des fiefs dépendants des seigneurs de Clérieu se trouve celui tenu par dame Isabelle, dame de Clérieu, et situé sur Larnage et Girvant (Gervans) (6).

---

(1) LA MURE, *Hist. des comtes de Forets*, t. Ier, p. 355.
(2) VALBONNAYS, t. II, p. 204. — *Art de vérifier les dates, Comtes de Forets*.
(3) GUY ALLARD, *Comtes de Graisivaudan*, p. 419.
(4) CHORIER, t. II, p. 251.
(5) *Dict. du Dauphiné*, verbo Clérieu.
(6) Extrait du testament de Graton, aux archives du château de Peyrins.

Un document contemporain nous apprend qu'à cette époque Ponson d'Hauteville était châtelain de Clérieu pour Graton, qu'Austorgon de Vounac remplissait les mêmes fonctions au nom de Guillaume de Poitiers coseigneur, que Jean de Moras occupait la charge de bailli et Bertrand de Montaris celle de juge desdits seigneurs de Clérieu (1).

Guichard de Clérieu fut ainsi nommé au baptême à cause de la maison de Beaujeu, dont il descendait par sa grand'-mère maternelle Florie de Beaujeu, et où ce prénom était très-fréquent. Il le transmit à Guichard de Poitiers, un des fils d'Aymar IV. Il reçoit un legs du dauphin Guigues VII, qui dans son testament l'appelle son neveu (2), à cause de l'alliance déjà éloignée des Poitiers avec la maison delphinale. Lorsque Guichard recueillit dans l'héritage paternel La Roche et les fiefs situés en Vivarais, il était chanoine sous-diacre de Saint-Maurice de Vienne, ayant été promu à cette dignité en 1287 (3). Le 18 août 1308, il prêtait, en même temps que son frère, hommage au dauphin Jean II. Comme la position de La Roche-de-Glun l'y invitait, il songea à augmenter ses possessions sur la rive droite du Rhône. Il devint vassal du roi de France en recevant des Poitiers, sans doute comme représentation d'une partie des droits maternels, la moitié de Châteauneuf-de-Vernoux (4). En 1316, Guillaume de La Tourette et sa femme Mar-

---

(1) Testament d'Arnaud Berlion, chevalier, en date du 1er octobre 1311, extrait sur parch. de 1314, comm. par M. Émile Giraud. Sous la domination de Graton, eut lieu une nouvelle plantation de limites pour Clérieu, ainsi que nous l'apprend la mention suivante dans l'*Inv. des titres de la maison de Poitiers* : « Vidimus de commission donnée par Jean Dauphin à M.e Pé-
» lissier, juge-majeur de la cour de Dauphiné et Lambert de Tanco, pro-
» cureur-général de Dauphiné, pour planter les limites de Saint-Donat, de
» Clérieu et de Chantemerle, et la procédure ensuite de l'an 1308. »

(2) Chorier, t. II, p. 148. — Guy Allard, *Comtes de Graisivaudan*, p. 381.

(3) Charvet, *Hist. de l'église de Vienne*, p. 422. — Collombet, *id.*, t. II, p. 220.

(4) Le consentement de Philippe-de-Valois est du mois d'avril 1342. (Duchesne, *Comtes de Valentinois*, preuves, p. 27.)

guerite de Dol lui cédèrent Bois-Rond dans le mandement de Garauson (1). Enfin, bien des années après, il acheta l'hommage de l'illustre maison de Tournon. Du reste, la vie de Guichard offre peu d'événements remarquables. On sait qu'il combattit à Varey (1326), qu'il fut caution du Dauphin au traité conclu à Saint-Vallier, en 1327, avec Guichard de Beaujeu (2), du comte Jean Ier de Forets, au mariage de Renaud de Forets, second fils de ce dernier, avec Marguerite de Savoie-Achaïe. Le contrat fut apporté à La Roche-de-Glun par le notaire et souscrit par Guichard de Clérieu, le 9 août 1324 (3). Le dernier acte relatif à Guillaume Graton porte la date de 1326, époque à laquelle il se porta garant de la dot d'Aynard de La Tour (4). C'est probablement peu de temps après que son frère hérita de la sirerie de Clérieu, dont une portion, déjà grevée, ne put lui appartenir qu'en usufruit. Nous rassemblons ici quelques faits épars, qui se rapportent à ces dernières années. Destiné à servir de lien entre ses deux suzerains, Guichard accompagna, en 1329, à Moras Aimar IV, comte de Valentinois, à sa prestation de serment au Dauphin (5). Deux ans plus tard, il assiste au traité entre Dragonnet de Montauban et le Dauphin, dans la chapelle de Saint-Antoine de Briançon (6). Il fut de l'assemblée instituée en 1332 par ce même Dauphin et qui donna satisfaction aux justes réclamations du comte de Valentinois et de l'évêque de Valence prétendant interdire aux officiers delphinaux tout acte de juridiction sur leurs terres (7). Enfin, après la mort de Gui-

---

(1) Arch. du château de Solignac (Ardèche).

(2) GUICHENON, *Hist. de la maison de Savoie*, t. Ier, p. 379. — GUY ALLARD, *Comtes de Graisivaudan*, p. 425.

(3) LA MURE, *Hist. des comtes de Forets*, t. Ier, p. 359, 360.

(4) Notes de Moulinet. Il s'agit sans doute du mariage d'Aynard II de La Tour, seigneur de Vinay, avec Artaude de Bressieu.

(5) CHORIER, t. II, p. 255.

(6) CHORIER, t. II, p. 260.

(7) *Id.*, t. II, p. 261. — GUY ALLARD, *Comtes de Graisivaudan*, p. 430.

gues VIII, il fut désigné par Béatrix de Viennois, veuve du sire d'Arlay, pour faire partie du conseil de régence (1).

Il avait épousé Humilie, l'une des quatre filles de Guy, seigneur de Tullins, qui vendirent cette terre à Humbert II (2). Nous avons déjà dit qu'il n'eut pas d'enfant. Reprenant la pensée de son frère, avec lequel il paraît n'avoir jamais cessé d'être en communauté de vues, obéissant d'ailleurs, comme le dernier Dauphin de Viennois devait lui-même le faire bientôt après, à cette loi, chaque jour plus pressante, qui amenait la disparition rapide des souverainetés de mince importance dans de plus grandes agglomérations, il élut pour son héritier, par son testament du 24 juin 1333, Aimar IV, comte de Valentinois. Si l'on doit blâmer les derniers seigneurs de Clérieu d'avoir manqué à des engagements formels contractés avec leur père, on est bien forcé de reconnaître qu'ils firent acte de sage politique en confiant les destinées de leurs sujets à celui de leurs proches parents le plus en état de les défendre.

Par l'étendue de leurs possessions, dont quelques-unes touchaient à celles des Clérieu, par la grandeur de leurs alliances, le nombre des chevaliers illustres sortis de leur race et leur influence auprès des Dauphins, les seigneurs de Tournon tenaient depuis deux siècles un rang considérable sur les deux rives du Rhône. Aussi audacieux que Roger de Clérieu, Guillaume de Tournon, grand-père de l'autre Guillaume, dont il va être fait mention, rançonnait en 1268, sous prétexte de péage sur le Rhône, l'escorte d'Édouard, prince d'Angleterre, partant pour la Terre-Sainte, et n'échappait, plus tard, à la

---

(1) VALBONNAYS, t. Ier, p. 300 et t. II, p. 241. — Le 2 janvier 1334, Guichard rend hommage à Humbert II. (Arch. de Saint-Vallier. Extrait d'un livre d'hommage tenu par Pilati.)

(2) SALVAING DE BOISSIEU, *Usage des fiefs*, 2e partie, p. 71. — GUY ALLARD, *Comtes de Graisivaudan*, p. 448. — L'inventaire de la Chambre des comptes commet une double erreur en donnant à Humilie le nom de Guigonne et en fixant la date de son mariage au 10 mai 1339, époque à laquelle Guichard était très-certainement mort. Dans le testament de son mari, elle est mentionnée plusieurs fois, toujours sous le nom d'Humilie.

colère du prince que par la médiation de la comtesse de Savoie, de l'archevêque de Vienne et l'hommage d'un de ses châteaux en Viennois, jusque-là sans suzerain (1). Depuis la moitié au moins du douzième siècle, les Tournon exerçaient des droits féodaux en divers lieux du territoire de La Roche-de-Glun, et la charte que nous allons analyser nous apprend qu'à Crozes ils possédaient aussi de petits fiefs. Ces enclaves de la sirerie de Clérieu n'avaient point été soumises aux prédécesseurs de Guichard. En achetant l'hommage des seigneurs de Tournon, il résolut de mettre un terme à des difficultés sans cesse renaissantes et d'ajouter un fleuron suprême à l'éclat de sa race prête à s'éteindre. Le 17 février 1332 à Romans, dans la maison de Guichard, Guillaume, seigneur de Tournon, ayant pris l'avis de ses nobles, chevaliers, vassaux et conseillers, remet entre les mains dudit Guichard, pour les recevoir de lui, les dix livres de rente perçues sur le péage de La Roche, ainsi que trois oboles sur chaque charge par eau, la moitié du revenu du port du même lieu et la quatrième partie du territoire de Saint-Georges, son château de Plats avec son mandement, la moitié du château et mandement d'Yserand, tout ce qu'il possède à Saint-Victor, ses fiefs et droits à Deyras, Colombier-le-Vieux, Empurany, Retourtour, excepté ce qui relève déjà du comte de Forets, les fiefs et arrière-fiefs à Crozes indivis avec les héritiers de Guigon de Chaurisiaco, chevalier, son frère Guillaume de Chaurisiaco, chanoine de Romans, et Pierre de Croses, chevalier, enfin tant dans l'empire qu'au royaume tout ce que le seigneur de Tournon ne tient de personne en fief ni en arrière-fief. En échange et à cause des avantages qu'il retire de la présente inféodation, Guichard de Clérieu assure à Guillaume la somme de quinze cent cinquante livres tournois (2). En outre,

---

(1) D. Vaissette, *Hist. du Languedoc*, t. IV, p. 6.

(2) *Mille quingenta et quinquaginta libras Turonenses nunc currentes, videlicet computato uno turono argenti domini nostri Francorum regis cum O rotundo, de legitimis pondere et lege pro duodecim denariis turonensibus.*

chaque année à la fête de l'Assomption, il paiera au même personnage une pension de cinquante livres, dans laquelle se trouveront confondus les droits perçus jusque-là au lieu de La Roche par le seigneur de Tournon, qui, au besoin, pourra établir, aux frais du seigneur de l'endroit, un péager chargé de retenir cette somme sur les revenus du péage. Dans le cas où La Roche et Clérieu n'appartiendraient pas à l'avenir au même possesseur et si le seigneur de La Roche refusait de payer la pension stipulée, le seigneur de Clérieu devrait remplir cette obligation et acquerrait ainsi l'hommage du seigneur de Tournon, qui se trouverait, au contraire, délié de tout engagement, ces dernières conventions venant à ne pas être observées. L'hommage et l'investiture seront renouvelés à chaque changement de seigneur dominant et de vassal, et, à cette occasion, le successeur de Guichard jurera solennellement de tenir ses promesses. Le seigneur de Tournon réserve les hommages antérieurs dus au roi de France, à l'évêque de Valence, au Dauphin, au comte de Forets, à Aimar de Poitiers, au seigneur de Roussillon et à plusieurs autres. Il s'engage à obtenir le consentement de son frère Odon (1). On maintient les franchises et immunités dont jouissaient déjà les hommes et habitants de Tournon et autres marchands venant aux foires et marchés de Tournon, passant, repassant par eau avec leurs marchandises et s'arrêtant au péage de La Roche, ainsi que celles des habitants de La Roche venant à Tournon au port Linda. On voit que, par suite du mauvais état des routes, le fleuve servait le plus habituellement de voie de communication. Les cautions de Guichard pour le paiement de la somme stipulée sont Jean de Châteauneuf, commandeur de Troyes, de l'ordre de Saint-Antoine, son frère Audebert, seigneur de Châteauneuf, Guichard de Loras, Roland de Veaunes, François d'Yserand, chevaliers, Jean de

---

(1) Par un acte qui nous a été transmis en même temps que la présente charte, Odon de Tournon, licencié en droit, donne en effet ce consentement le 10 août 1335.

Claveyson, Guillaume de Chaurisiaco, Pierre Macellarii, chanoines de Romans, Hugues Lobet, Falconet de Châteaubourg, Arnaud d'Hauteville, Renier Berlion, Lancelot de Briort, Boniface de Mirabel, Guillaume Gavaret et Andachus Guidonis de Pisançon. L'autorité de leurs noms ne suffit pas au seigneur de Tournon, qui exige de leur part les garanties les plus formelles. Tous, à l'exception des chanoines J. de Claveyson, Macellarii, de Chaurisiaco et du commandeur de Troyes, plus avisés et plus prudents, s'engagent sur leurs biens, se soumettent aux juridictions ecclésiastiques et civiles « utroque » brachio », à la décision des cours du Roi de France, du Pape, du Dauphin, se reconnaissent passibles d'excommunication, et, si les quinze cent cinquante livres ne sont pas soldées aux termes convenus, s'obligent, huit jours après la réquisition du seigneur de Tournon, à se rendre comme ôtages à Condrieu et à y demeurer jusqu'au plein et entier règlement. Mais, le cas où tant de nobles personnages viendraient à faire défaut est encore prévu : le dimanche de *Lætare* étant arrivé avant la complète libération, les seigneurs de La Voulte, de Crussol, de Pierregourde, ainsi que Pons d'Héras, Hugues de Solignac et Pons de Goys deviennent, à leur tour, garants. Tant de précautions prises en faveur du vassal témoignent clairement que Guillaume de Tournon, loin de céder à la nécessité en soumettant à Guichard une partie de ses fiefs, contractait, sans doute, un marché avantageux suivant les formes et les idées du temps. Une amende de deux cents marcs d'argent fin sera encourue par la partie qui manquera à ses engagements. Parmi les témoins on remarque Guillaume de Malosc, chanoine de Romans, Reynaud de Fay, commandeur de Devesset, Pons de Fay, chevalier, seigneur d'Estables, François de Macello, bourgeois de Tournon, maître Thomas Bajuli ou Bayle, notaire de Clérieu et Jean Ricolsi, châtelain de la même localité (1).

---

(1) Archives du château de Saint-Vallier, copie vidimée le 27 mars 1654, à la requête du président de Chevrière, par Molard, conseiller en la Chambre des comptes de Dauphiné.

Nous avons déjà dit que le testament de Guichard désignait pour son héritier universel, à défaut de descendants directs, Aimar de Poitiers, comte de Valentinois (1), au lieu de Guillaume, seigneur de Saint-Vallier, frère de ce dernier, ce qui amena entr'eux un différend réglé par sentence arbitrale le 24 août 1336, après la mort du seigneur de Clérieu (2). Le 23 octobre 1335, celui-ci complète l'expression de ses dernières volontés par un long codicile (3). Selon l'usage de l'époque, il entretenait une petite cour, dans laquelle trouvaient place, au-dessus des serviteurs, des familiers d'un ordre plus élevé, nobles, ecclésiastiques ou jurisconsultes ; ils reçoivent des récompenses formant ensemble cent livres viennoises de revenu sur les baronnies de Clérieu et La Roche, et c'est la première fois que ces terres sont qualifiées de baronnies. On trouve aussi dans ce document l'indication de la fondation de diverses chapellenies, sortes de bénéfices ou prébendes. Les deux écuyers de Guichard, Falconet de Châteaubourg et Hugues Lobet, auront droit le premier à l'armure neuve du testateur « meum arnesium no- » vum » avec une pension de quinze livres, le second à une rente de dix livres ainsi qu'à la faculté de construire un moulin près de celui du seigneur de Clérieu et d'y établir une meule pour moudre le froment « mola alba ». Tous ont une pension : Pierre d'Hauteville et Annet Bonifacii, chacun dix livres ; André Cordoan « son cher notaire et procureur » habitant à La Roche, celui-là même qui passe l'acte, six livres seulement, mais on doit le croire en toutes ses réclamations, et il aura, en outre,

---

(1) Archives du château de Peyrins. Extrait collationné au XVII⁰ siècle. Le testament est passé à Étoile, *in hospitio domini Comitis*, par les notaires André Cordoani et Pons Lambert. Guillaume de Tournon, seigneur de Contanhet, et son frère Hugues de Tournon, Pierre de Serre, chanoine de Viviers, Pierre Chambon, official de Valence, Clément de Nuce, curé d'Étoile et Hugues Lobet figurent au nombre des témoins.

(2) P. ANSELME, t. II, p. 186.

(3) Archives du château de Saint-Vallier. Extrait collationné par Bergier, conseiller secrétaire du Roi à la Chambre des comptes.

près de l'église Saint-Georges, un bois appelé *la Blache*, où il chassera en toute liberté; son fils Guillaume, destiné à entrer dans les ordres, jouira, quand l'âge sera venu, d'un bénéfice dans l'église de Notre-Dame de La Mure (1) de dix livres à prendre sur le péage de Châteaubourg; Jacquemet, bâtard de Chaynac, recevra soixante-quinze sous par an; Hugues de Solignac et B. de Curson, chacun cent sous tournois; François de Saint-Médard, soixante sous viennois, et il est dispensé de la cense de six lapins à laquelle il était tenu pour l'île de Confolens; Humbert Allemand, cent sous viennois; Pierre de Rippis, soixante sous; Perrin de Paluel, vingt sous tournois; François de Revel, de l'ordre des Frères Mineurs, quatre sétiers de froment à prendre annuellement, sa vie durant, sur les moulins de Clérieu et, faute de ce, quarante sous viennois de rente, ce qui établit que la valeur moyenne du sétier de blé était à cette époque de dix sous viennois; après François de Revel, cette rente passera à Thomas Bajuli, notaire de Clérieu et à ses successeurs,

---

(1) « *Capellania in ecclesia beatæ Mariæ de Mura.* » N. D. de La Mure, sur le territoire de Cornas. C'est probablement la localité indiquée, dans le bref du pape Luce II à saint Jean, évêque de Valence, sous la date du 4 des calendes d'avril (1144), par ces mots : « *villa quæ vocatur Mura* », usurpée sur l'abbaye de Saint-Chaffre par Artaud de Beaudines. Nous avons déjà parlé dans le présent chapitre de ce bref, que M. l'abbé Chevalier a publié dans la 6e livraison des documents inédits sur le Dauphiné, Grenoble, 1868, in-8°. « *Chartularii sancti Theofredi excerpta*, p. 13. » Ce docte ecclésiastique traduit le nom de *Mura* par Mureils, commune du canton de Saint-Vallier, (id. index, p. 56). Il nous est impossible d'adopter cette interprétation. Saint-Jean-de-Mureils, appelé dans les vieux actes *Mirol*, *Muruel*, *Mireolum*, etc., et non *Mura*, ne dépendait pas de Saint-Chaffre, mais de l'abbaye de Tournus. Mureils qui était un arrière-fief de Clérieu et sur lequel nous aurons à revenir dans notre seconde partie, figure dans les bulles des papes Calixte II (1120) et d'Alexandre III (1179) énumérant les possessions de cette dernière église. (Juénin, *Nouv. Hist. de l'Abbaye de Saint-Filibert et de la ville de Tournus*, preuves, p. 146, 175). Le voisinage de N. D. de La Mure et de Glun nous fait pencher encore, jusqu'à preuves contraires, vers l'opinion que nous avons précédemment émise sur l'identité du *Clivum* de la charte de 1144 avec cette dernière localité.

et Guionet Bajuli, fils de Thomas, sera entretenu *(in potu et victu)* et aura une chapellenie à Saint-Pierre de Châteaubourg, du revenu de cent sous tournois. On voit par ces libéralités que les notaires pénétraient assez avant dans la confiance des seigneurs, aussi leurs fonctions servirent-elles souvent d'acheminement à la noblesse. Quant au châtelain de Clérieu et La Roche, Jean Ricolsi de Montmeyran, il aura la nue propriété d'une vigne sise à Curson, dont Guichard réserve l'usufruit à sa propre femme, Humilie de Tullins, qui avait sans doute une prédilection pour le vin pétillant de cette localité, encore recherché par quelques amateurs. On sait d'ailleurs que les plus grands seigneurs et les rois de France eux-mêmes se contentèrent pendant longtemps du vin de leurs domaines (1). La dame de Clérieu doit avoir aussi la jouissance de la maison de Valence, dite du Verger ou de Clérieu, du moulin de Valence appelé moulin de La Roche, du péage vieux de Valence et de tout ce que Guichard possède dans cette ville. Sur les revenus de ces biens, qui après la mort d'Humilie reviendront à Josserand, seigneur de Saint-Didier, on prélèvera annuellement soixante sous en faveur des Frères Prêcheurs de Valence et quarante sous destinés aux Frères Mineurs du même lieu pour l'anniversaire du testateur.

La donation de la grange de Curson à Guionet d'Hauteville, damoiseau, est confirmée, malgré une révocation précédente, mais sous la condition de mille messes à faire célébrer. Deux prêtres attachés à la maison de Guichard, Aymon et Humbert le Geneveys, sont mentionnés, l'un pour un bénéfice de vingt livres viennoises à l'église de Saint-Georges, l'autre pour une prébende à Saint-Nicolas de La Roche, en considération de laquelle lui et ses successeurs seront nourris au château de La Roche et recevront cent sous pour leurs vêtements. Vincent, chapelain du seigneur, est pourvu d'une chapellenie à Saint-Jean de La Roche avec douze livres de revenu. Une fondation est instituée à la chapelle de Saint-Martin du château de Garauson en faveur d'Aymar, fils d'Étienne de Ripperiis, qui sera entretenu,

---

(1) Voy. BRUSSEL, *Nouv. examen de l'usage des fiefs*, p. 407.

lui et ses successeurs, audit château et aura pour son vêtement et sa chaussure cent sous sur le péage de l'endroit, etc. Guillaume Médici touchera vingt livres viennoises pour l'aider à racheter sa terre. Sur cette longue liste, noble et puissant homme Hugues de Tournon (1) est inscrit, non sans quelque vanité de la part du donateur, pour une pension de vingt-cinq livres. Dans son testament Guichard avait réservé l'hommage dû par le seigneur de Tournon, cette fois il en dispose en faveur de son héritier le comte de Valentinois. Mais, dans le cas où celui-ci négligerait de remplir les obligations imposées par les dernières volontés de Gratepaille, Silvion, Guillaume Graton et autres de leur race, en même temps qu'il encourrait la colère céleste, ce qui parut une menace insuffisante pour un homme plus sensible, sans doute, à la perte des biens terrestres qu'à la crainte des vengeances divines, il serait privé de cet hommage qui passerait alors au Dauphin. Ces dispositions furent, sans doute, faites sous la pression de la dernière maladie. Guichard était mort avant le 4 mai 1336, époque à laquelle Humbert II, ayant jugé à propos, comme nous le verrons, de détacher à son profit de l'opulent héritage les fiefs de La Roche et de Beaumont-Monteux, augmenta la pension du seigneur de Tournon. Dérobant, selon toute apparence, leurs mystérieuses origines derrière les cimes alors à peine refroidies des montagnes volcaniques du bas Vivarais (2), la race sauvage de Silvion, le

---

(1) On ignore à quel degré cet Hugues de Tournon, chevalier, mentionné dans un acte rapporté par VALBONNAYS, t. Ier, p. 212, était parent du seigneur de Tournon. Ces deux personnages auraient été frères, si l'on admet, comme quelques généalogistes semblent l'indiquer, que le Guillaume de Tournon qui assiste comme témoin au testament de Guichard de Clérieu, avec la qualification de seigneur de Contanhet, possédât en même temps la seigneurie de Tournon. Le 17 novembre 1346, Hugues de Tournon prêtait hommage au comte de Valentinois pour cette rente de *vingt* livres, dit l'inventaire de la Chambre des comptes de Dauphiné affectée sur le mandement de Garauson.

(2) Voyez au chapitre des Poitiers ce que nous dirons à ce sujet à propos du testament d'Aimar II, comte de Valentinois.

brûleur d'églises, nous a conduit par une suite de transformations insensibles jusqu'aux temps où l'on voit ses descendants oublieux de leur ancienne indépendance, s'asseoir en fidèles courtisans, en diplomates habiles aux conseils du suzerain de la contrée. Plus heureux que tant d'autres maisons illustres, qui depuis ces temps n'ont fait que décroître, les Clérieu, après quatre cents ans connus de grande existence féodale, durant lesquels ils reflétèrent les passions, les idées et les mœurs de tant de périodes diverses, disparaissent au moment où, par le transport du Dauphiné, ils allaient achever de s'effacer de plus en plus dans l'histoire de notre pays. Aucune charte d'affranchissement de commune ne nous est restée de leur domination. Au premier abord ce fait semble naturellement s'expliquer par l'absence d'agglomérations suffisantes pour réclamer avec quelque autorité des concessions de ce genre. Mais, en y regardant de plus près, on doit revenir de cette opinion. Trop éclairés pour ne pas se rendre un compte exact des tendances de leur siècle, fort accessibles d'ailleurs au désir de se rendre populaires, les sires de Clérieu avaient évidemment accordé des franchises, au moins à leurs vassaux de La Roche; on en voit la trace dans les conventions avec le seigneur de Tournon, et il est probable que par la charte de 1342 Humbert II ne fit qu'étendre les anciennes libertés de La Roche-de-Glun.

Les Clérieu eurent, comme les seigneurs de Châteauneuf, leur sépulture dans l'église de l'abbaye des religieuses cisterciennes de Vernaison, alors située au lieu de Comerci près de Châteaneuf-d'Isère; les tombeaux disparurent quand le monastère fut rasé par les huguenots, événement qui amena plus tard la translation des religieuses dans la ville de Valence.

Les Clérieu portaient d'azur à deux clefs adossées d'or. Quoique ces seigneurs aient joui des droits régaliens, on ne connaît aucune monnaie frappée sous leur domination.

GÉNÉALOGIE DES CLÉRIEU.

Silvion vivait en 931.

Silvion Ier de Clérieu, 967, 994, fait en 977 des concessions de terrain pour la fondation du prieuré conventuel de Saint-Pierre de Rompon, avait épousé *Gunilis* ou *Unilis*.

Guillaume Ier dit *le Roux*, seigneur de Clérieu. Guillaume II, seigneur de Clérieu, 1088, 1123.	Adon, seigneur de Clérieu, vivait en 1052.	Fida, mariée à Guillaume, dont : 1° Léger, archevêq. de Vienne; 2° Guillaume; 3° Herman; 4° Adon.	N., mariée à Guigues.
Silvion II, seigneur de Clérieu, épouse : 1° Mételine vivant en 1130, 1150; 2° Arthaude, 1160.		Guillaume, abbé de Saint-Félix, de Valence.	
Silvion.	Guillaume l'abbé, seigneur de Clérieu, 1178, 1194, épousa Aalis.	Roger Ier, seigneur de La Roche-de-Glun, ensuite de Clérieu, 1186, 1215.	
Guillaume Gratepaille, seigneur de Clérieu, ép. Julienne, fille de Raymond Bérenger II, seigneur de Pont-en-Royans.	Roger II, seigneur de La Roche-de-Glun, administrateur, ensuite seigneur de Clérieu.	N. épouse N. de Fayno, auquel elle apporte La Voulte et la coseigneurie de Clérieu.	
Silvion III, seigneur de Clérieu, mort vers 1253. (Valb., t. Ier p. 383).	Jean, chanoine de Valence, ensuite religieux de l'Ordre des Frères Mineurs.	Chabert, châtelain de La Buissière, tige de la branche établie à Grenoble, en possession de la véherie dite de Clérieu.	
Roger, seigneur de Clérieu, 1255, reconnaît Baternay et Miribel à l'église de Vienne.		Silvion, seigneur de La Roche, 1261 et de Clérieu après son frère, teste en 1279, avait épousé Béatrix.	

Roger, seigneur de Clérieu, teste en 1303, avait épousé Marguerite de Poitiers, fille d'Aimar II, comte de Valentinois et de Florie de Beaujeu.

Guillaume Graton, seigneur de Clérieu, teste en 1323, avait épousé Isabelle.	Guichard, seigneur de La Roche, ensuite de Clérieu, teste en 1333, ép. Humilie, fille de Guy, seigneur de **Tullins**.	Béatrix, femme d'Aymar, seigneur de Saint-Quentin.	Sibille, femme de Guigues Allemand.

Une obligeante communication de M. Henry Morin-Pons, le savant auteur de la *Numismatique féodale du Dauphiné*, nous ramène aux armoiries des Clérieu et nous fournit l'occasion de dire un mot des sceaux des seigneurs de cette maison.

Le plus ancien est celui de Guillaume l'Abbé (charte de 1194) représentant une main tenant deux clés. Nous l'avons rapporté en son lieu.

Les quatre autres, que nous connaissons, appartiennent au xiiie siècle. Le cartulaire des hommages de la baronnie, plusieurs fois cité déjà, décrit celui de Guillaume Gratepaille, où figuraient deux clés et qui pendait aux chartes de 1221 et 1231 relatives à l'hommage de Reymond de Charmes pour Veaunes. Valbonnays fit graver celui de Roger (1253). Nous avons dit plus haut qu'il est parti : d'un côté deux clés adossées, de l'autre un échiqueté. Quant à celui qui vient d'entrer dans le curieux cabinet dauphinois de M. Morin-Pons et qui probablement est le seul existant aujourd'hui, il est en cire jaune et ne diffère du dessin de Valbonnays qu'en ce qu'il ne présente qu'une clé au lieu de deux. On lit S SILVIONIS DE CLARIACO. Enfin, le P. Columbi en relate un d'un Silvion, où l'on retrouve les clés (1). D'un autre côté, d'après G. Allard, dont l'exactitude n'est pas précisément proverbiale, les Clérieu portaient d'*or à une clé en pal de gueules;* mais selon Salvaing de Boissieu (2), dont l'opinion a été suivie par M. de Rivoire La Bâtie dans son *Armorial, d'azur à deux clés adossées d'or.* Dans ces temps reculés, les armoiries se modifiaient souvent, suivant le caprice ou l'ignorance de leurs possesseurs.

---

(1) *Nobilissimæ Clariacensium gentis arma habes in alterius Silvionis sigillo addito ad tabulas anno millesimo ducentesimo quinquagesimo octavo scriptas. Equum gerebat, et ab utraque scuti parte extra ipsum clavem erectam.* (COLUMBI, *De rebus gestis Valent. episcop.*, 1652, p. 20, et ap. *Opuscula*, p. 255). — Le cheval est évidemment une de ces figures équestres si fréquentes dans les monuments de ce genre et qui n'avaient pas de caractère héraldique.

(2) *De l'usage des fiefs*, Grenoble, 1731, 1re partie, p. 317.

Comme les Clermont, les Sassenage, les Poitiers et les Arthaud, les Clérieu conférèrent la noblesse. On en a un exemple dans l'anoblissement de Pierre Faure ou Fabri, en 1328, par Guichard de Clérieu, coseigneur de Tullins du côté de sa femme (1).

---

(1) CHORIER, t. II, p. 304. — LA ROQUE, *Traité de la noblesse*, Rouen, 1735, p. 97. — Dans le IIIe vol. de l'*Histoire des ducs de Bourbon et des comtes de Force de La Mure*, contenant les pièces justificatives, et publiée récemment (Lyon, imp. L. Perrin, 1868), Roger et Graton de Clérieu sont mentionnés (p. 79, 80, 81, 89, 106, 108), dans des actes relatifs à des faits que nous avons exposés en leur lieu.

CHAPITRE II.

Clérieu sous les Poitiers.

Les comtes de Valentinois et Diois, de la maison de Poitiers, furent, comme on l'a souvent dit, les seigneurs les plus puissants de la province après les Dauphins (1). Leurs possessions s'étendaient en outre sur une partie considérable du Vivarais. Ébauchées par André Duchesne, les savants auteurs de l'*Histoire généalogique des grands officiers de la Couronne* et ceux de l'*Art de vérifier les dates*, les annales de cette race illustre sont dignes de tenter l'ambition de quelqu'un de nos vaillants érudits dauphinois. Pour notre part, nous nous garderons de mettre la main à une œuvre aussi ardue qui ne touche qu'incidemment à notre sujet. Nous nous contenterons de suivre sous cette dynastie nouvelle les destinées désormais fort amoindries de la baronnie de Clérieu; mais, comme on sait qu'antérieurement au testament de Guichard les Poitiers exerçaient déjà des droits sur cette terre, il est nécessaire de remonter plus haut.

Selon l'opinion la plus généralement accréditée aujourd'hui, Aimar, tige de la seconde race des comtes de Valentinois, était

---

(1) Selon la déclaration faite le 30 nov. 1391 par Louis II, dernier comte de Valentinois, ses comtés qu'il entendait transporter au Roi renfermaient 27 villes ou châteaux, 11 forteresses et 200 fiefs ou arrière-fiefs (P. ANSELME, t. II, p. 196). Sur ce nombre, 78 localités hommagées à l'évêque de Valence (COLUMBI, *ap. Opuscula*, p. 316). Il faut remarquer que Louis II et son prédécesseur avaient déjà aliéné beaucoup de terres, que les possessions de la branche de Saint-Vallier ne sont pas comprises dans cette énumération, et qu'enfin cette maison eut de nombreuses seigneuries dans d'autres parties de la France.

8 des calendes de mars 1230, la terre du Pouzin, d'Armand et Pierre du Pouzin (1).

Depuis longues années, les Poitiers, déjà installés dans la moitié de la ville de Crest, soutenaient contre les évêques de Die et de Valence une lutte incessante, qui dégénéra souvent en guerre ouverte. Le haut domaine de la part de Silvion de Crest, héritier de l'ancienne maison seigneuriale, cédé à l'église de Die, avec celui d'Aoste et Divajeu, avait été transféré au commencement du siècle, par l'évêque Humbert, au Dauphin (2). Aimar II résolut de l'acquérir, afin d'augmenter ses droits. Il conclut, en mars 1267, un traité avec le Dauphin Guigue, échangeant la parerie de Clérieu, ainsi que la moitié du péage de La Roche et du nouveau péage, contre les droits du prince sur Crest, Aoste et Divajeu, avec le pouvoir d'en poursuivre, au besoin par les armes, la restitution sur l'évêque de Valence, qui, est-il dit dans l'acte, les avait usurpés. Le Dauphin s'engage, en ce cas, à aider le comte de Valentinois à entrer en possession (3). Il y avait là une confusion volontaire entre le haut domaine et la propriété du fief donnée en 1226 par Silvion de Crest, doyen de Valence, à l'évêque de cette ville (4). Le samedi avant les Rameaux 1267, le comte ordonna aux habitants de Clérieu de reconnaître le Dauphin (5).

---

(1) P. ANSELME, t. II, p. 187. Nous avons sous les yeux la charte originale provenant des papiers de Moulinet, qui nous a été communiquée par M. Emile Giraud. Aimar y est appelé « *Ademaretus de Pictavia filius quondan Willelmi comitis Valentinensis* ». Ce diminutif ne conviendrait guère à un vieillard, mort d'ailleurs, selon toute apparence, quelques années auparavant. Quant au titre de comte de Valentinois, attribué à Guillaume II, qui n'avait pas régné, il a pu lui être donné du vivant de son père, ce qui n'est pas sans exemple. En échange du Pouzin et d'autres fiefs en Vivarais, Armand et Pierre du Pouzin, le père et le fils, obtinrent les châteaux de Montoison et Upie, le droit d'albergue à Ambonil et diverses propriétés. Ils formèrent la tige de la maison de Montoison, éteinte plus tard chez les Clermont.

(2) VALBONNAYS, t. Ier, p. 121.

(3) Arch. de la Ch. des comptes. — G. ALLARD, *Mélanges*, p. 363. — COLUMBI, *De rebus gestis Valent. episcop.*, 1652, p. 148 et ap. *Opuscula*, p. 310. — CHORIER, t. II, p. 147.

(4) COLUMBI, *De rebus gestis Valent. episc.*, p. 55 et ap. *Opuscula*, p. 266.

(5) Inv. de la Ch. des comptes. — P. ANSELME, t. II, p. 188. — CHORIER, t. II, p. 147. — G. ALLARD, *Comtes de Graisivaudan*, p. 384.

Le 12 des calendes de mai 1277, Aimar II fait son testament, rapporté par Duchesne (1). On voit dans ce document qu'il avait des différends avec plusieurs abbayes, parmi lesquelles celle de Rompon en Vivarais. Il témoigne le désir que les questions en litige soient réglées sans recours à la justice. On se souvient que, presque au début de ce travail, nous avons soutenu l'identité de Silvion Ier de Clérieu avec ce Silvius, qui, dans une charte rapportée par M. l'abbé Rouchier, fait en 977 des concessions de terrains au prieuré de Saint-Pierre de Rompon. Notre hypothèse se trouve pleinement confirmée par les dernières volontés du comte de Valentinois. Il est évident qu'il devait à son aïeule Philippa des droits sur la contrée où était située l'abbaye, peut-être même des prétentions sur les terrains cédés deux siècles auparavant. A l'heure de la mort, il reconnaissait implicitement l'injustice de ses procédés envers les moines.

Aimar III, fils aîné et successeur d'Aimar II, se regardant comme lésé par l'échange qui avait donné à son père la haute justice de Crest, Aoste et Divajeu, dont la possession n'était pas sans troubles de la part des évêques de Valence, obtint en 1283 du nouveau Dauphin, Humbert Ier de La Tour, désireux de créer des partisans à sa dynastie naissante, la résiliation de l'acte précédent et la restitution de la parerie de Clérieu, que l'*Histoire des grands officiers de la Couronne* semble confondre avec le haut domaine de cette terre resté cependant toujours au pouvoir des Dauphins. Roger, seigneur de Clérieu, fut un des intermédiaires de cette convention. Mais, à la suite d'une sentence arbitrale rendue le 12 avril 1285 par le sénéchal de Beaucaire, fixant la part de Guillaume de Poitiers, seigneur de Chanéac, frère d'Aimar, dans la succession paternelle, à une rente de vingt mille sols viennois, le comte inféoda audit Guillaume, en paiement de cette somme, la baronnie de Fay et la coseigneurie

---

(1) *Comtes de Valentinois*, preuves, p. 11. « *Item, voluit et præcipit quod quæstiones seu quærimoniæ quas.... Domus de Rumpona.... et aliæ Domus religiosæ de terra sua faciunt contra eum, inquisita veritate, de plano et sine strepitu judicii emendentur.* »

de Clérieu, pour les tenir de lui en arrière-fiefs, et lui-même rendit directement hommage à son suzerain pour ces terres, le 10 août 1308 (1).

Guillaume étant mort en 1321, les fiefs engagés entre ses mains firent partie de l'apanage d'un autre Guillaume de Poitiers, fils d'Aimar III et déjà seigneur de Saint-Vallier par sa mère (2). Ce fut en sa faveur que le testament de Guillaume Graton établit une substitution générale, dans le but évident de réunir les parties, depuis longtemps divisées, de la sirerie de Clérieu. Les 8 mars et 4 décembre 1327, Guillaume reçut, avec Guichard de Clérieu, les hommages d'Hugues Lobet et de Pierre d'Hauteville. Le mercredi après l'octave de Pâques 1328, lui-même rend hommage à Aimar IV, que son père avait associé, de son vivant, à la dignité comtale. Dans l'acte de reconnaissance figurent la parerie de Clérieu, le château ou fief de Chantemerle, le château d'Albon « *Castrum suum de Albone cum toto suo tenemento* », le fief qu'y tient de lui Hugues de Gorcia, seigneur de Reviran en Vivarais et de *Salinacio*, le château de *Messenco*, enfin celui de Raphael, tenu par Hugues de Furcata (3).

La mort de Guichard, arrivée, selon toute apparence, vers la fin de 1335, amena de graves complications. Nous avons déjà vu qu'il avait choisi pour héritier le comte de Valentinois au lieu et place de Guillaume de Poitiers, désigné dans le testament de Graton. Le différend, à ce sujet, entre les deux frères, fut terminé par une sentence arbitrale du 24 août 1336, rendue en faveur du comte (4). Une compétition autrement redoutable s'éleva du côté du Dauphin, qui soutenait que Clérieu, étant un fief rendable, faisait naturellement retour au suzerain par l'extinction de la race et que Guichard n'avait pu en disposer ; que,

---

(1) Inv. de la Ch. des comptes. — CHORIER, t. II, p. 173.

(2) On a de lui un acte qui affranchit de toutes contributions les terres de Jean et Guigue Maloc, de Curson.

(3) Reg. de la Ch. des comptes de Dauph., livre intitulé *Copiæ plurimarum litterarum Mistraliarum*, coté N, fol. 485, extrait impr. (au XVII° siècle).

(4) P. ANSELME, t. II, p. 186 *bis*.

d'ailleurs, le comte, étant déjà homme lige du Roi, devenait inhabile à posséder le susdit fief pour lequel on devait l'hommage par préférence à tous autres princes. Dès le 9 janvier 1336, Humbert II avait investi Guillaume des terres de Clérieu et de Chantemerle, préférant son agrandissement à celui du comte de Valentinois. Mais cet acte n'ayant pas eu de résultat, il paraît que le Dauphin mit la main sur les seigneuries en litige (1). Les négociations furent aussi longues que difficiles ; elles n'aboutirent que sept ans après, comme nous le verrons plus tard.

Quelque temps auparavant, l'éternelle lutte entre les Poitiers et les évêques de Valence, qui s'étendait souvent à leurs alliés et amis, avait amené un événement accueilli, malgré la rudesse de ces temps, par une réprobation universelle. Dans les premiers mois de l'année 1332, l'archevêque de Vienne, Bertrand de La Chapelle, que l'on savait être dans les intérêts de son suffragant, l'évêque de Valence, accomplissait une tournée pastorale dans son diocèse dont Clérieu faisait partie. Au mépris de son caractère sacré et des règles de la hiérarchie féodale, que l'on ne pouvait alors enfreindre sans manquer à l'honneur, Guillaume de Poitiers, à la fois son diocésain et son homme lige, à cause de certaines portions de la baronnie relevant de l'église de Vienne, eut l'audace de faire enlever le prélat et de le retenir en captivité au château de Clérieu. Le seigneur de Saint-Vallier espérait tirer de grands avantages d'une aussi importante capture, mais les calculs du félon chevalier furent cruellement déçus. Cette triste affaire eut un si grand retentissement qu'il jugea prudent de relâcher bientôt son prisonnier. Celui-ci s'empressa de se rendre à Avignon, auprès du Pape, pour se mettre sous sa protection et lui demander conseil et appui. Le 6 avril, dans une lettre venue jusqu'à nous, il réclamait justice du Dauphin, lui rappelant les devoirs imposés par le serment d'allégeance qui le liait à l'église de Vienne. Guigues VIII ordonna à son vassal de fournir ample satisfaction au prélat offensé. Quant à Jean XXII, qui occupait la chaire de saint

---

(1) Inv. de la Ch. des comptes. — *Factum du comte de Saint-Vallier.* Grenoble, 1759, p. 29 et 35.

Pierre (1), il avait d'excellentes raisons pour se montrer très-sévère à l'égard d'un genre d'attentat fréquent dans le siècle où Boniface VIII avait succombé sous les mauvais traitements et les outrages, où les bandes de Duguesclin devaient rançonner, dans son palais, un autre souverain pontife. Aussi remplit-il la Chrétienté de ses plaintes. Il réussit à associer à sa cause le roi de France et divers princes ; il fulmina l'excommunication contre le coupable et lui imposa la plus humiliante expiation. Dans la cathédrale de Vienne, devant le peuple et le clergé rassemblés, l'orgueilleux seigneur de Saint-Vallier fut contraint d'implorer, à genoux, une torche à la main, le pardon de l'archevêque, assis sur son trône pontifical. Le chapitre de Saint-Maurice fit exécuter un groupe en bronze, représentation fidèle d'une peine dont il importait de perpétuer le souvenir. Ce monument périt avec tant d'autres dans le sac de la cathédrale par les Calvinistes (2).

---

(1) Charvet, qui place le fait en 1336, fait naturellement intervenir le pape Benoît XII, mais nous nous en sommes tenu aux dates fournies par la pièce que cite Valbonnays.

(2) VALBONNAYS, t. Ier, p. 294 et t. II, p. 231. — CHARVET, p. 468. — LE LIÈVRE, p. 386. — COLLOMBET, t. II, p. 304.

Pour en finir avec Guillaume, nous donnons, pour les amateurs de statistique, l'extrait suivant de l'inventaire de la Ch. des comptes. Saint-Marcellin, 2e vol. Clérieu, Curson et Veanc. Chapitre III, comptes de châtellenie :

« Au f° 60 du cartulaire des comptes de châtellenie du Viennois de 1339, couvert de parchemin comme tous les autres, il y a le compte des revenus de la terre de Clérieu rendu par Reynaud Falavel, châtelain, lesdits revenus consistant en 13 sétiers froment, 5 sétiers émine seigle, 17 sétiers un quartal et demi vin, 3 émines un quartal et demi orge, un civier comble et demi ras de noyaux, un quartier de lapin, 11 poules trois quarts, 49 s. 9 d. de cense, le tout de l'ancien patrimoine de Guillaume de Poitiers. S'ensuivent les autres revenus de ladite châtellenie ou baronnie de Clérieu acquis de nouveau, premièrement 98 sétiers de la baylie dudit lieu, 21 sétiers froment de celle de Chanos, 23 sétiers une émine froment de celle de Chantemerle, 200 sétiers froment du vingtain de Clérieu, 20 sétiers froment du vingtain de Chantemerle, 5 sétiers froment du muage, 40 sétiers froment de la ferme des moulins de Clérieu, 6 sétiers un quartal froment de l'albergement des moulins de Chantemerle, 4 sétiers un quartal froment des moulins du Mas, 4 sétiers émine froment des caisses du jardin et de l'hospice de Clérieu,

Le châtiment infligé à Guillaume n'arrêta pas la guerre, qu

plus 42 sétiers seigle de ladite baylie de Clérieu, 11 sétiers émine deux pugnerées seigle de celle de Chanos et de Curson, un sétier seigle de celle de Chantemerle, 200 sétiers seigle du vingtain de Clérieu, 48 sétiers seigle de celui de Chantemerle, 7 sétiers émine seigle du muage de Clérieu, 4 sétiers 5 pugnerées seigle de la Bâtie de Chanos et de Curson, 40 sétiers seigle des moulins de Clérieu, 12 sétiers 3 quartaux seigle des moulins de Chantemerle, 8 sétiers seigle des moulins du Mas, 41 émines de la ferme du four de Clérieu, 24 sétiers seigle de la ferme du four de Chantemerle, 3 quartaux seigle du chevallage, un sétier seigle des investitures, 14 sétiers seigle des censes de Silvonet de la Blache, plus 11 sétiers 5 pugnerées avoine de ladite Bâtie de Clérieu, 7 sétiers 3 quartaux 3 pugnerées avoine des Bâties de Chanos et de Curson, 2 sétiers 3 quartaux avoine de celle de Rancon *(sic)*, 3 sétiers avoine du vingtain de Chantemerle, 82 sétiers 3 quartaux avoine des muages, 4 sétiers avoine des gardes de Chantemerle, 3 sétiers 3 quartaux avoine des gardes de Chavanes, 64 sétiers avoine des chevallages, 12 sétiers avoine du bucherage de la forêt de Cizey, 15 sétiers avoine des menus bans de Clérieu et de Chanos, plus 140 sétiers transailles des muages, 7 sétiers orge de cense et muage, 8 saumées 3/4 vin de cense, 7 saumées un baral vin des muages, 25 saumées vin du vingtain des dépendances de ladite Baronnie, 220 saumées vin du vingtain de Clérieu, 26 saumées vin des vignes de Romans, 25 saumées vin des vignes delphinales, un civier comble et demi ras de noyaux, 2 quartaux noyaux du muage, 5 civiers fèves de cense, 151 poules des susdites bailliveries et de muage, 10 canards des censes de Chantemerle, 60 lapereaux des susdites baylies, pour les droits de chasse et de muage, 8 moutons des troupes et des paquerages, 3 douzaines de perdrix pour le droit de chasse, une livre de cire des gardes de Chantemerle, 2 florins de la garde des Lombards, plus 4 l. 10 s. 9 d. de cense de la baylie de Clérieu, 58 s. 4 d. de celle de Chanos, 6 l. 19 s. 10 d. de celle de Chantemerle, 22 s. de celle de Rancon, 2 s. 6 d. du chevallage, 13 l. 10 s. des muages de Clérieu, 6 l. 11 s. 2 d. de ceux de Chanos, 7 l. 10 s. de ceux de Chantemerle, 112 s. 8 d. de ceux de Rancon, 58 s. de lod, 60 s. de la leyde, du poids et du banchage, 3 s. du péage de Curson, 4 s. 9 d. du péage de La Roche de Gluy, 50 s. de layat, 9 l. 16 s. 8 d. des Claines, 70 s. des pâquerages, 35 l. 4 s. des judicatures, 23 l. des compositions, 10 l. pour le revenu du pré delphinal, 44 l. de la pêche de l'étang, 7 l. 10 s. des langues de bœuf. »

Après avoir défalqué les revenus des terres appartenant aux seigneurs de Clérieu, il serait curieux de comparer ces chiffres, que nous donnons suivant la copie faite pour nous par les employés des Archives de l'Isère, avec les impôts directs et indirects payés aujourd'hui par les communes ci-dessus nommées. Il est bien entendu qu'il faudrait tenir compte de la différence du pouvoir de l'argent. En outre, ce document nous renseigne sur l'étendue des cultures dans le mandement de Clérieu.

tendit, au contraire, à se généraliser de plus en plus. A la suite de ses entreprises sur Romans et plusieurs autres localités de la juridiction de l'archevêque, le Dauphin ayant été excommunié par ce dernier, les Romanais, appelés aux armes au son du beffroi de la ville, envahirent, enseignes déployées, le 31 mars 1341, sans aucune déclaration préalable et sous la conduite du corrier et de leurs autres officiers, le mandement de Clérieu, en haine d'Humbert II, suzerain de la localité, qui en avait pris sans doute possession en vertu de ses prétentions non encore réglées. Le châtelain dut se soustraire par la fuite à la fureur de cette bande, et plusieurs de ceux qui l'accompagnaient furent tués ou blessés mortellement. Avec toutes les imprécations que la haine peut inspirer, on cracha sur l'écusson aux armes du Dauphin et on l'attacha en signe de dérision à la queue d'un cheval; les piliers de justice furent enlevés et brûlés sur la place de Romans. Aux mois d'avril, de mai et de novembre, ces invasions se renouvelèrent. Conduites par un chef qui avait reçu le surnom de Tartarella, ces troupes de pillards parcouraient les territoires de Peyrins, Clérieu, Pisançon, portant partout le meurtre, la dévastation et l'incendie et rentrant chaque fois les mains chargées de butin (1). Ces excès fournirent à Humbert le prétexte, depuis si longtemps attendu, d'établir son autorité sur Romans.

Dans tout ce récit, il n'est pas question de Guillaume, dont on ignore la date précise de la mort, mais qui, dès le 8 septembre 1339, avait disposé, par testament, de la parerie de Clérieu et de la seigneurie de Saint-Vallier en faveur de son frère Amé, révoquant un acte du même genre par lequel, un an auparavant, il donnait son héritage au Dauphin. Dans le traité du 28 mars 1342, entre le Pape et Humbert II, Amédée de Poitiers, seigneur de Saint-Vallier, est au nombre des cautions du Dauphin (2). D'un autre côté, Louis Ier de Poitiers avait succédé à son père, Aimar IV, comme comte de Valentinois en même temps que

---

(1) VALBONNAYS, t. II, p. 440. — GIRAUD, *Essai*, t. II, p. 143, 156.
(2) GIRAUD, *id.*, nouv. pièces justificatives, p. 147.

comme successeur de Guichard. Le roi Philippe de Valois avait élevé des prétentions sur les possessions de Clérieu situées dans le royaume, s'appuyant sur une clause du testament du dernier Silvion, qui les lui aurait attribuées en cas d'extinction de la race, sans doute aussi sur son droit de suzerain. Mais le Roi de France, qui songeait, en vue d'événements prochains, à se faire une clientèle puissante en Dauphiné, changea bientôt de conduite à l'égard du comte, qu'il nomma son lieutenant général en Languedoc et qu'il investit des seigneuries de Châteaubourg, Rac et Garauson, saisies par les officiers de la Couronne (1). Les traités, qui du mois de février au mois d'août engagèrent, au profit de la France, l'avenir du Dauphiné, permirent à la protection royale de s'étendre plus loin. Tout était convenu avant qu'on eût obtenu la signature delphinale, et, dès le 8 août 1343, François de Theys, seigneur de Thorane, un des premiers gentilshommes de la province, attirés dans les intérêts français et qui tenait la châtellenie de Clérieu, la rendit, par ordre du Roi, à Louis de Poitiers. Ce fut le 17 du même mois, dans le monastère de l'abbaye de Saint-Pierre de Vienne, qu'eut lieu la transaction relative à l'héritage de Guichard. L'évêque de Clermont, le chancelier Guillaume Flotte et d'autres membres du conseil représentaient le Roi; le fameux Amblard de Beaumont, Jacques de Brunier, chancelier de Dauphiné, qui l'un et l'autre avaient pris une grande part au transport de la province, Jean d'Hauteville et François de Theys, dont il vient d'être question, agissaient avec divers chevaliers et jurisconsultes au nom d'Humbert II. Il fut conclu que les droits du comte n'étant nullement établis, le Dauphin cédait aux prières du Roi de France, en inféodant à Louis Ier de Poitiers la baronnie de Clérieu et Chantemerle, à la réserve de La Roche-de-Glun et Monteux. L'hommage du fief

---

(1) P. ANSELME, t. II, p. 193. — J.-J. GUIFFREY, *Histoire de la réunion du Dauphiné à la France*, p. 22, où il est parlé des châteaux de *Garançon* et du *Boc*, au lieu de *Garauson* et *Rac*. — L'inventaire de la Chambre des comptes mentionne, à la date du 23 août 1342, un hommage au comte de Valentinois, comme seigneur de Clérieu, par noble Pierre de Vernous, fils de Jarenton, pour tout ce qu'il possède au mandement de Garauson.

du seigneur de Crussol, quoique dépendant de la première de ces terres, fut attribué au comte de Valentinois (1), qui eut, en compensation des péages de La Roche, du port de Confolens et de Charmagneu, pareil revenu sur le péage de Saint-Alban, sur le Rhône, au mandement d'Auberive, en même temps que la seigneurie de Mureils. On accordait au comte le droit d'avoir un juge d'appeaux pour les appellations des juges ordinaires de Clérieu, Chantemerle, Croses, le mas de Bressieu, Larnage, Mercurol, Claveyson, Miribel, Margès, Montchenu et autres fiefs dépendant de la baronnie. En démembrant la baronnie, la politique royale obéissait à une sage prévoyance. Tout en attirant à elle les Poitiers par la reconnaissance de prétentions fort contestables, suivant la jurisprudence de l'époque, elle se gardait de leur accorder la forteresse, alors importante, de La Roche-de-Glun, qui eût donné plus de cohésion à leurs vastes états de configuration irrégulière. La séparation de Beaumont-Monteux achevait d'isoler les nouvelles possessions des comtes de Valentinois. Le Dauphin se réserve « le village de Monteux et un terrier situé hors de la ville de Romans, savoir, tout le Molard appelé de Beaumont, et au delà dudit Molard du côté de Clérieu le trait d'une flèche, et dudit Molard du côté de Peyrins regardant droit ledit mandement et allant jusqu'à Balme-Tranquieu et jusqu'aux limites du château de Peyrins, et du côté de Clérieu regardant et allant jusqu'à la rivière d'Herbasse, et au delà de ladite eau suivant droit le chemin public qui va à La Roche-de-Glun, de là en bas jusqu'à l'Isère inclusivement ». Les droits de pâturage et bucherage furent maintenus aux habitants de Clérieu sur les portions concédées. Bientôt après, par le traité de pariage avec le Pape et le chapitre de Saint-Barnard, Humbert II cédait aux habitants de Romans, dont les droits ne s'étendaient pas au delà de l'enceinte de leurs remparts, et pour lesquels un agrandissement s'imposait comme une nécessité, une portion du territoire qu'il venait de s'attribuer (2).

---

(1) Les Crussol relevaient, dès 1232, des comtes de Valentinois pour la terre de Saint-Marcel en Vivarais.
(2) CHORIER, t. II, p. 305. — VALBONNAYS, t. Ier, p. 342 et t. II, p. 551. — Inv. de la Ch. des comptes, élection de Saint-Marcellin, t. Ier, fol. 226. —

La décadence de Clérieu était désormais consommée. De résidence seigneuriale, il tombait à l'état de simple village abandonné à la direction et au caprice d'agents subalternes. Moins flexibles que ne l'étaient devenus les anciens sires de Clérieu, supportant avec impatience le joug des Dauphins, autrefois leurs égaux, prêts à entrer en lutte avec le Roi lui-même, les Poitiers, dont la rudesse et la cupidité sont les traits distinctifs, se signalèrent d'ailleurs par leurs exactions envers leurs vassaux (1). Ils n'avaient rien de commun avec la mansuétude du dernier Roger de Clérieu, laissant accumuler les arrérages de dix années de vingtain. Autour de cette race altière, batailleuse et absolue, qui, par son énergie autant que par sa puissance, échappait souvent à la réciprocité d'obligations inscrites dans la législation féodale, s'établissait une sorte de centralisation impitoyable. Au lieu de se répandre, comme autrefois, sur la contrée, le produit des redevances s'en allait à des guerres hasardeuses. A mesure que disparaît l'autonomie de la baronnie, son histoire perd de son intérêt et de son importance.

Amé possédait la moitié par indivis des château et écuries de Clérieu, à l'exception des fort et logement situés sur la hauteur, du côté du nord, appartenant exclusivement au comte; mais l'ancienne tour était à tous deux. Amé avait part également, comme coseigneur, aux droits de guet, judicature, inquans, sceau, fournage, corvées, châtellenie, criée publique, peine des crimes, amendes, pardons, saisies, captures, gardes, jugements, exécutions des condamnés, péage et chevallage sur les mandements de Clérieu et Chantemerle. Le comte de Valentinois lui en fit, en 1343, une nouvelle inféodation (2). Les 18 et 19 janvier

---

P. ANSELME, t. II, p. 193. — G. ALLARD, *Comtes de Graisivaudan*, p. 457 et 475. — Des droits utiles et honorifiques de la baronnie de Clérieu, aux arch. de Saint-Vallier. — Factum de 1759 pour le comte de Saint-Vallier, p. 37. — GIRAUD, Essai, t. II, p. 111, 185, 190, 238, 239. — L'abbé VINCENT, *Notice sur Clérieu*.

(1) DUCHESNE, *Comtes de Valentinois*, preuves, p. 71.
(2) Arch. de la Ch. des comptes, extrait impr. — Factum de 1759, p. 42.

de l'année suivante, ils reçurent ensemble la reconnaissance d'Arthaud, seigneur de Claveyson, pour ledit lieu ; de Roland de Veaunes, pour la maison forte de Veaunes et le fief d'Aurel ; de Guillaume Allemand, pour le château de Margès ; de Falque, *alias* Hugues, seigneur de Montchenu, pour ledit château ; de Pierre et Guionnet d'Hauteville, pour Hauteville ; de Guillaume de Chaurisan, chanoine de Romans, et de Pierre Malet, damoiseau, de Charpey, pour la juridiction de Chaurisan et Larnage ; de François de Crochis et de Béatrix Berlion, sa femme, pour le Mouchet ; d'Hugues Lobet, tant en son nom qu'en celui de Margarone de Curson, sa mère, de Raymond et Pierre de Saint-Mars, de Raymonde, relicte, de Martin de Marsas, etc., pour divers biens au mandement de Clérieu. Mais au comte de Valentinois seul, comme seigneur de Mureils, furent prêtés les hommages de Lantelme Ardenc, de Séguin et Lantelme de Paluel, d'Aymar Hérode, damoiseaux. Il reçut aussi ceux de plusieurs autres possesseurs de fiefs dépendant de la baronnie et dont il s'était réservé la mouvance exclusive, parmi lesquels Amédée Berlion, abbé de Saint-André-le-Bas, de Vienne, pour le prieuré d'Humilian à Larnage, et Arthaud de Claveyson, pour Mercurol et la maison forte de La Motte de Croses, récemment acquise de Guillaume Richard, de Serves (1). Dans la seconde partie de ce travail, nous reviendrons sur ces divers actes.

En 1345, à l'avénement d'Aimar V dit le Gros, successeur de son père, Louis Ier, un incident de la lutte entre les comtes de Valentinois et les évêques de Valence causa de sérieuses inquiétudes aux habitants du bourg de Clérieu. Les gens du comte ayant incendié Alixan, qui était à l'évêque, les épiscopaux résolurent de saccager Clérieu par représailles. Un grand nombre de bateaux furent préparés à Châteauneuf-d'Isère pour faire passer la rivière aux troupes destinées à cette expédition. L'évêque de Grenoble, Jean de Chissé, se trouvant à Romans avec une partie du conseil delphinal, donna, la nuit, l'ordre de sonner

---

(1) *Cartularium homagiorum receptorum in Baronia Clayriaci de notis Stephani Guioterie*, passim.

l'alarme, et rassembla, au dire de Chorier, trente hommes d'armes et quatre mille hommes de pied prêts à repousser l'invasion. De leur côté, les populations de Clérieu, Chantemerle, Mercurol, Saint-Donat et Peyrins se réunirent au nombre de trois mille hommes de pied et de trois cents chevaux. Cette démonstration suffit pour effrayer l'ennemi et l'obliger de renoncer à ses desseins. Peu après, la paix fut conclue par l'intermédiaire de l'archevêque de Lyon, que le Pape avait autorisé à employer les censures ecclésiastiques contre les deux adversaires jusque là également intraitables (1). A cette époque, Aymar de La Croix était châtelain de Clérieu et Chantemerle (2).

Le 23 mars de la même année, Aimar V transigea avec sa grand'mère, Sibille des Baux, veuve d'Aimar IV, réclamant les vingt mille livres qui lui avaient été constituées en dot. Les droits de la comtesse douairière étaient soutenus par un de ses fils, Aymaret de Poitiers, seigneur de Veynes, illustré dans la guerre contre les Anglais, qui revendiquait pour son compte une part dans l'héritage de son frère et de ses sœurs, Guichard, Jeanne et Catherine. L'inventaire de la Chambre des comptes établit que les châteaux de Clérieu et Chantemerle leur furent cédés comme compensation. Il est évident qu'il ne s'agit ici que des revenus engagés à cette occasion, car le comte continua à posséder la seigneurie de ces terres. Il réunit même à la part qu'il possédait celle de son cousin Aymar, seigneur de Saint-Vallier, qui, se trouvant sans enfant, disposa de tout son héritage en sa faveur (3). A partir de cette époque, la baronnie ne dépendit plus que d'un seul seigneur. Mais, entraîné sans doute, comme Humbert II lui-même, par les exigences d'une cour trop fastueuse, Aimar V fut obligé d'aliéner plusieurs terres : il vendit Chantemerle à Guy de Grolée, seigneur de

---

(1) CHORIER, t. II, p. 322. — GIRAUD, *Essai*, t. II, p. 204.
(2) Inv. des titres de la maison de Poitiers.
(3) P. ANSELME, t. II, p. 187 *bis*. — DUCHESNE, *Comtes de Valentinois*, p. 28, et preuves, p. 31, 32. L'acte de donation est du 3 nov. 1355. — Le 2 décembre 1358, le comte rendit hommage au Roi pour Clérieu, Chantemerle, la moitié de Taulignan et la forteresse de Pontaujard.

bâtard de Guillaume IX, comte de Poitiers, et, par son mariage avec la fille de la comtesse de Marsanne, acquit des possessions considérables sur les deux rives du Rhône. Leur petit-fils, Aimar Ier, comte de Valentinois, épousa Philippa de Fayno, dame de La Voulte et de la coseigneurie de Clérieu, qu'elle tenait, comme nous l'avons vu au chapitre précédent, de son aïeul Roger Ier de Clérieu, en même temps qu'elle apportait du chef paternel la baronnie de Fay, Chanéac et plusieurs autres terres importantes. Ce riche héritage se divisa : Philippa, ayant eu deux enfants, Guillaume mort avant ses parents, en laissant postérité, et Josserande, première femme de Pierre de Bermond, seigneur d'Anduse, Sauve, etc., légua, par son testament du 30 mai 1246, la ville de La Voulte et quatre autres terres en Vivarais à Roger de Bermond d'Anduse, second fils de sa fille. Le 7 des ides de septembre 1251, elle disposa de la coseigneurie de Clérieu en faveur du même personnage, qui la céda aussitôt à Roger de Clérieu et à Silvion, son fils, à condition qu'ils le défendraient contre le comte de Valentinois (1). Mais ce traité n'eut pas d'effet. Philippa, revenant sur ses premières dispositions, fit donation entre vifs de cette coseigneurie à son autre petit-fils, Aimar II, comte de Valentinois, qui fut aussi son successeur à la baronnie de Fay (2). Ce fut cet Aimar, et non son grand-père, comme il est dit dans l'*Histoire des grands officiers*, qui acquit par échange, aux calendes de mars 1238, et non le

---

(1) Inv. de la ch. des comptes de Dauphiné.

(2) 5 des calendes d'octobre 1250, donation par Philippa, comtesse de Valentinois, à Aymar de Poitiers, fils de feu Guillaume de Poitiers, fils de ladite dame, des châteaux et terres de Fayn, Montréal, Queyrières, de Mezenc, de Chaneac, Chamberliac, plus, de toute sa terre de La Roche-de-Glun et de Clérieu, avec leurs péages, droits, etc., sauf ce qu'elle avoit à Pierre-Gourde et la Voulte, qu'elle avoit légué à Rougier, à Philippe, enfants de Josserande, sa fille (Inv. de la Ch. des comptes). Cette date de 1250, peut-être inexacte, serait antérieure à la libéralité en faveur de Roger d'Anduse et prouverait que Philippa avait plusieurs fois changé de résolution. En tout cas, la coseigneurie demeura aux Poitiers.

Neyrieu, chambellan du Dauphin (1); Mureils, à Audebert de Châteauneuf; le péage de La Roche, rentré dans la maison de Poitiers, s'en alla au seigneur de Tournon; le vicomte de Turenne acquit Bouzols et Fay en Velay. Le comte, qui avait été lieutenant en Dauphiné, fit bien plus : abusant de la confiance du Roi-Dauphin, il livra au comte de Savoie certains châteaux et localités, et ne se tira d'affaire qu'en sacrifiant une grosse somme. D'un autre côté, soit vanité, soit générosité naturelle, il se plaisait à faire des largesses et achetait à prix d'or des hommes liges. Ainsi, le 13 juin 1366, il accorde à noble Jean de Bouvenc cinquante florins d'or de revenu sur Clérieu (2). Dès 1353, il s'était acquis, par une pension, noble homme Maynetus de Veaunes, damoiseau, bâtard *(donatus sive filius naturalis)* de Raymond de Veaunes, chevalier (3). On sait que, de temps immémorial, la noblesse se transmit sans obstacle aux bâtards jusqu'à l'ordonnance de 1600. Aimar recherchait les titres : en même temps qu'il obtenait de l'empereur Charles IV la facile et illusoire confirmation de ses seigneuries, il se fit revêtir de la charge, tout honorifique, de vicaire général de l'empire au royaume d'Arles, étrange parodie d'une époque où les Poitiers ne relevaient ni du Dauphin ni du Roi.

Privé de postérité, Aimar V désigna, pour son héritier universel, son cousin germain, Louis, seigneur de Chalencon et de Veynes. Son oncle, Charles, seigneur de Saint-Vallier, revendiquant les comtés de Valentinois et Diois, en vertu de substitutions de famille, il transigea avec lui et lui remit les terres de Mureils, dont l'aliénation n'avait pas été consentie par le Roi, et celle de Pisançon, pour treize cents florins de revenu, avec promesse de lui octroyer en échange celle de Clérieu, quand il l'aurait retirée des mains d'Édouard de Beaujeu, qui la retenait en gage, ayant acquis les droits de Marguerite de Poitiers, femme de Guichard

---

(1) Duchesne, *Comtes de Valentinois*, preuves, p. 57, 58. — Guichenon, *Hist. de Bresse*, continuation de la 3e partie, p. 121. — P. Anselme, t. II, p. 194. — H. de Coste, *Éloge des Dauphins*, p. 249.

(2) Inv. de la Ch. des comptes.

(3) *Cartularium homagiorum.*

de Beaujeu, seigneur de Pereux (1). Ce malheureux village était destiné, sous ses nouveaux maîtres, à servir perpétuellement de valeur d'appoint, d'échange ou de garantie. En 1377, le roi Charles VI en fit saisir la seigneurie, en même temps que le péage de Gap, pour le paiement de 17,500 florins d'or dus par feu Aimar V. Louis II obtint cependant la main-levée (2), et son écuyer, noble Étienne Seytre, passa reconnaissance et bailla dénombrement, en son nom, de toutes les terres tenues en fief du dauphin de Viennois (3).

Les exigences de Charles de Poitiers se renouvelèrent et durent être satisfaites par l'octroi de nouvelles possessions. Cette fois, l'usufruit de Clérieu lui fut accordé, entre autres choses, par la médiation du pape Grégoire XI, qui réussit un moment à étouffer ces tristes querelles de famille (4). Ces discussions inspirèrent à Louis II une aversion profonde pour la branche des seigneurs de Saint-Vallier. Obéré, d'ailleurs, comme son prédécesseur, et se voyant sans postérité, il se détermina à suivre l'exemple d'Humbert II, en vendant ses états à la France. Avant de passer l'acte définitif de transfert, souscrit le 11 août 1404, il fallut acheter l'acquiescement de Charles, par la cession pure et simple, cette fois, de la baronnie de Clérieu et de tous les fiefs sur la rive droite du Rhône.

Charles mourut quelques années après, et dans cette maison de Poitiers, dont l'histoire a quelque analogie avec celle des petits tyrans italiens du moyen âge, éclatèrent des scènes de sauvage violence : les deux fils de son oncle défunt, Louis de Saint-Vallier et Jean, évêque de Valence, surprirent le vieux comte dans son château de Grane, l'obligeant à contracter en leur faveur une donation du Valentinois et du Diois, dans le cas où il ne laisserait pas d'enfant légitime. Rendu à la liberté et après qu'il eut réussi à dégager son intelligence des terreurs

---

(1) P. ANSELME, t. II, p. 194 et 196.
(2) Arch. de la Ch. des comptes.
(3) Inv. des Poitiers.
(4) DUCHESNE, *Comtes de Valentinois*, p. 62, et preuves, p. 70.

qui l'arrêtèrent un moment, Louis II révoqua non-seulement les concessions arrachées par un acte aussi odieux, mais encore tous les avantages précédemment faits à ses indignes parents ; il prit les armes contre son cousin et légua au dauphin Charles toutes ses possessions, interdisant à son héritier d'entrer en arrangement avec ses ennemis, sous peine de voir les états en litige passer au duc de Savoie.

Louis étant décédé dans son château de Baix, en Vivarais, le 4 juillet 1419, le Dauphin, pour éteindre les prétentions de Louis de Poitiers-Saint-Vallier, appuyées d'un arrêt du parlement de Paris, conclut avec lui, malgré l'interdiction expresse du testateur, un traité qui lui abandonnait les seigneuries énumérées dans la transaction de 1404, en même temps qu'il lui assignait une rente de sept mille florins sur diverses terres et forteresses. En vertu du même acte, Clérieu lui était accordé jusqu'à ce qu'il pût occuper Chalencon, Durfort et Saint-Fortunat, dont le duc de Savoie s'était saisi, avec l'agrément des habitants et à la faveur des troubles occasionnés dans le royaume par l'invasion des Anglais (1). Louis de Saint-Vallier jouit, en attendant, de Clérieu, et après lui Charles, son fils et successeur. Ce dernier vendit même la baronnie, le 17 août 1447, pour le prix de six mille écus, à Amalric, seigneur d'Estissac en Aunis, premier chambellan du Dauphin, probablement le même qui commandait dans la province, quelques années auparavant, et les lods en furent payés à la Chambre des comptes sur le pied du sixième denier, qui revint à mille écus ; mais, comme le seigneur de Saint-Vallier racheta cette terre dans le courant de la même année, il paraît que cette affaire ne fut qu'un emprunt déguisé (2). Cependant le Dauphin, qui fut plus tard Louis XI, échappé de la cour paternelle, était venu dans notre province ; il se trouvait à Clérieu, le 2 août 1447, au moment de l'achat de la terre par son chambellan, et il y signa des lettres patentes par lesquelles il conférait à Pierre Landry l'office de garde de la

---

(1) CHORIER, t. II, p. 423.
(2) Inv. de 1650. — Inv. de 1681, fol. 42, v°, aux archives du château de Saint-Vallier.

monnaie de Romans (1). Dans la crainte d'offenser le Roi de France, Charles de Poitiers ayant refusé de prêter l'hommage exigé par le Dauphin, ses biens furent saisis. Mais la colère du prince fugitif ne tint pas devant l'humble soumission de son vassal, qui obtint, par lettres du 7 décembre 1454, confirmation entière et définitive de ses droits sur Clérieu, cette fois, en échange des revenus d'Étoile et du péage de Perpillon, le Dauphin ne se réservant que les hommages de Brion et de Crussol (2).

Charles de Poitiers transmit Clérieu, Aramon, Valabrègues, etc., pour apanage, à son second fils, Guillaume, qui fut aussi marquis titulaire de Cotrone en Calabre, en vertu des prétentions sur cette terre apportées dans la maison de Poitiers par Polixène Ruffo, seconde femme de son grand-père, Louis de Saint-Vallier. Guillaume prit de bonne heure le parti des armes.

Un document contemporain nous apprend que ce brillant chevalier figura au tournoi donné en 1470, à Chambéry, en l'honneur d'Yolande de France, duchesse de Savoie (3). En 1478,

---

(1) H. MORIN-PONS, *Numismatique féodale du Dauphiné*, p. 363.

(2) Inv. de 1650. — Factum de 1759, p. 48 et suiv. — Requeste pour Claveyson, p. 20.

(3) La despence faicte par le seigneur de Cleyrieu du Dalphiné, est-il dit dans les comptes de noble Jean de Loctier, trésorier-général de Savoie, et de certains gentilshommes dudit pays de Dalphiné, lesqueulx ont touchié au conrechie de Monseigneur le conte de Romont, lequel conrechie a esté pendu en la chambre de ma tres redoubtée dame Yolant de France, duchesse de Savoye, et mondit seigneur comte de Romont a fait bouter ledit conrechie en ladite chambre pour faire aucuns esbattemens de joustes a XIII venues par homme pour ung chascun qui toucheroit audit conrechie. Or ainsy est que ledit seigneur de Cleyrieu frere du seigneur de Saint-Vallier ont touchié audit conrechie et sont venu en ceste ville de Chambéry pour accomplir le contenu des chapitres et pour honorer le conrechie... et a esté ordonné par mondit seigneur les deffraye en la manière que s'ensuyt... pour six jours entiers en commencer le samedi XXVIe jour de may lan M.CCCC.LXX. (Léon MÉNABRÉA, *Chronique de Yolande de France, duchesse de Savoie*. Paris, 1859, ch. III.) Ce terme de *conrechie* qui,

il acheta de Charles d'Amboise le gouvernement de Paris et de l'Isle-de-France, et une partie du prix d'acquisition fut soldée par le trésor royal. Louis XI le gratifia de la charge de chambellan, de la capitainerie de Montlhéry et de la jouissance de la terre de Baix; Charles VIII lui retira toutes ces faveurs, lui octroyant en échange La Roche-de-Glun et Beaumont-Monteux, ce qui fut confirmé par lettres de Louis XII, en février 1498. Deux ans auparavant, Charles VIII envoyait Guillaume en ambassade auprès de Ferdinand et d'Isabelle d'Espagne, afin d'entraîner ces souverains dans une alliance qui aurait eu pour résultat le partage du royaume de Naples entre les deux puissances. Commines raconte que le seigneur de Clérieu, crédule de sa nature, se laissa abuser et endormir par l'espérance chimérique de la restitution de son marquisat de Calabre, et qu'il fallut lui donner pour successeur son compatriote Baternay, autrement fait pour démêler les véritables intentions d'une cour astucieuse. L'échec de Guillaume ne l'empêcha pas d'être chargé d'une mission en Écosse, mission sur laquelle nous n'avons pas de renseignements précis, mais qui devait être plus facile à remplir, en raison des bonnes relations entre les deux pays (1).

Le dernier novembre 1477, il avait rendu hommage au Roi-Dauphin pour la baronnie de Clérieu, ensemble pour les seigneuries et châtellenies de Miribel en Valclérieu, Piégros et Chastelarnaud (2). Par lettres patentes du 30 mai 1478, adressées aux amés et féaux de la Chambre des Comptes de Dauphiné, le Roi leur enjoignit de délivrer au seigneur de Clérieu l'extrait

---

selon M. Victor de Saint-Genis, est la contraction défigurée de deux mots italiens : *scudo echegiari, faire résonner l'écu*, signifie l'écu ou gage de bataille auquel venaient toucher les poursuivants du tournoi pour marquer qu'ils acceptaient le défi. — *Venues*, ce sont les passes d'armes.

(1) P. Anselme, t. II, p. 204. — Duchesne, p. 100 et preuves, p. 94 et 101. — H. de Coste, *Éloges*, p. 71. — Commines, *Mémoires*, l. VIII, ch. 16. — Fr. Michel, *Les Écossais en France, les Français en Écosse*, t. Ier, p. 294.

(2) Inv. de la Ch. des Comptes.

des papiers concernant la baronnie et les ressorts d'icelle, qui sont Montchenu, Mureils, Mercolain, Mercurol, etc., papiers existant à ladite Chambre. Ces recherches étaient destinées à établir ses droits et furent suivies de reconnaissances. Noble Julien Gioux remplissait alors les fonctions de bailli et procureur-général à Clérieu. Le seigneur afferma le 22 novembre 1490 à honorable Jacques Peteu, marchand de Romans, les droits et revenus de la baronnie en argent, vin, froment, seigle, avoine, millet et épeautre, chapons, poules et poulets, cire, etc. Me Severin Roux procéda le 22 janvier 1499 à la reconnaissance générale des habitants. On voit par cet acte qu'il y avait à Clérieu un châtelain, un juge, un greffier, des sergents, enfin un juge d'appeaux; mais il paraît que ce dernier n'inspirait qu'une médiocre confiance aux justiciables, qui préféraient soumettre leurs différends à la *Cour royale* de Saint-Marcellin. Un mémoire manuscrit rédigé à cette époque conteste la légalité de cette manière d'agir, récriminations impuissantes, demeurées évidemment sans écho. On sent que le moyen âge se retirait derrière la volonté énergique du Roi, qui porta de si rudes coups au franc-alleu en Dauphiné. Les 6 septembre et 14 octobre 1488 eut lieu une transaction entre le seigneur et les habitants de la baronnie, dans laquelle est mentionnée une charte accordée en 1300 par Guillaume-Graton auxdits habitants.

La corvée est fixée à un jour par an; certaines obligations, comme celle de transporter les vivres et armes du seigneur en temps de guerre, sont converties en redevances pécuniaires; mais le charroi des meules pour les moulins, des armes, des ustensiles, etc., au château, dans certains cas, est maintenu, à la charge par le seigneur de nourrir ceux qui seront ainsi employés. Pour chaque attelage de chevaux, mulets ou bœufs, on paiera une redevance de six gros, et pour deux attelages dix gros, pour une charrue avec deux ânes quatre gros; chaque manœuvre sera taxé à deux trousses de paille. Enfin les censes, rentes, plaids, lods et muages doivent être soldés à l'endroit indiqué par le seigneur. Du reste, ces transactions ne portaient pas sur tous les droits exigés des vassaux, et dont l'énumération, comme nous l'avons vu à l'article d'Amédée de Poitiers, était bien plus longue (1).

Guillaume, mort à Lyon, le 2 mai 1503, laissa son héritage à son frère aîné, Aymar, seigneur de Saint-Vallier, vicomte d'Étoile, etc., chambellan du Roi et chevalier de l'ordre, grand sénéchal de Provence. Celui-ci avait épousé en premières noces Marie de France, bâtarde du roi Louis XI. Chorier et, après lui, l'*Histoire généalogique des grands officiers de la couronne* (2) prétendent qu'elle était fille de Marie de Sassenage, veuve d'Amblard de Beaumont, seigneur de Montfort. Mais Gabriel Brizard (3) réfute cette assertion par des raisons assez plausibles. Le mariage fut célébré dans la ville de Chartres. La dot de Marie fut de trente mille écus d'or, que le roi son père lui assura, et, jusqu'à ce qu'ils fussent payés, le revenu en étant fixé à deux mille livres, les terres de La Roche-de-Glun, Veaunes, Rochefort, Châteaudouble, la gabelle du sel de Romans et le péage de la Sauvetat en Languedoc lui furent engagés (4). Louis XI ordonna, par lettres patentes du 11 juillet 1467, que Marie porterait les armes de France avec une bande d'or pour brisure (5). Elle mourut en couches d'un fils qui ne vécut pas.

Aimar reçut plusieurs reconnaissances de la baronnie de Clérieu, et le 23 juin 1510 passa procuration pour le même objet à noble Pierre de Monte-Ruffo, licencié en droit et juge de ses terres (6). Peu après, son fils, Jean, hérita de lui. Jean de Poitiers, seigneur de Saint-Vallier, marquis de Cotrone, vicomte

---

(1) Arch. du château de Saint-Vallier. — L'abbé VINCENT, *Notice sur Clérieu*, p. 28.

(2) P. ANSELME, t. Ier, p. 123, et t. II, p. 205.

(3) *Histoire généalogique de la maison de Beaumont*, t. Ier, p. 517 et suiv.

(4) CHORIER, t. II, p. 472. — L'inv. des baronnies cité par M. LACROIX (*Lettres sur l'histoire et la statistique de Montélimar*) indique la Baume-Transit au lieu de Veaunes.

(5) LHERMITE-SOLIER ap. COMMINES, éd. de Bruxelles, 1706-1713, t. III, p. 243.

(6) Inv. de 1650.

d'Étoile, baron de Clérieu, Sérignan, Chalencon et Florac, seigneur de Privas, Corbempré, Chantemerle, etc., chevalier de l'ordre, lieutenant au gouvernement de Dauphiné le 1er mai 1512, ensuite grand sénéchal de Provence, fut, comme l'on sait, condamné à avoir la tête tranchée pour sa participation au complot du connétable de Bourbon. Il dut sa grâce au souvenir des bons services de son gendre, Louis de Brézé, que le hasard avait fait son dénonciateur, et non aux complaisances de sa fille pour le roi. Après le consciencieux et récent travail de M. Georges Guiffrey (1), l'histoire longtemps accréditée des amours de François Ier et de Diane ne peut plus désormais trouver place que sous la plume des romanciers. Le 18 avril 1528, Gabriel de Morvillier, bailli général, et Paul La Cour, fermier de Clérieu, traitèrent avec les habitants dudit lieu (2). On trouve des reconnaissances des vassaux de la baronnie en 1531, en faveur de Jean de Poitiers. De sa première femme, Jeanne de Baternay, fille d'Imbert, seigneur du Bouchage, et de Georgette de Montchenu, il eut, entre autres enfants, Guillaume et Diane.

Guillaume succéda en 1539 à son père en toutes ses seigneuries. François Ier le nomma son lieutenant-général en Dauphiné et en Savoie. Il obtint le 21 juin 1533 main-levée pour les terres d'Albon, Pinet, La Roche-de-Glun, Beaumont-Monteux, Pontaix et Guinet, et rendit hommage en 1540 pour Clérieu, Chantemerle, etc. (3). Il investit, le 22 septembre 1546, Louis Arloud, écuyer, du fief noble d'Hauteville, acquis de François Dupuy (4), et décéda sans lignée la même année. Sa sœur, Diane, prit possession de ses biens, en vertu de ses dispositions testamentaires et d'une substitution déjà ancienne.

Démesurément accrues par la faveur royale, les richesses des Poitiers-Saint-Vallier s'amoncelèrent sur la tête de la duchesse

---

(1) Voy. son introduction en tête des *Lettres inédites de Diane de Poytiers*, Paris, 1866, in-8.
(2) Notes de MOULINET.
(3) P. ANSELME, t. II, p. 207.
(4) Inv. de 1650.

de Valentinois. Beauté déjà mûre et trop épanouie, dont la puissance se révèle à l'heure ordinaire du déclin, et que les arts trop complaisants se sont plu à faire rayonner d'un éclat mensonger, froide courtisane restée chaste dans l'hymen d'un vieillard et durant de longues années de veuvage, femme d'une rare supériorité d'intelligence, consommant sans passion l'asservissement du jeune Dauphin, qu'elle sut maintenir sous sa direction jusqu'au bout, la favorite d'Henri II termine dignement dans notre province la race astucieuse et violente des bâtards des ducs d'Aquitaine. Grâce à cette loi mystérieuse des transmissions héréditaires qui font une si grande partie de l'homme, et dont l'historien doit tenir compte presque autant que le physiologiste, Diane tenait des Poitiers cet irrésistible instinct de domination, cette âpre ténacité dans la poursuite de ses desseins; mais l'influence de son aïeul Baternay, assez souple pour s'être insinué dans la confiance du soupçonneux Louis XI, dominait surtout en elle la folle impétuosité du sang paternel. Mariée à quinze ans au grand sénéchal de Normandie, entraînée plus tard dans le tourbillon royal, elle ne fut guère connue en Dauphiné que par l'intermédiaire de ses intendants. Elle possédait Chenonceau, qui devait être le douaire de deux reines de France, et tandis qu'elle élevait, à la portée de la cour et aux frais du trésor public, Anet, l'une des merveilles de l'architecture de la Renaissance, son avarice laissait tomber en ruines Étoile, Pisançon, Clérieu et ses châteaux des contrées environnantes. Absente de notre histoire provinciale, on est réduit à la chercher dans la légende, qui a singulièrement méconnu le caractère de cette femme de marbre, en lui imputant des faiblesses amoureuses. Du reste, les passions de ses ennemis, parmi lesquels les protestants, souvent disposés à se venger des persécutions et des spoliations par la calomnie, la légèreté des chroniqueurs des règnes suivants, accueillant sans examen dans leurs *Mémoires* des rumeurs dénuées de fondement, avaient introduit jusqu'ici de graves erreurs dans la biographie de la duchesse. Il a fallu la patiente sagacité de M. Georges Guiffrey, pour restituer les traits principaux de cette figure importante.

Avant lui, un autre savant dauphinois bien connu, M. Ad. Rochas, avait démêlé une portion de la vérité (1).

Le 21 septembre 1556, Diane donna procuration à messieurs maître Phélix Guerre (de La Croix), conseiller du Roi, avocat général au Parlement de Dauphiné, Jean Gautier, président en la Chambre des Comptes de Piémont et Savoie, bailli général des terres de cette haute et puissante dame, Jean Razi, écuyer, seigneur de Flassans et Antoine Faure de Vercors, aussi écuyer, pour faire passer la reconnaissance générale des vassaux de la baronnie, qui commença le 14 décembre, en présence de sage homme André Bergier, châtelain de Clérieu, et ne se termina que le 9 juillet 1558 (2). On y voit que chaque laboureur payait, par attelage de bœufs, 3 cartes d'avoine et 7 sols et demi en argent. D'autres documents nous apprennent que la duchesse ne négligeait pas d'agrandir ses domaines par des acquisitions, et qu'elle obtint du vi-bailli de Saint-Marcellin des lettres de contrainte établissant la banalité des moulins de Clérieu et de Curson (3). Mais bien loin de se laisser décourager, comme on aurait dû s'y attendre, par le crédit d'une personne aussi bien en cour, ses vassaux luttèrent contre elle avec persistance sur le terrain de la chicane.

Diane de Poitiers mourut le 26 avril 1566. Au mois d'octobre de la même année, ses filles et son gendre, la duchesse douairière de Bouillon, le duc et la duchesse d'Aumale désignèrent Gérard Sayve, abbé de La Buissière, Barthélemi de Pilavoine,

---

(1) Comme il importe d'être juste envers tout le monde, même les maîtresses royales, il faut reconnaître que Diane de Poitiers se montra charitable envers les pauvres, et que, malgré le scandale de sa vie, tout sentiment religieux n'était pas éteint en elle. On a souvent cité une de ses dispositions testamentaires, par laquelle elle recommande que son corps soit porté à l'église des Filles repenties.

(2) Le terrier qui contient ces reconnaissances est un beau vol. in-fol. de 279 f.^{os}, relié en vélin blanc et conservé aux archives du château de Saint-Vallier. On voit au verso du premier feuillet les armoiries de Diane telles qu'elles sont figurées dans l'ouvrage de M. Georges Guiffrey, p. 39.

(3) Inv. de 1681, f.ºs 43 r.° et 149 r.°.

écuyer, seigneur de Boisemont, maître d'hôtel de madame de Bouillon, et Antoine Barbier, contrôleur de la maison de monseigneur d'Aumale, pour procéder à la description et estimation des terres de Saint-Vallier, Vals, Étoile, La Vache, Soyans, Auriple, Upie, Pisançon, Clérieu, Chantemerle, Sérignan, Carmagnion, Aramont, Valabrègue, Florac, Arlempde, Privas et Chalencon dépendant de la succession. Ils s'adjoignirent Félix Guerre, avocat général au Parlement, auquel Diane, comme nous l'avons vu, avait témoigné une certaine confiance, et plusieurs autres personnes moins connues. M. Caize a publié la partie de ce document relative à Saint-Vallier (1). Nous donnons celle qui concerne Clérieu.

« Le mescredy dix-septiesme dudit mois sommes desparty de Romans et allé à Clérieu avec le S‍ʳ de Bouvier chastelain dudit lieu, ou avons visité le chasteau, auquel y a une tour sur la porte ruinée avec l'esglise parrochiale aussy ruinée, ne se fait aucun service, ains se faict en une autre esglise au bas de la ville en laquelle a esté faict un chanté et service pour feu madite dame avec l'aulmone.

» La baronnie de Clérieu est assise en Viennois contenant six parroisses sçavoir ledit Clérieu, Saint-Bardoux, Chanos, Vaulnes, Chavanes et Marsas qui font tout le mandement de ladite Baronnie, en laquelle mesdites dames ont toute justice haute, moyenne et basse exercée par un chastelain, juge, greffier et autres officiers qui cognoissent de toute matière, les appellations desquels ressortissent par devant le baillif de Saint-Marcellin.....

» Les courvées deubes en ladite baronnie que sont en proces contre lesdits habitants à Grenoble peuvent monter chacune année 75 livres. Les advenues des civerages qui sont aussi en proces contre lesdits habitants peuvent monter chascun an 40 charges avoyne ou plus ou moins, selon le nombre desdits habitants avec le droit du tison et du plaid qui sont aussi en proces à Grenoble estimé 74 livres tournois.

» Ceux qui tiennent parc doibvent chascun an un mouton et

---

(1) *Histoire de Saint-Vallier*, p. 224.

peust monter 16 ou 17 moutons, qui sont estimés 25 sols le mouton.

» Le péage dudit Clérieu qui se reçoit audit lieu et à Curson peut valoir communes années 18 ou 20 livres tournois.....

» Nous avons veu et visité le bois de Oiseux, bois de haute-futaye contenant environ 20 sétérés, la coupe duquel pourrait valoir pour une foys ainsi que nous ont rapporté les officiers (de la localité) et autres environ 2 ou 300 livres si l'on le vouloit mettre en labourage apres la couppe se pourroit arrenter chascun an la quantité de 5 ou 6 sestiers de grain.....

» La garenne dudit Clérieu est près ledit Romans sur le chemin, où il n'y a que quelques meschantes broussailles, qui est comme l'on dict le chauffage des pauvres gens dudit Romans, dont toutefoys qui la voudroit amodier pour pasturer le bestail, encore en pourroit tirer communes années soixante solz.

» Les habitants de Clérieu par le terrier certiffient que les Srs de Mureils, Mercurol, Larnage, Crozes, Marjais sont vassaux dudit Clérieu, lesquels sont tenus faire hommage auxdites dames. Les appellations de leurs justices ensemble de la seigneurie de Chantemerle ressortissent par devant le juge d'appel audit Clérieu, ce qui n'est du présent observé, car elles vont audit Saint-Marcellin.

» En ladite baronnie y a plusieurs vassaux, qui n'ont aucune juridiction, sçavoir les S^{rs} de la maison forte du Mouchet et de Vaulne, le Sr de Sablière, d'Auteville, Reymond Bovyer, Jean de Conflans, François Veilleu, Pierre Bouvier, Jean de Ravel, pour ce qu'il tient à Marjais, sur lesquels fiefs nobles et terres roturières, mouvant de la directe dudit Clérieu se prendroit de lods de douze deniers un, en eschange la moitié avec droit de prélation.

» La leyde se souloit anciennement lever, qui ne se leve plus pour ce qui ne s'y tient aucunes foyres.

» Le greffe de Clérieu peut valoir communes années cinquante livres.

» Le molin dudit Clérieu peut valoir communes années trente sestiers, lequel moulin nous avons veu et visité, trouvé en assez mauvaise réparation, qui vaudroit davantage, s'il estoit en tel estat qu'il souloit avec deux engins tournans.....

» Ce faict, avons faict appeler les consuls et habitants dudit Clérieu auxquels avons faict semblables desclarations que aux autres subjects, sçavoir s'ils auroient quelque doléance à faire, aussy que mesdites dames n'entendoient aucun exercisse de la nouvelle religion estre faict en la baronnie dudit Clérieu, leur inhibant et défendant de par elles n'en faire aucun aux peines contenues aux esdicts et desclarations du roy, et aux officiers ne le souffrir et informer des contraventions.

» Avons aussy remonstré auxdits habitants qu'ils se sont mis en contradiction du payement des moulins, civerage, droits de tison et autres dont le procès est prest de vuider, lesquels ont desclaré qu'ils s'assembleroient pour nous faire sur le tout responsce au lieu de St Vallier.

» Les gages du chastelain quinze livres, le juge sept livres dix solz, le procureur soixante solz.

» Chantemerle est seigneurie séparée dudit Clérieu, tenue en toute justice, haute, moyenne et basse, exercée par un chastelain, juge, procureur et greffier qui cognoissent de toutes matières, les appellations desquels ressortissent devant le baillif de St Marcellin.

» Le revenu de ladite seigneurie consiste ainsy qu'il a apparu par le terrier et censes vives dix huit sestiers de tous grains et vingt cinq sommées (de vin), en argent quarante solz.

» Audit Chantemerle y a droit de péage qui ne s'est pas arrenté pour n'avoir trouvé qui l'aie voulu prendre. Ne semblablement du droit de ban champêtre, ni du droit de ban de vin.

» Le moulin Bannarel dudit Chantemerle, avec un moulin à huile assis sur un ruisseau des estangs, s'arrente année commune cinquante sestiers moitié froment et l'autre seigle.

» On nous a dict que les estangs dudit lieu ont esté cy devant laissés aux habitants en consentant que lesdits moulins fussent bannaux.

» Le revenu de ladite baronnie de Clérieu revenant à 522 livres 15 sols 11 d., a laquelle l'avons évalué. Chargé de 30 sestiers grain au couvent des Cordeliers de Romans et curé dudit Clérieu qu'ils prennent chascun an sur les moulins, pour lesquels est cy desduict 52 livres 10 d., ainsi ne restera que 470 livres 15 sols 11 doubles.

Le revenu de Chantemerle se monte à 113 livres 15 deniers tournois (1). »

La seconde fille de Diane, Louise de Brézé, mariée à Claude de Lorraine, duc d'Aumale, pair et grand-veneur de France, lieutenant-général au gouvernement de Bourgogne, eut les biens de Dauphiné. Ici, comme partout ailleurs, cette époque ne rappelle que de tristes souvenirs. Les années qui précédèrent et suivirent la Saint-Barthélemy, furent en effet pour toute la France des temps de misère profonde. Les deux partis ravageaient tour à tour les campagnes ; avec la sécurité tout commerce avait disparu ; les habitants de Clérieu succombaient sous le poids des tailles et des exactions de plus en plus difficiles à supporter. Le logement des gens de guerre était considéré avec raison comme une des charges les plus lourdes. Les mémoires inédits d'Eustache Piémont nous apprennent comment, en 1598, les gens du bourg de Saint-Antoine parvinrent à éloigner de leur localité le régiment du baron de Digoine, pour lui faire traverser la baronnie de Clérieu (2). Mais alors le village dont nous nous occupons, n'appartenait plus à la maison de Lorraine. — Trente ans auparavant Gordes se trouvait à Clérieu, lorsqu'il se fit amener un soldat bourguignon accusé d'avoir voulu assassiner le baron des Adrets, et dont l'exécution suivit de près l'interrogatoire.

Le 19 février 1594, Charles de Lorraine, duc d'Aumale, pair et grand veneur de France, chevalier des ordres du Roi, vendait, comme héritier de sa mère, pour le prix de six mille écus, la terre et la baronnie de Clérieu et Chantemerle à noble Jean de La Croix, seigneur de Chevrières (3).

---

(1) Description et valeur des terres et seigneuries appartenant à feu Dame de Poitiers, aux Arch. de la Drôme.

(2) *Mémoires d'Eustache Piémont;* — CHORIER, t. II, p. 623; — l'abbé VINCENT, *Notice sur Clérieu*, p. 38, 41.

(3) Arch. du château de Saint-Vallier.

Ainsi que nous l'avons déjà vu, l'ancienne église paroissiale de Sainte-Catherine, construite sur une éminence à côté du château, disparut avec lui dans le courant du XVIe siècle. Elle appartenait au chapitre de Saint-Barnard de Romans, comme la plupart des églises voisines. Le 8 juillet 1230, Amédée Moine, *Monacus*, habitant de Clérieu, un des hommes riches et puissants de la contrée, quoique dans son testament, conservé aux archives de la Drôme, il ne prenne aucune qualification nobiliaire, n'oublie pas, parmi ses nombreux legs pieux, Sainte-Catherine et Saint-Bardoux ; il donne à la première, pour son anniversaire, qui sera célébré avec quatre prêtres et quatre clercs, plusieurs sétiers de blé et diverses censes, soixante sous destinés à l'achat d'une chape, une redevance de trois émines de froment, de dix-huit deniers et d'une poule consacrée à l'entretien d'une lampe qui brûlera perpétuellement en l'honneur du défunt, de dix-huit deniers pour le luminaire de Notre-Dame ; à la confrérie du Saint-Esprit de Clérieu, qui doit prier pour le donateur et les siens, la propriété d'une vigne avec les vases vinaires servant à enfermer la récolte, à la charge de fournir à la paroisse un quartaut de bon vin pour les messes ; à la confrérie de Sainte-Catherine du même lieu une émine de froment et six deniers par an. De son côté, Saint-Bardoux aura droit à une rente de sept sous, six sétiers de seigle et trois émines de froment, à la condition de faire chanter l'anniversaire d'Amédée Moine et de son père par sept chapelains et sept clercs ; ce qui prouve que le clergé de Saint-Bardoux était plus considérable que celui qui desservait Sainte-Catherine. A cette occasion, les honoraires de chaque chapelain sont fixés à douze deniers, ceux de chaque clerc à quatre deniers, et une distribution de blé sera faite aux pauvres. La même église reçoit un marc d'argent pour un calice. Enfin, la maladrerie de Beaumont « domus infirmorum de Belmont » est déchargée d'une cense d'une émine de seigle due au défunt. Cet Amédée Moine, qui disposait d'un certain nombre de serfs et ordonnait que l'on remît à un de ses clients « uno clienti » (vassal ou serviteur) cinq cents sous pour accomplir à sa place le voyage d'outre-mer, dont il avait fait sans doute le vœu, était peut-être un descendant d'un Lantelme surnommé Monacus, qui prend part à la donation de l'église de Saint-Jean de Châtillon dont nous allons bientôt parler. Le nom de *Monacus*, *Monachi*, *Moyne*, *Moine*, selon que les actes sont contractés en latin ou en français, se montre en Dauphiné à des intervalles assez éloignés pour qu'il soit impossible d'établir entre les divers individus qui l'ont porté une filiation certaine, ou même une origine commune. Pierre Monacus habitant Clérieu et prenant la qualité de damoiseau en 1240 et 1241 est mentionné dans des chartes faisant partie du fonds de Vernaison (1). Poncet, Jean et Vincent Monachi possédaient des fiefs au mandement d'Avallon (1339). On trouve en 1484 Jean Monachi au nombre des nobles de cette localité. En 1533 Jean Monachi avait pour femme Jeanne Peloux. Jean Moyne exerçait en 1492 à Croses les fonctions de notaire, ce qui avant l'édit de 1550 ne constituait pas une dérogeance. Un autre Jean Moyne percevait au même lieu, au siècle suivant, des rentes nobles. Enfin, en 1568, Françoise Moyne apporta l'héritage de sa maison à la branche des d'Urre, établie à Croses (2).

C'est sans doute des matériaux de cette ancienne église de Sainte-Catherine que provient le curieux monument dont nous offrons ici le fac-simile, grâce à l'extrême obligeance de son possesseur M. Joseph Ollat, maître d'hôtel à Clérieu, qui a bien voulu nous le confier; ce qui nous a permis de le faire reproduire, dans les conditions les plus favorables, par la photographie d'abord, ensuite par la gravure sur pierre.

Ce bas-relief, dont on doit, selon nous, placer la date vers le XIIe siècle (3), est en pierre de taille dite mollasse extraite des carrières de la localité. Sa hauteur est de 75 centimètres sur 52 de largeur et 12 d'épaisseur. Échancré au sommet, de façon à faire supposer qu'on s'en est servi comme de meule à aiguiser

---

(1) Arch. de la Drôme.

(2) Notes de MOULINET. — Arch. de la Ch. des Comptes de Dauph. — PITHON CURT, verbo *Urre*.

(3) M. Perret de la Menue, architecte à Lyon, auquel nous avions communiqué la photographie de ce monument, nous a fait part d'un intéressant mémoire dans lequel il estime que le bas-relief remonte au IXe ou Xe siècle,

Nº 1

les couteaux, il présente encore cette particularité que la tranche droite est creusée par une profonde rainure. Vêtus d'un vêtement à longs plis recouvert par un manteau court attaché au cou, deux personnages sont assis en face l'un de l'autre sur des siéges à un seul pied. Le personnage placé à gauche a une croix gravée sur l'épaule droite et tient dans ses mains un objet assez fruste qui semble être un de ces simulacres d'édifice fréquents dans les monuments de l'époque, indiquant toujours une fondation. L'homme assis à droite tient la main droite élevée, comme pour jurer de maintenir sa donation, tandis que sa gauche pend sur sa cuisse. Les orbites des yeux, creusés avec un instrument, laissent paraître encore des traces du ciment qui servait à retenir des globes d'une matière différente, usage remontant à une haute antiquité (1). Entre les deux têtes se trouve un nom, peut-être celui du sculpteur, quoique l'on ne rencontre guère alors de faits de ce genre ; peut-être aussi faut-il y voir les prénoms de deux témoins. Sous les pieds des contractants la date de 1780, selon toute apparence celle de la construction de la maison dans laquelle nous avons vu récemment encore la pierre encastrée. Cette scène est encadrée dans une bordure décorée d'un chapelet de perles, tel qu'on en voit sur un certain nombre de monuments antiques. A la partie inférieure de la pierre est gravée une inscription difficile à rétablir, soit à cause des lettres effacées par le temps, soit peut-être surtout en raison d'inintelligentes restaurations. Elle rappelle quelque trait pour nous inconnu de la vie d'un des Silvion de Clérieu. M. H. Morin-Pons et M. André Steyert, l'un des éditeurs érudits de l'*Histoire des comtes de Forets* de la Mure, l'interprètent ainsi :

SILVIVS FVNDAVIT (en abréviation) V G
VS MAGISTER (RECEPIT).

Il s'agirait alors d'une fondation faite par Silvion en faveur de l'ordre du Temple et reçue par un grand maître ou un com-

---

(1) WINKELMANN, *Hist. de l'art chez les anciens*. Paris, 1802, in-4°, t. Ier, p. 161, t. II, p. 92, 95. — MILLIN, *Dict. des beaux-arts*, verbo OEil.

mandeur du nom de Hugues. Le costume du personnage tenant l'édifice offre, en effet, une frappante analogie avec celui des Templiers dans leur maison, et si la croix a passé de l'épaule gauche sur l'épaule droite, c'est que sans cette modification elle demeurerait invisible pour le spectateur. Il est vrai que l'individu à la main levée, qui pour nous représente Silvion, est vêtu de même, quoiqu'il ne porte pas la croix. Les Clérieu, dont la politique prétendait tenir à tout et qui eurent des sacristains de Saint-Barnard de Romans et des abbés de Saint-Félix de Valence, auraient-ils aussi endossé le manteau blanc des chevaliers du Temple? Il nous est parvenu fort peu d'indications sur l'histoire éphémère des établissements des Templiers en Dauphiné. Mais on sait que là comme partout leurs biens passèrent à l'ordre de Saint-Jean de Jérusalem.

L'autre pierre, gravée sur la seconde planche et provenant sans doute aussi des ruines de Sainte-Catherine, reproduit les armoiries des Velheu, ancienne maison de Clérieu depuis longtemps éteinte. [De....... à deux croissants adossés de.... au chef de....] (1). Cette pierre appartient également à M. Ollat. Les ornements accompagnant le blason indiquent le XVe siècle, époque à laquelle Romanet de Velheu était administrateur de l'église épiscopale de Saint-Paul-trois-Châteaux.

Enfin le N.o 3 représente le sceau de Silvion de Clérieu faisant partie du cabinet de M. Morin-Pons et dont nous avons donné la description à la fin de notre premier chapitre.

Après la destruction de Sainte-Catherine, l'église actuelle de Clérieu, dédiée autrefois à Notre-Dame, à ce que nous apprend M. l'abbé Vincent, devint à son tour paroissiale, héritant du vocable de l'édifice qu'elle remplaçait. A l'intérieur et à l'extérieur des murailles de ce monument d'un assez pauvre style, on aperçoit encore des vestiges de la litre seigneuriale aux armes de sa maison que le président de Chevrières y fit peindre au

---

(1) On retrouve ces armoiries à la clé de voûte d'une des chapelles de l'église de Chanos : *d'azur à deux croissants d'or au chef de même*. C'est ainsi que M. de Rivoire La Bâtie les décrit dans son *Armorial du Dauphiné*.

N.° 2

N.° 3

Impr. Louis Perrin, Lyon.

XVIIe siècle, comme seigneur haut justicier. La chapelle Saint-Jacques sous le clocher reconnaissait à la même époque pour patrons les seigneurs du Mouchet, de la maison d'Iserand. En face de Clérieu, de l'autre côté de l'Herbasse, s'étend le cimetière abandonné de Saint-Michel.

Saint-Bardoux, *Sanctus Bardulphus*, qui forme aujourd'hui la seconde paroisse comprise dans la commune de Clérieu, était un prieuré de l'ordre de Saint Benoit dépendant de l'abbaye de Saint-Pierre de Vienne ; il en est question en 844 dans une lettre de Bernoin, archevêque de Vienne. Ruiné en 1278, il fut rétabli deux ans après par les soins de la dauphine Béatrix et de Roger de Clérieu, qui lui attribua les biens de la maladrerie de Beaumont. Dans les premières années du XVIIIe siècle, Saint-Bardoux fut uni à la manse capitulaire de Saint-Maurice de Vienne (1). Le 13 avril 1647, messire Pierre Vallier, prieur de Saint-Bardoux, fut condamné par sentence du bailliage de Graisivaudan, malgré la prescription centenaire invoquée, à passer reconnaissance à Jean de La Croix, baron de Clérieu, de toutes les censes et rentes que ledit prieur percevait dans le mandement.

La chapelle Saint-Baudile est mentionnée dans la charte 205 du cartulaire de Saint-Barnard, passée selon M. Giraud entre 1088 et 1119. Dans le voisinage de ce vieil édicule jaillit une fontaine visitée par de nombreux fiévreux qu'une superstition locale amène pour y subir une singulière épreuve. Si l'objet jeté par eux dans la source remonte à la surface, il annonce un prompt rétablissement. Dans le cas contraire, on doit désespérer de la guérison. Sur Saint-Bardoux se trouve encore l'ancien cimetière rural de Saint-Pierre de Meuillon.

Le territoire de Clérieu a possédé autrefois plusieurs autres paroisses, Saint-André de Royon et Saint-Pierre de Vorassier, dont la destruction remonte à des temps bien lointains, enfin Saint-Jean de Châtillon sur l'Herbasse. Cette église en ruines, au

---

(1) BALUZE, *Capitularia*. — BRUN-DURAND, *Dictionnaire ecclésiastique de Dauphiné* (inédit).

sommet d'une colline que l'on aperçoit à sa gauche quand on va de Chanos-Curson à Romans, est tombée comme tant d'autres dans les guerres du XVIe siècle. On ignore l'époque de sa fondation. Le N.º 192 du cartulaire de Saint-Barnard fait bien mention d'une église de Saint-Jean de Châtillon donnée au chapitre de Romans par Rostagnus et Rodendus, fils de Monaldus, ainsi que par Monaldus fils d'Ardouin, avec l'approbation du pape Alexandre II. Le 6 des ides de juin 1064, Lantelme surnommé Monacus, mari de la sœur dudit Monaldus, rendait à Saint-Barnard la moitié des dîmes de cette église. Mais, malgré la présence du seigneur, Guillaume de Clérieu, qui fit apposer son seing au bas de l'acte, M. Émile Giraud pense qu'il s'agit ici non pas de Saint-Jean de Châtillon au mandement de Clérieu, mais « de la commune actuelle de Châtillon-Saint-Jean, qui a remplacé l'ancien Saint-Jean d'Octavéon. » Quoi qu'il en soit, dans la reconnaissance générale du 22 janvier 1499 Saint-Jean de Châtillon sur l'Herbasse est indiqué. A côté de l'église il y avait un petit château, *châtillon*, dont elle avait retenu le nom. Ce manoir appartenait en 1357 à noble Reymond dè Sancto Martio, qui avait épousé Guillemette, fille de noble Jean de Cugno, dont il eut un fils nommé Jean. Dès 1230 apparaissent dans le mandement de Clérieu les *Sancto Martio*, *Sancto Mercio*, *Saint-Mars*, qui s'effacent avec le XVIe siècle. Quant aux dè Cugno, ils habitaient Châteauneuf-d'Isère en 1510. Le fief de Châtillon sur l'Herbasse était au XVIIIe siècle la propriété des du Poisle, notaires à Clérieu, qui en prirent le nom. Leur héritière l'apporta aux Tardivon. La maladrerie de Beaumont, qui fut unie au prieuré de Saint-Bardoux, était probablement située à l'extrémité de la commune de Clérieu, près des limites de celle de Beaumont-Monteux (1). Dans le même quartier on voit encore les ruines de la chapelle Saint-Maurice qu'en 918 Fortunius, abbé de Saint-Barnard de Romans, céda, à titre d'usufruit, à Ricfroi, qualifié

---

(1) GIRAUD, *Essais*, t. II, p. 60.

nobilis, à Hélène, sa femme, et à celui de leurs enfants qui se ferait moine dans cette abbaye [1].

---

(1) *Cartulaire de Saint-Barnard*, N.° 36. *De ecclesia Sancti Mauricii de Cassedono de Prestario.*

Nous avons témoigné dans notre premier chapitre le regret de n'avoir pu prendre connaissance d'un manuscrit rédigé par Guy Allard, dans les dernières années de sa vie, et dont l'existence nous avait été signalée, mais dont les traces semblaient perdues. Avec une obligeance pour laquelle nous ne saurions trop le remercier, M. Adolphe Rochas, plus heureux que nous dans ses recherches à cet égard, veut bien nous communiquer les détails suivants extraits de l'ouvrage en question :

« Quant à votre tableau généalogique des Clérieu, je n'y trouve à relever que deux personnes : 1° Guillaume, seigneur en 980 et mort en 1025, eut un fils nommé Roger, lequel fut maintenu en possession par l'Empereur en 1038 (il y a, je crois, trop d'intervalle entre vos Guillaume Ier et Guillaume II); 2° la sœur de Gratepaille se nommait Béatrix et fut mariée à Pierre de Bermond d'Anduze, dont le fils, Guillaume, fit saisir la terre de Clérieu pour paiement de la dot de sa mère. Guy Allard dit que Roger, frère de Béatrix, eut deux fils, Roger et Sylvion, lesquels payèrent ladite dot, et que la terre de Clérieu leur fut rendue par un traité du jour de la fête de la Sainte-Croix 1251. Vous placez ces deux personnages à un degré plus bas. — J'ajoute que Roger, qui testa en 1303, avait fait un premier testament le 3 des ides de juillet 1279, dans lequel il lègue La Roche et Clérieu à son fils Richard. Ce n'est pas le même que Guichard. »

Quiconque a eu une fois sous les yeux les autographes de quelques-unes des nombreuses généalogies dressées par Guy Allard, a été frappé des ratures, des surcharges, des contradictions et des variantes successives dans la filiation d'une même famille. Cet auteur a été même quelquefois accusé d'aider un peu à l'histoire, là où les documents faisaient défaut. Nous avons eu mainte occasion dans le présent travail de signaler de sa part de manifestes erreurs. L'existence de Roger, fils de Guillaume Ier, s'accorde difficilement avec le N.° 190 du Cartulaire de Saint-Barnard énumérant les prédécesseurs de Guillaume II. D'un autre côté, nous craignons que la prétendue sœur de Gratepaille, Béatrix, mariée à Pierre de Bermond d'Anduze, ne soit la même personne que Josserande de Poitiers-Valentinois, petite-fille d'une Clérieu et femme de Pierre de Bermond d'Anduze, auquel elle apporta la seigneurie de La Voulte. Les prétentions de leur fils, que Guy Allard appelle Guillaume, et l'inventaire de la Chambre des Comptes Roger, venaient de Philippa, aïeule de celui-ci, et ne pouvaient avoir pour objet, comme nous l'avons vu, que la parerie de Clérieu sortie depuis un certain nombre d'années de la maison de ce nom et que les Poitiers conservèrent encore longtemps. L'acte de 1251 dont nous avons donné l'analyse d'après l'inventaire déjà cité, présente un sens bien différent de celui qu'indique Allard. Peut-être, au contraire, a-t-il raison en ce qui concerne la descendance de Roger II. Arrivé à ce point obscur de notre récit, n'ayant plus pour guide que des informations de seconde main n'offrant pas partout une parfaite concordance, nous avons avoué ingénuement nous-même notre embarras et nos hésitations.

Assez favorisé du sort pour pénétrer, au grand profit de la science, dans les sanctuaires jusqu'ici les mieux gardés, M. l'abbé Chevalier, pour lequel les archives de l'ancienne Chambre des Comptes de Dauphiné ne conserveront bientôt plus de secrets, nous donnera un jour, espérons-le, la solution définitive de tous ces problèmes. En attendant, dans une brochure toute récente, intitulée *Inventaire des archives des Dauphins....* avec table alphabétique et pièces inédites, Paris, 1869, in-8°, il publie ou mentionne diverses chartes relatives aux Clérieu dont nous aurons lieu de nous occuper, quand nous traiterons l'histoire des fiefs dépendant de la baronnie.

CHAPITRE III.

Clérieu et les La Croix-Chevrières-Saint-Vallier.

L'ancienne féodalité expirait avec les guerres de religion qui avaient un moment semblé devoir l'animer d'une nouvelle vie, lorsque la maison de La Croix, déjà en train de se faire en Dauphiné une grande position, succéda à la descendance des Poitiers. Sans doute, les formules solennelles subsistèrent encore pendant bien des années; on continua à percevoir les droits seigneuriaux; la hiérarchie fondée par le moyen âge semblait tout entière demeurée debout. Mais l'établissement définitif des armées permanentes, qui privait la noblesse de son plus puissant moyen d'action, l'extension d'attributions des justices royales, la concentration des pouvoirs entre les mains de l'autorité souveraine tendaient à modifier, chaque jour davantage, les conditions de la vie sociale. Désireux de rendre leurs charges moins lourdes, sachant au besoin défendre devant les tribunaux leurs intérêts collectifs, les vassaux devaient insensiblement s'élever au rang de simples contribuables. Depuis la conquête du trône de France par Henri IV jusqu'à la Révolution, cette transformation s'élabore d'une façon lente quoique irrésistible. Les La Croix-Chevrières retiennent quelque chose de ces temps, où l'art difficile de manier les hommes, où la culture de l'intelligence vont l'emporter sur l'antique domination de la force.

Quelques-uns d'entr'eux, sans doute, ont rempli avec distinction des grades élevés dans l'armée, mais ils forment surtout une race de parlementaires, de diplomates, de gens d'église et de lettres, que domine en la résumant le plus illustre de tous, Jean de La Croix-Saint-Vallier, intendant de l'armée du duc de Mayenne, président du conseil souverain de Chambéry, pendant l'occupation française (1), ambassadeur auprès du duc de Savoie, après la paix, conseiller d'État, président à mortier au Parlement de Dauphiné, où il avait été avocat-général, et enfin évêque de Grenoble, propre, par un rare privilége, aux emplois les plus divers, partout organisateur, prélat zélé pour le service de l'église, après avoir été un magistrat éminent, auteur de commentaires sur le droit longtemps consultés, orateur et même poète (2). Autour de lui se groupent dans les diverses branches de cette maison encore dignement représentée aujourd'hui : Alphonse, son fils et son successeur au siége de Grenoble; Jean-Baptiste de La Croix-Chevrières, le saint évêque de Québec; Jeanne, fille de Félix de La Croix et femme de Félicien de Boffin, baron d'Uriage, l'une des principales bienfaitrices de la propagation de la foi de Grenoble, qui, au rapport de Guy Allard, « a connu les secrets du ciel et ceux du Parnasse » et qui parloit de Dieu avec autant de dévotion et d'éloquence » qu'elle avait eu de vivacité d'esprit à converser avec les mu- » ses (3) », et cette suite de conseillers, de présidents, d'a-

---

(1) Les historiens dauphinois disent seulement qu'il remplit les fonctions de conseiller et de garde des sceaux; mais Burnier *(Hist. du Sénat de Savoie*, t. 1er, p. 498) affirme que le sieur de Chevrières, après avoir été conseiller, remplaça comme président le maître des requêtes Lambert.

(2) On trouve deux sonnets de lui, l'un en français, l'autre en italien, dans l'*Historia di Corsica* de Filippini, Tournon, 1594, in fol. — L'évêque de Québec, qui nous a laissé une relation imprimée de son apostolat dans le nouveau monde, avait composé, étant encore très-jeune, un poëme en vers latins : *De gazetta carmen heroicum*, que M. le marquis de Chabrillan a bien voulu nous communiquer.

(3) Histoire généalogique des familles de La Croix de Chevrières, de Portier, d'Arzac, de Ghissé, de Sayve et de Rouvroy. Grenoble, 1678, in-4°.

vocats-généraux se succédant pendant deux siècles et demi au Parlement de notre province.

Jean était fils de Félix Guerre ou de La Croix, seigneur de Chevrières, qu'il tenait de Diane de Poitiers et de Brie, apporté par sa femme Guigonne Portier, conseiller, puis avocat-général au Parlement de Grenoble, fonctions encore échangées contre celles de maître des requêtes. Ce personnage a déjà été mentionné dans le précédent chapitre. Outre la baronnie de Clérieu, sur laquelle le roi Henri IV lui abandonna les droits de lods, son fils, l'évêque de Grenoble Jean, acquit, des héritiers des Poitiers, les comtés de Saint-Vallier et de Vals et la seigneurie de Pisançon ; les Mitte de Saint-Chamond lui vendirent aussi la baronnie de Serves, ainsi que les terres d'Ornacieu et de Faramant. Dans sa vie si bien remplie, monseigneur de Chevrières, mort en 1619 à Paris, où il avait été appelé à l'assemblée du clergé comme député de son diocèse, résida sans doute fort peu à Clérieu, mais il unit aux anciens domaines les fiefs de Sablières et de Condillac.

Issu du mariage de Jean de La Croix et de Barbe d'Arzac, Félix, conseiller au Parlement, ensuite avocat-général au grand conseil, rendit hommage au roi en la Chambre des Comptes du Dauphiné, lorsqu'il recueillit la succession paternelle. Le troisième fils de ce dernier, François-Octavien, mestre de camp du régiment des gardes françaises, mort en 1640 devant Arras, sans avoir été marié, porta le titre de baron de Clérieu (1) et laissa son héritage à son frère aîné Jean, déjà comte de Saint-Vallier et Vals, baron de Serves, etc., en faveur duquel Ornacieu fut érigé en marquisat, en avril 1645. Ce Jean de La Croix est surnommé le président de Chevrières, parce qu'il fut président à mortier au Parlement de Bourgogne en 1642, à celui de Grenoble en 1650. Entre ces deux dates, le roi l'envoya en mission à Rome et l'investit de la charge de conseiller d'État. Dans le but de relever à Clérieu des droits depuis longtemps tombés en

---

(1) Ce fut pendant sa jeunesse, en 1629, que le bourg de Clérieu fut ravagé par la peste.

désuétude, le président fit successivement imprimer un grand nombre d'actes d'hommages et de reconnaissances extraits des archives de la Chambre des Comptes de Dauphiné et relatifs à la baronnie sous les Clérieu et les Poitiers. Le recueil le plus complet de ces pièces, aujourd'hui fort rares, appartient à M. H. Gariel, conservateur de la bibliothèque de Grenoble. Grâce à son obligeance, nous avons pu utiliser ces précieux documents dans le présent travail. Ces productions furent le point de départ de nombreux procès terminés à l'avantage de M. de Chevrières. Malgré la prescription centenaire, les seigneurs de Montchenu, de Larnage, de Crozes, le commandeur de Beaumont-Monteux, le prieur de Saint-Bardoux, les possesseurs d'Hauteville, du Mouchet, de Veaunes et des autres maisons fortes se virent contraints de reconnaître la directe du baron de Clérieu. D'un autre côté, il fit procéder au renouvellement des terriers et conclut, le 30 janvier 1650, avec les consuls, *manants* et habitants des diverses communautés du mandement une laborieuse transaction, par laquelle furent confirmés ou modifiés les anciens droits (2). En 1656, il arrentait à Pierre et Jean Richard, de Marsas, ces mêmes droits pour la somme de 465 livres 8 sols 6 deniers (3). Ce qui prouve que les La Croix étaient bien plus riches par les revenus de leurs propres domaines qu'en vertu des redevances féodales. Comme seigneur haut justicier, il fit apposer la litre (1) à ses armes aux églises de la baronnie. On en voit encore des traces aux paroisses de Clérieu et de Chanos. Ses armoiries furent aussi placées près du maître autel du couvent de Picpus de Saint-Vallier, dont il fut le fondateur, et aux Cordeliers de Romans, auxquels il payait sur la terre de Clérieu

---

(1) Cette transaction imprimée à cette époque a été reproduite en grande partie dans la *Notice sur Clérieu* de M. l'abbé Vincent, p. 44-58.

(2) Minutes du Poisle, com. par M. Machon.

(3) La litre, *litura*, *zona*, est un enduit ou crépissage de la largeur d'un pied et demi à deux pieds, placé à hauteur d'homme à l'extérieur comme à l'intérieur de l'église et sur lequel sont peintes de distance en distance les armoiries du seigneur ou du patron. La litre ou ceinture funèbre en signe de deuil de l'un de ces personnages était de couleur noire.

une rente fondée, en 1503, par Guillaume de Poitiers ; là aussi il fut reconnu comme fondateur (1). Partout les nouveaux comtes de Saint-Vallier reprenaient la grande situation occupée par leurs prédécesseurs.

Comme le château de Clérieu était depuis longtemps en ruines (il est probable qu'il avait été démantelé au XVIe siècle, après la condamnation de Jean de Poitiers), le président de Chevrières, quand il venait dans la baronnie, résidait à la maison seigneuriale de Curson. C'est là qu'il mourut, le 20 décembre 1680, ainsi que nous l'apprend l'inventaire dressé après son décès. Il fut enterré dans l'église de Saint-Martin de Chanos, quoique son testament eût désigné un autre lieu pour sa sépulture.

Pierre-Félix, fils du président, comte de Saint-Vallier, marquis de Chevrières, etc., passa sa jeunesse dans des expéditions lointaines et une portion de sa vie à la cour, où le retenait la charge de capitaine des gardes de la porte, ne laissant pas de traces à Clérieu. Après lui, Henri-Bernard, qui prit comme son père le parti des armes et eut de son mariage avec Denise-Renée de Louviers-Morevers Nicolas-Amédée, comte de Saint-Vallier, baron de Serves, marquis de Chevrières et de Clérieu, bien que Clérieu n'ait jamais été érigé en marquisat ; mais, à cette époque, il s'était déjà introduit une certaine anarchie dans les titres. Il était réservé à celui-ci d'achever la restauration des droits des barons de Clérieu sur leurs anciens arrière-fiefs. Lorsque le président de Chevrières avait entrepris cette œuvre laborieuse, les seigneuries de Claveyson, Mureils et Mercurol appartenaient à la maison de Lionne. Le crédit d'Hugues de Lionne, qui devait être bientôt un de nos plus grands ministres des affaires étrangères, était déjà assez considérable pour entraver la marche d'un procès par l'abus de ces moyens dilatoires qu'on retrouve à toutes les époques de l'histoire de la justice. On inséra bien dans les lettres d'érection du

---

(1) CAISE, *Hist. de Saint-Vallier*, p. 142. — DOCHIER, *Mémoires sur la ville de Romans*, p. 274. — Dr Ulysse CHEVALIER, *Bulletin de la Société d'archéologie de la Drôme*, t. II, p. 378.

marquisat de Claveyson en faveur du cousin germain du puissant ministre la clause ordinaire que c'était « sans préjudice » aux droits de justice, foi et hommage appartenant à un autre » qu'au roi. » Ces réserves n'amenèrent pour le moment aucun résultat. Préoccupés d'ailleurs d'autres soins, les successeurs du président ne songèrent pas à recommencer une poursuite si longtemps inutile. Mais les choses venaient de changer de face. Le dernier marquis de Lionne mourut en transmettant ses droits à sa veuve, d'une naissance fort inférieure à celle de son époux, et qui avait cruellement expié l'éclat de ce mariage inespéré sous les dédains d'une famille altière, blessée dans son orgueil par une telle alliance. Nicolas-Amédée de Saint-Vallier reprit donc, cette fois avec un plein succès, l'instance abandonnée depuis près d'un siècle. Nous verrons, à l'article de *Claveyson*, comment Mme de Lionne, oublieuse de son humble origine, sentit à son tour sa vanité se révolter et se hâta d'aliéner ses fiefs pour n'être pas forcée de reconnaître la mouvance du comte de Saint-Vallier. Les La Croix achevaient à peine de reconstituer autour d'eux l'ancienne hiérarchie, lorsque la Révolution, balayant devant elle, comme une tourmente, les vieilles institutions, vint anéantir le résultat des patients efforts de plusieurs générations des derniers seigneurs de Clérieu.

L'organisation compliquée qui constitua autrefois un progrès réel, avait fait son temps. Le rôle prépondérant de la noblesse avec les charges spéciales qui lui incombaient, avait glissé tout doucement entre les mains de la royauté, au profit de ses agents, devenus chaque jour plus puissants et plus nombreux, mais qui, à l'heure du danger, ne surent pas remplacer l'arrière-ban des anciens jours. Les possesseurs des fiefs ne marchaient plus seuls à la défense du territoire ; l'administration, la justice ne se trouvaient plus concentrées autour d'eux. Successivement réduits et décimés, les priviléges ne s'expliquaient plus. Pareils à ces formes humaines retrouvées intactes en apparence dans les cendres de Pompéi, et qu'il suffit de toucher du doigt pour faire tomber en poussière, ces vestiges d'un passé lointain, dont on avait perdu la signification, étaient destinés à s'évanouir au premier choc. On est tenté de sourire en voyant les seigneurs de la cour de Louis XV ou même les hobereaux villageois user des rites symboliques d'hommages créés pour les rudes chevaliers qui ne relevaient que de leur épée. Autour de ces protocoles surannés, le monde entier s'était transformé.

Lorsque, espérant porter remède au malaise dont la société était travaillée, le plus honnête et le plus malheureux de nos rois, mais, hélas! non le plus habile, se tourna avec confiance vers son peuple, les premiers plans de réforme s'ébauchèrent, en 1788, dans notre province. Dans l'enivrement de ces beaux jours sans lendemain, la célèbre assemblée de Vizille, la réunion de la noblesse chez le comte de Morges, les États tenus à Romans témoignèrent d'un enthousiasme unanime des trois ordres pour la fondation d'un état de choses plus conforme aux idées nouvelles. Presque partout, en France, les cahiers des États-Généraux se prononcèrent dans le même sens. Comment cette admirable harmonie entre toutes les classes se trouva-t-elle soudainement troublée? Comment d'aussi magnifiques espérances vinrent-elles si misérablement sombrer dans le sang? C'est là un problème historique qui, jusqu'ici, n'a pas été pleinement résolu et qu'il conviendrait mal d'essayer d'aborder à propos d'un sujet aussi restreint que le nôtre.

Le nombre des châteaux détruits ou pillés en Dauphiné fut considérable; mais l'incendie de la belle résidence seigneuriale de Clérieu mérite une mention particulière et, par l'abondance des détails authentiques parvenus jusqu'à nous, jette une vive lumière sur les causes de ces actes de vandalisme révolutionnaire. En 1672, le fief du Merley, situé à un kilomètre environ de Clérieu, appartenait à Jean de Ponnat, avocat du Roi au bureau des finances de la généralité de Dauphiné, fils d'un conseiller au Parlement. Cette maison de Ponnat a produit, au XVIe siècle, des capitaines huguenots, et, de nos jours, M. le baron de Ponnat, remarqué pour ses excentricités anti-chrétiennes au prétendu congrès de la paix de Genève, où pourtant l'on s'étonnait difficilement. Le Merley est dans une position agréable, environné de bois; et Nicolas-Amédée, marquis de Saint-Vallier, qui voulait à sa terre de Clérieu une habitation plus centrale et surtout plus en rapport avec sa grande fortune que la maison exiguë de Curson, se décida à faire l'acquisition du domaine des Ponnat. Le 5 mai 1753, il l'acheta pour le prix de 125,000 livres, sans compter 1,392 livres d'étrennes, de Bérénice de Thibergeau, veuve de messire Jean-François de Ponnat, seigneur de Beaurières, président au Parlement de Grenoble, ancien premier président de la Chambre des Comptes de Savoie. M. de Saint-Vallier entreprit immédiatement la construction d'un vaste château, à peine terminé lorsque survint la Révolution. A partir du mois de décembre 1789, un système d'intimidation, on peut même ajouter d'exploitation, fut organisé par quelques-uns des vassaux contre leur ancien seigneur. Les lettres qui figurent au dossier du procès des incendiaires, sont de curieux échantillons du style hypocrite et déclamatoire du temps, manié par de rusés campagnards. Quel que soit le signataire, le prétexte ne change pas, on veut rendre service à M. de Saint-Vallier en lui donnant les moyens de conjurer la destruction imminente de son château : les rigueurs de ses agents ont exaspéré la population prête à en tirer vengeance; mais une somme d'argent distribuée à propos remédierait à tout, et l'on ne se souviendrait plus que des bienfaits répandus par M. et Mme de Saint-Vallier. Quand on vient à préciser les griefs, ils ont en général, il faut l'avouer, peu de rapports avec les abus de la féodalité. L'un de ces correspondants avait pris autrefois du foin au domaine du Merley, avec l'intention bien formelle, assure-t-il, de le rendre à la première occasion, système de défense qui ne l'empêcha pas alors d'être condamné; il estime qu'il est de toute équité qu'on lui rembourse les frais judiciaires. Un autre exige qu'on suspende les poursuites pour le paiement des arrérages de la ferme d'un pré. Dans les lettres anonymes, on se sert d'un langage moins prolixe et plus menaçant. Cela dura près de trois ans. Si, la peur aidant, M. de Saint-Vallier se fût décidé à émigrer, la question eût été singulièrement simplifiée; mais l'obstiné ne voulut jamais y entendre. Il paraîtrait même s'être rendu assez populaire, puisqu'à Saint-Vallier, où il faisait sa résidence habituelle, il ne fut pas inscrit sur la liste des suspects. Les massacres de septembre 1792 achevèrent de déchaîner les passions révolutionnaires sur toute la France. Dès lors, les cupidités longtemps excitées ne se continrent plus. Les 9 et 10 septembre, on battit la générale à Clérieu, on se porta aux châteaux du Mouchet et de Veaunes, et les dévastations ne furent arrêtées que par l'arrivée d'un détachement de grenadiers de la Drôme en garnison à Romans. Pendant ce temps, un autre détachement des mêmes troupes fut appelé au Merley ; mais il s'y conduisit mal, et le commandant donna bientôt le signal du départ, affirmant, contre toute évidence, qu'il n'y avait aucun danger à redouter. Le succès des jours précédents enhardit les perturbateurs et grossit leur nombre dans plusieurs communes : une bande, à la tête de laquelle se trouvait une femme, qui joua un des principaux rôles dans ces scènes de désordre, se jeta dans le château, enfonça les armoires et se nantit des objets les plus précieux. Requis au nom de M. de Saint-Vallier, le juge de paix ne put se dispenser de paraître, débita une froide harangue aux pillards qui ne se dérangèrent même pas, puis, se gardant bien de trop insister, se retira discrètement chez lui. On fut interrompu par le retour des grenadiers revenus sur leurs pas à contre-cœur, et il fallut remettre le reste de la besogne à un moment plus opportun. Tandis que les soldats détruisaient les papiers des archives comme entachés de féodalité, heureusement les titres les plus intéressants étaient depuis longtemps à Saint-Vallier, l'homme d'affaires profita de ce répit pour expédier à Romans quatorze voitures de meubles, qui furent ainsi sauvés. Le détachement abandonna de nouveau le château, et le pillage reprit cette fois dans toutes les règles. Des charrettes emportèrent tout ce qui en valait la peine, même les tuiles. On démolit ensuite et l'on finit par mettre le feu. L'œuvre de destruction était terminée le 21 septembre, elle avait duré quatre jours. Si peu portées à sévir que fussent les autorités locales, elles se crurent obligées à un simulacre de répression, en faisant incarcérer une douzaine de meneurs, relâchés du reste presque aussitôt. M. de Saint-Vallier se montra moins tolérant : avec une rare énergie, il se porta partie civile en pleine Terreur contre les incendiaires de son château. Les accusés, au nombre de onze, comparurent devant le jury criminel réuni à Valence. Les faits étaient incontestables, et les prévenus eux-mêmes avouaient. On dut admettre leur culpabilité, mais on décida que le crime avait été commis à la suite d'une insurrection pour cause de féodalité, et on leur appliqua l'amnistie accordée aux faits de ce genre par un décret du mois de février 1793. Ce qu'il y a d'étonnant, c'est qu'un pareil procès n'ait pas conduit à l'échafaud celui qui avait eu l'audace de le susciter. M. de Saint-Vallier mourut cependant dans son lit, en 1798.

Clérieu fut, au moment de la nouvelle organisation municipale, classé parmi les chefs-lieux de canton du département de la Drôme; mais le nombre des cantons ayant été plus tard réduit, cette localité fit partie de celui de Romans. Lorsque les guerres incessantes du premier empire eurent fini par attirer sur notre pays d'inévitables et cruelles représailles de la part des étrangers, Clérieu eut beaucoup à souffrir des déprédations et des réquisitions des troupes autrichiennes, qui occupèrent ce village au commencement d'avril 1814 (1).

La commune actuelle comprend une population d'environ 1,900 habitants, dont la moitié agglomérée au chef-lieu (2). Grâce à des industries très-variées favorisées par les belles eaux de l'Herbasse (3), ce lieu plein de souvenirs a su se créer une

---

(1) *Relation manuscrite des principaux événements arrivés dans la commune de Clérieu, pendant que les troupes autrichiennes ont occupé ladite commune et ses environs*, par M. Benoit, maire, 1er juin 1814; com. par M. Reynaud cadet, géomètre à Clérieu, qui nous a fourni d'ailleurs d'utiles renseignements sur son pays.

(2) Saint-Bardoux compte environ 200 âmes pour sa part. L'épreuve de l'eau à la fontaine Saint-Baudille, dont nous avons parlé dans le précédent chapitre, semble être un vestige du paganisme. On trouve, en effet, dans la mythologie grecque un fait analogue. Près d'Épidaure, un bassin consacré à a déesse Ino servait à la divination. On y jetait des gâteaux. Surnageaient-ils, le présage était funeste, tandis que leur disparition au fond de l'eau était regardée comme d'un bon augure. JACOBI, *Dictionnaire mythologique*, trad. par Th. BERNARD, Paris, 1846, p. 250.

(3) L'usine de M. Cote, un des principaux industriels du département, est celle qui compte le plus d'ouvriers.

nouvelle ère de prospérité. Des moulins à soie et à farine, une filature de cocons, l'exploitation d'une carrière de pierre de taille renommée dans la contrée, enfin des poteries et des taillanderies ne laissent guère de bras inoccupés.

En parcourant les vieilles rues tortueuses, on remarque plusieurs anciennes habitations, parmi lesquelles la *grande maison*, ayant appartenu, avant la Révolution, à la famille de Tardivon, qui sans doute la tenait de l'héritage des Du Poisle. On aperçoit encore à l'intérieur des murs des traces de peintures à fresque qui semblent dater du XVIIe siècle.

Il y avait à Clérieu, comme dans beaucoup d'autres localités, la maison de l'aumône, située dans la rue du Chalon-Mort, ainsi nommée à cause du torrent voisin, presque toujours à sec; cet établissement, à la fois hospice et bureau de bienfaisance, possédait des biens-fonds et des rentes féodales. Nous avons sous les yeux le terrier dressé en 1571 au nom de Jehan Brisset, prieur et procureur de l'aumône (1). Ces donations, accumulées pendant des siècles dans ce pays, pauvre alors et mal peuplé, témoignent chez les générations passées de la pieuse et constante sollicitude de toutes les classes pour les intérêts des malades et des indigents (2).

---

(1) In-fol. de 39 p. couvert en parch., comm. par M. Henri Machon. L'aumône se faisait le jour de la Fête-Dieu.

(2) Nous donnons ici, pour les temps reculés, quelques noms des officiers de la baronnie, qui nous sont fournis par d'anciens actes.

Châtelains : Ponson d'Hauteville et Austorgon de Vounac, 1314; — noble Guyonnet d'Hauteville, 1315; — Acculéon ou Hercule de Pontenives, 1327; — Jean Ricolsi (d'autres écrivent Reolia) de Montmeyran, 1332; — Pierre de Bovier, vichâtelain, 1569.

Juges : Guillaume Raybi, 1302; — Me Bertrand de Montaris ou de Montaus, 1314; — Jean de Virieu, 1327; — noble Hugues de Lemps, seigneur du Mouchet, vers 1500.

FIEFS ET ARRIÈRE-FIEFS.

CHAPITRE PREMIER.

Les fiefs et les maisons fortes.

Au moyen âge il était bien plus facile qu'on ne le croit généralement de parvenir à la noblesse. La profession des armes, la possession des fiefs à la troisième génération, dans certains cas l'exercice de la jurisprudence ou de la médecine y conduisaient naturellement (1). Aussi le chancelier de l'Hôpital pouvait-il dire avec raison, dans sa harangue aux États d'Orléans, que « nulle porte d'honneur n'était fermée au tiers-état, qu'il pouvait venir aux premiers états de l'Église et de la Justice et par fait d'armes acquérir la noblesse et autres honneurs ». Aux anoblissements concédés par les souverains se joignaient, en Dauphiné notamment, ceux que certains seigneurs à peu près indépendants se croyaient en droit d'octroyer. Il y a plus, l'histoire de Languedoc nous apprend qu'au XIIIe siècle on faisait peu de différence entre les simples chevaliers et les bourgeois des principales villes. Dans le midi de la France surtout les preuves de ce fait se présentent en grand nombre. « Ce qui con-

---

(1) Voyez, sur *les Chevaliers-ès-Lois*, SALVAING DE BOISSIEU, *De l'usage des fiefs*, Grenoble, 1731, Ire partie, p. 294.

firme, ajoute Dom Vaissette, ce que nous avons dit ailleurs, que la noblesse ne consistait anciennement que dans la liberté (1). » Par une loi qui ne souffre guère d'exceptions, les sommités de la société se sont sans cesse rajeunies et renouvelées dans les classes placées au-dessous d'elles.

L'ordonnance de Blois de 1579 et l'édit de 1600 modifièrent cet état de choses, l'une en ce qui concernait les fiefs, l'autre relativement aux hommes d'armes. Dès lors les charges devinrent la principale et presque l'unique source de l'anoblissement. Les parlements, les chambres des comptes et cours des aides, les bureaux des finances, enfin les offices de secrétaires du Roi furent les pépinières de la noblesse nouvelle. La plupart des familles nobles aujourd'hui existantes ne connaissent pas d'autre origine. Ajoutons, pour être juste, que quelques-unes, depuis leur point de départ, ont considérablement grandi par les services rendus, les alliances, la position dans le pays.

Ce que nous avons dit plus haut explique la grande quantité d'écuyers et de chevaliers qui, du XIIIe au XVIe siècle, se montrent sur tous les points de la France. Au-dessous des antiques et puissantes races de grands feudataires se pressait une multitude de petits gentilshommes, souvent peu favorisés de la fortune, recherchant les postes de judicature ou l'emploi de châtelains (2), presque confondus avec la bourgeoisie, à laquelle appartenaient fréquemment d'autres branches de leurs familles. Aussi n'est-il pas sans exemple que les noms de quelques-uns de ces nobles, depuis longtemps disparus, se retrouvent aujourd'hui sur les lieux mêmes dans les plus modestes positions.

La baronnie de Clérieu comprenait, au temps de ses premiers seigneurs, les communes actuelles de Clérieu (canton de Romans), de Marsas et de Chavannes (canton de Saint-Donat), de Veaunes, Chanos-Curson, Beaumont-Monteux, la Roche-de-Glun et le Pont-de-l'Isère, cette dernière récemment créée

---

(1) T. III, p. 530.

(2) Ces emplois mêmes de châtelains, de véhiers, de mistraux, etc., ont été parfois, à une époque ancienne, l'occasion de prétentions sanctionnées plus tard par le temps. Voy. BRIZARD, *Histoire généalogique de la maison de Beaumont*, t. Ier, p. 502.

(canton de Tain). Enfin la seigneurie de Chantemerle (du même canton de Tain) se trouvait adjointe à la baronnie. Au point de vue ecclésiastique, toutes ces localités étaient du diocèse de Vienne, à l'exception de la Roche dépendant de l'évêque de Valence. Il existait sur ce territoire assez vaste un certain nombre de fiefs qui relevèrent des possesseurs successifs de la terre de Clérieu ou de ses démembrements. Selon l'usage particulier au Dauphiné, les gentilshommes multiplièrent à leur gré sur leurs fonds les maisons fortes, véritables châteaux munis de créneaux, de tours et d'autres fortifications, mais dépourvus de juridiction féodale. Nous commencerons par la paroisse de Clérieu la nomenclature de ces anciennes résidences, auxquelles se rattachent souvent de curieux souvenirs.

Contre l'enceinte du village on rencontrait la maison forte de Veilleu ou Veilheu, devant son nom à une famille dont nous avons déjà eu occasion de parler. Le jurisconsulte romain Velheu, conseiller delphinal en 1445, apporta probablement la noblesse à sa race. Au XVIe et au commencement du XVIIe siècle, plusieurs des siens occupèrent des charges de conseillers au parlement ou à la chambre des comptes de Grenoble ; ils ont donné à l'église de Saint-Paul-trois-Châteaux, en 1446, un administrateur perpétuel, Romanet Velhieu, ambassadeur ou agent en cour de Rome du Dauphin, depuis Louis XI, lequel prince pendant le pontificat de Romanet vint au village de Saint-Restitut vénérer les reliques du saint patron, et en 1512 ils ont eu un chanoine de Romans. Ils se répandirent à Chabeuil et dans d'autres localités ; mais les deux branches qui nous intéressent sont celle de Clérieu et une autre que nous retrouverons à Curson. Claude Veilheu, fils de Gonet, est en 1484 au nombre des nobles de Clérieu. Noble Jean Veilleu hommage, en 1512, à Jean de Poitiers « une maison, colombier et cour assis au lieu de Clérieu, confrontant du levant le Chalon mort, les murs dudit Clérieu entre deux, du couchant la grand'rue tendant de la place de la Lovene à l'église Sainte-Catherine dudit lieu ». Le 26 nov. 1550, Jehan de Veilleu, écuyer, habitant de Clérieu, fils d'autre Jehan et frère de Jehanne, veuve d'Aymar de Vaux, écuyer, fait son testament. On y voit que d'un premier mariage avec Catherine Dupré il laissa Marguerite, femme de Josserand de Seytre, écuyer, seigneur de Novesan. Remarié, le 2 mai 1540, à Hélène de Blanchelaine, il en avait eu Joachim sans postérité et Sébastienne qui épousa Jean Pallasson. Noble Alain de Monts de Savasse, parent des Veilleu par les Seytre, recueillit leur héritage, et son fils, Claude de Monts, vendit, vers 1650, une portion du fief à Jean Rivoire, marchand de Romans (1). De l'autre côté de l'Herbasse, à une petite distance de Clérieu, on remarque encore les ruines de Sablières, qui fut le manoir d'une maison d'ancienne chevalerie, les Archinjaud, descendants de Truanus, véhier de Peyrins au XIe siècle, charge demeurée en leur possession jusque vers la fin du XIVe. Le 19 mars 1327, Chabert Archinjaud, damoiseau, châtelain de Clérieu vers 1330, se reconnaît homme lige de Guichard de Clérieu et de Guillaume de Poitiers pour le fief d'Aurel au mandement de Clérieu, qui à chaque changement de vassal doit 110 sols de bonne monnaie viennoise, ainsi que pour le manse de Sablières, tant en son nom qu'en celui de Falcon et de Michel de Marjays, fils du seigneur Lambert de Marjays. Rolland de Veaunes et Lantelme Sicard, chevaliers, conservaient une portion du tènement d'Aurel. Le premier y avait sa maison de la Balme et le second le fief des Marches. Dans une reconnaissance du 5 décembre 1450 pour des franc-alleux sur Peyrins, Beaumont et la Roche-de-Glun, Ponson Archinjaud est qualifié de noble et puissant seigneur, titre qui ne se prodiguait guère alors. Le 24 nov. 1495, Guillaume de Poitiers, seigneur de Clérieu, reçoit l'hommage de noble Pierre des Marches, *alias* Archinjaud, tant en son nom qu'en celui des héritiers de Ponson Archinjaud, pour la maison forte de Sablières. En 1510, noble Antoine Archinjaud dit de Marches, *de Marchiis*, leur a succédé. Pierre de Marches apparaît en 1530 le dernier de sa famille. Ce fut lui, sans doute, qui aliéna la propriété en faveur d'honorable Jean Luc, bourgeois de Tournon; car, en 1530, sans doute en vertu du droit de prélation, Jean de Poitiers reprit la

---

(1) J.-J. PILOT DE THOREY, *Le Parlement de Dauphiné*; — BOYER DE SAINTE-MARTHE, *Hist. de l'église cathédrale de St-Paul-trois-Châteaux*, p. 172, et addition, p. 35; — Arch. des châteaux de Saint-Vallier et de Blanchelaine.

maison forte des mains de Jean Luc. En 1545, maître Romain Thomé était sieur de Sablières. Sortis de la judicature de Romans, les Thomé, qui s'élevèrent jusqu'au parlement et mêlèrent leur sang à celui des Chastaing la Sizeranne, des Mistral et des Jomaron, ne conservèrent pas longtemps Sablières, dont le seigneur haut justicier Jean de La Croix, évêque de Grenoble, fut mis en possession, le 13 sep. 1598 (1).

Les Priant ou Priam, seigneurs de la Laupie et Condillac, près de la ville de Montélimar, transportèrent le nom de ce dernier fief à la maison forte qu'ils construisirent à une demi-lieue au midi de Clérieu. A une époque où les Tournon se rattachaient à Turnus, où les origines troyennes étaient de mode dans les généalogies, les Priam prétendaient descendre de leur homonyme, le dernier roi d'Ilion, dont les infortunes étaient représentées dans la grande salle de leur principal château. Le 17 février 1450, noble Jacques de Priam dit de la Garde, de Clérieu, prête hommage au Roi-Dauphin pour ce qu'il possède en biens francs dans les mandements de Peyrins et de Beaumont. Son successeur, Jean de Priam, seigneur de Condillac, vend, en 1475, à Isabelle de Poitiers, dame de Florensac, le four banal de Clérieu, distrait, nous ne savons à quelle époque, des droits du fief dominant. On trouve encore comme seigneurs de Condillac en 1499 Arnaud et en 1510 Jacques de Priam. Ce dernier fournit le 4 septembre 1540 le dénombrement de ses biens au mandement de Clérieu. On rencontre après eux Aymar de Priam. Cette maison, alliée aux Cornillan, aux Vesc, aux d'Urre, s'éteint avec le XVIe siècle. Marguerite, une de celles par qui la branche de Clérieu tombe en quenouille, épouse Bonaventure Ruffaud, sieur de Sillac, secrétaire du chapitre de Saint-Barnard. L'évêque de Grenoble Jean de la Croix avait réuni en 1603 à ses nombreux domaines Condillac, aliéné par ses descendants. Car, le 8 septembre 1720, André Gondoin, capitaine d'infanterie au régiment de Nivernais, chevalier de Saint-Louis,

---

(1) VALBONNAYS, t. Ier, p. 116, 146; — *Cart. de St-Barnard*, t. Ier, p. 168; — *Cayer des anciens hommages de la baronnie de Clérieu* (imp. in-4°), p. 2, 24; — *Inventaires de Clérieu de* 1650 *et* 1681, aux arch. du château de Saint-Vallier; — PITHON-CURT, t. II, p. 265, etc.

fils de noble Pierre Gondoin, conseiller en la chambre des comptes de Dauphiné, vendit pour le prix de 124,000 livres les domaines de Bancy et Condillac sur Clérieu à Gabriel Bonnot, écuyer, vicomte de Mably, conseiller-secrétaire du Roi en la chancellerie près le parlement de Grenoble. Ce dernier était mort en 1727, laissant de sa femme Catherine de la Coste : 1º François, seigneur de Condillac, grand prévôt de la maréchaussée de Lyon, qui prit J.-J. Rousseau pour précepteur de ses enfants et dont la postérité subsiste ; 2º Gabriel, publiciste, bien connu sous le nom d'abbé de Mably ; 3º Étienne, également célèbre sous celui de Condillac. Cette terre, à laquelle étaient attachées d'assez nombreuses redevances, fut morcelée et a passé de mains en mains (1).

Serméane, dont les arbres dominent le village de Clérieu, est appelé par erreur Saint-Reméane sur la carte de Cassini et sur celle de l'État-major. Nous ignorons si c'était un fief, comme le prétend La Chanaye-Desbois, ou un simple domaine. Il fut acquis vers 1713 par Just-Henri de Tardivon, qui s'établit en Dauphiné à l'occasion de son mariage avec Marie Orlandin (2). Originaires de Romans, les Tardivon habitaient jusqu'alors en Vivarais. Just-Henry eut entre autres enfants Jacques, dernier abbé général de Saint-Ruf, Joseph-Justin, sieur de Serméane, capitaine et chevalier de Saint-Louis, recueillant par son union avec Marie du Poisle de Châtillon les biens amassés durant de longues et honorables générations de notaires et de châtelains, et Jeanne-Thérèse, qui épousa Louis-Thomas de Josselin, lieutenant-colonel d'infanterie. Leur postérité est représentée par la famille Lesage, de Valence. Quant aux du Poisle, on trouve

---

(1) Baron DE COSTON, *Orig. étymol. et signification des noms propres et des armoiries*, p. 461 ; — Extrait des registres du Dauphiné du livre intitulé : *Recognitiones rerum francarum de archa Dominorum*, fol. XCI, in-4º, imp., collection H. Gariel ; — Notes de MOULINET ; — *Lièvre confinale des rentes deubes à Mgr de Chepvrières de la terre de Condilhat*, ms. in-fol., comm. par M. Henry Machon ; — Arch. de la Drôme.

(2) Louis Orlandin, colonel de la milice de Valence, est l'un des 500 anoblis par lettres du Roi données à Versailles en janvier 1697. On y voit qu'il est issu d'une famille noble originaire de Florence.

Jean du Poisle, de Romans, maître-d'hôtel de Mme de Saint-Vallier (1579), un maître aux comptes à la même époque, un capitaine au régiment de Périgord au milieu du XVIIe siècle, et Claude du Poisle de Châtillon, doyen du chapitre de Valence en 1750.

D'autres noms nous ramènent aux époques féodales, les Lobet, les Berlion, les Maloc. Didier Lobet était chanoine de Romans en 1233, et Hugues Lobet, damoiseau, fut son contemporain. Un autre personnage de la même famille portant ce dernier prénom, mentionné au testament de Guichard de Clérieu comme son écuyer, hommageait en 1344 et 1345 aux Poitiers son fief, qui touchait à celui d'Aurel, confinait à la Commanderie de Beaumont-Monteux et comprenait une partie de Chanos et de Curson. Cette famille fut illustrée par Didier Lobet, abbé général de l'ordre de Saint-Antoine, mort en 1369, après avoir été un des conseillers les plus influents du Dauphin Humbert II, et comptait parmi ses membres noble Lantelme Lobet, qui en 1375 achète d'Aymard de la Tour, seigneur de Vinay, seize familles d'hommes liges avec leur descendance sur les paroisses de Saint-Véran et de Villards (1).

Le 16 des calendes de janvier 1217, Raymond Bérenger, seigneur indépendant de Beauvoir en Royans et l'un des ancêtres de l'illustre maison de ce nom, accordait à ses vassaux Lambert de Maloc, chevalier, Pierre d'Iserand, Guigue de la Roche, ainsi qu'à Lambert, chapelain de Gravenc, l'autorisation de prendre l'habit religieux dans la maison de Saint-Romans de Gravenc, avec la faculté de disposer de leurs biens, comme bon leur semblerait. Cette famille a été l'objet d'un acte dont les dispositions sont non moins remarquables. Le 5 octobre 1330, Guillaume de Poitiers, seigneur de Clérieu, affranchit ses hommes liges Jean et Guillaume Maloc frères, du lieu de Chanos,

---

(1) *Cartulaire de Léoncel*, N.° 115; — HAURÉAU, *Gallia Christiana*, prov. Vienn., col. 197; — VALBONNAYS, t. II, p. 467; — *Cartularium homagiorum Clayriaci, de notis Steph. Guioterie*. — *Cayer de plusieurs hommages et reconnaissances en la seigneurie de Chevrières et Blanieu réunis* (imp. in-4°).

de toute taille, contribution, vingtain, du guet et de l'escharguet *(gayta et eschargayta)*, aides et de toute autre servitude rustique, immunités dont leurs prédécesseurs avaient joui de temps immémorial. Évidemment, ces exemptions étaient de véritables anoblissements ou, comme dans le cas présent, des reconnaissances de noblesse. Nous citerons encore Guillaume de Maloc, chanoine de Romans (1332), et dans le même temps Berton de Maloc, châtelain de Beaumont-Monteux, Jordane de Maloc, assistante de l'abbesse de Saint-Just, Guillaume de Maloc, chevalier (1). Il ne faut pas confondre cette famille, encore existante au XVe siècle, avec les Gilbert de Maloc, qui ont donné plusieurs conseillers au parlement de Grenoble. Ce fut un de ces derniers que l'on désigna, en 1572, pour accompagner l'évêque Jean de Montluc dans son ambassade en Pologne.

Les Berlion, *Berlionis*, — Berlion est un prénom de ces temps-là devenu nom patronymique, — qui ont produit un grand nombre de chevaliers et formé des branches en diverses contrées de la province, semblent originaires du mandement de Clérieu, ou du moins le premier qui soit venu à notre connaissance, Armand Berlion, vivant en 1230, est mentionné dans le testament d'Amédée Moine comme héritant de terres au quartier de Roion et sur le territoire de Bren ; Guillaume Berlion figure parmi les témoins. En 1285, Raymond Berlion prête hommage à Roger de Clérieu et Guillaume de Poitiers pour ses biens à Clérieu. Le 1er octobre, Arnaud Berlion, chevalier, teste en faveur de Guillon Berlion, de Clérieu, son fils. On voit dans ce document que le testateur avait pour femme Rixent, que leur fille Sibille était mariée à Pierre de Maleval, chevalier. Les enfants de ces derniers, Guilielmon, Aquin, Odebert, Galborc la jeune, Rixent et Audeta, sont l'objet de divers legs. Aymard Berlion eut pour héritière, en 1332, sa fille Béatrix,

---

(1) SALVAING DE BOISSIEU, *De l'usage des fiefs*, Grenoble, 1731, 2e partie, p. 114; — Extrait des arch. de la ch. des comptes, aux arch. du château de Peyrins; — VALBONNAYS, t. II, p. 181, 187, 227; — GIRAUD, *Essai sur Romans*, t. II, p. 213, 214, 224, 235, 236.

femme d'Humbert d'Hostun. Le 14 janvier de cette année-là, elle jure d'être bonne femme lige « *bona fœmina ligia de corpore* » de Guichard de Clérieu et de Guillaume de Poitiers. Ordinairement en pareil cas on dispensait les femmes du baiser de paix dû par le vassal à son suzerain. Le mari de Béatrix, en prêtant à son tour l'hommage, réserve la fidélité dont il est redevable au Dauphin et au comte de Valentinois. Ce fut sans doute la même Béatrix qui se remaria à François de Crochis et paraît dans l'hommage du Mouchet de 1344. Raymond Berlion possédait à la même époque des biens et censes à Clérieu et Chantemerle. Amédée fut abbé de Saint-André-le-Bas de Vienne en 1342 et 1345; un autre Amédée seigneur d'Ourches et de Vérone en 1413. Mais la branche résidant sur la paroisse de la Terrasse est celle qui a jeté le plus d'éclat. Demeurée longtemps en franc-alleu, elle se soumit en 1347 à la mouvance de la maison de Beaumont, avec laquelle elle conserva des liens d'étroite amitié. Eustache Berlion, chevalier, fut le frère de Jean, qui prit part au transport du Dauphiné et accompagna Humbert II dans son expédition contre les Turcs. Leurs descendants exerçaient encore à la fin du XVe siècle des droits de patronage sur des chapelles à Montbonod et à la Terrasse. Enfin, Catherine Berlion, religieuse à Montfleury, vivait en 1519 (1).

Les hommages et reconnaissances nous indiquent aussi parmi les vassaux nobles ou ecclésiastiques de la baronnie au XIVe siècle Didier de Bren, Guigon et François de Sancto Martio, Guillaume de Châteaubourg, Alexandre, seigneur de Saint-Didier, Girard Sicard, d'Albon ; — au XVe, Pierre de Buffevent et sa fille Jeanne, mariée à Artaud de Beaumont, Pierre Crozel, Jean Coronel ou Colonel, Henry Morellet, Louis Chomar, Jausserand Vernolh, Guillaume Arnulphi, Guillaume Chapayron, d'Alixan; — au XVIe, les commandeurs de Monteux et de Saint-Paul-lès-Romans, les prieurs de Saint-Donat et de Saint-Bardoux, l'abbé de

---

(1) *Cartularium Clayriaci* ; — Notes de MOULINET ; — BRIZARD, *Hist. de la maison de Beaumont;* — J.-J. GUIFFREY, *Hist. de la réunion du Dauphiné,* pièces just., p. 183 et 184 ; — *Polletus....... Diœcesis Gratianopolitan.;* — Ap. MARION, *Cartulaire de St-Hugues,* p. 322, 349.

Saint-Antoine et l'abbesse de Vernaison, le recteur de l'hôpital Sainte-Foi de Romans et le chapitre de Saint-Barnard, l'archevêque de Vienne, Antoine Gruel, seigneur de Fontager, Ponson Monistrol, Jean Bovis ou Bœuf, de Saint-Donat, François et Étienne Langon, Guillaume Bodot, Aymar Payn, Gaspard de Vallin, Jean Granet, Ennemond Girodon, Étienne de Cugno, Guillaume de Beaumont, seigneur de Pellafol, Jeanne de Marchiis, femme de noble et égrège Robert Marchand, docteur èslois à Saint-Marcellin, Méraud et François de Grolée, Aymar et François de Revel; — au XVIIe siècle, Louis Blanc, seigneur de la Garde du Mas, Pierre de Bressieu, seigneur de Beaucroissant, Octavien Carles de Conton, Arnoux de Loulle, président en l'élection de Romans, Jacques Giraud et son fils François, l'un et l'autre conseillers au parlement. Ces riches bénéficiers, ces princes de l'Église, ces puissants gentilshommes ou ces hobereaux plus modestes, tous ces possesseurs de censes, de rentes et de droits féodaux ont pour jamais disparu de la scène du monde ; à peu d'exceptions près, leurs noms même ne laissent de trace que dans la mémoire de l'archéologue ou de l'historien local.

Veaunes, *Vedena? Vedona? Vcona, Veauna.*

La charte 10 (bis) du cartulaire de Saint-Barnard (entre 907 et 909) mentionne la donation de l'église de Saint-Benoît « *in villa Vedena* » et de ses dépendances faite à David, abbé de Romans, par Alexandre, archevêque de Vienne, de l'avis du comte Hugues. Dans une autre charte de l'année 1031 (N.º 107) il est question de «*villa Vedona*». Ce qui autorise à supposer qu'il s'agit bien ici de l'église paroissiale de Veaunes, connue au XIVe siècle déjà sous le vocable de Saint-Étienne, c'est que cette dernière fut en effet jusqu'à la Révolution de la collation du chapitre de Saint-Barnard ; il serait difficile de placer ailleurs la localité indiquée dans les documents que nous venons de citer.

Au commencement du XIIIe siècle, le fief de Veaunes avec le *merum imperium* était dans la famille de Chalmen ou Charmes. En septembre 1221, Raymond de Charmes le vendit à Guillaume Gratepaille et à Roger, son frère, seigneurs de Clérieu, qui lui rendirent par le même acte la maison forte de la localité ainsi que ses dépendances. En 1231 cet échange fut confirmé avec la clause expresse que ladite maison forte ou pourrait jamais être distraite de la domination et juridiction de Clérieu. A partir de ces temps, la seigneurie de la paroisse de Veaunes ne cessa d'appartenir aux possesseurs de la baronnie, dont elle partagea toutes les vicissitudes. Quant à la maison forte, elle fut hommagée en 1294 à Roger de Clérieu par Raymond de Veaunes, sans doute un descendant de Raymond de Charmes. De 1308 à 1345, Rolland de Veaunes, chevalier, fils de Raymond, paraît dans des actes du même genre pour tous ses biens sur la paroisse Saint-Étienne de Veaunes, le fief d'Aurel et sa maison sur la place de Clérieu. Il relève successivement de Graton et Guichard de Clérieu, du Dauphin Humbert II, qui occupa la baronnie de 1336 à 1342, enfin du comte de Valentinois. Rolland avait un frère bâtard, noble homme Maynet de Veaunes, damoiseau, dont Aymar de Poitiers acheta l'hommage. Cette famille, qui allait bientôt s'éteindre, aliéna la maison forte de Veaunes en faveur de Guillaume de Fay, qui, le 28 mai 1379, se reconnut homme lige du comte Louis de Poitiers. Après lui viennent son fils Eustache et François de Fay dit Coquardon, père d'autre François. Une alliance des Fay avec les Solignac fait plus tard prévaloir pendant de longues années ce dernier nom. Une fille de cette branche porte le prénom bizarre d'Ogaya. Noble Jean de Solignac, *de Solempniaco* ou *de Solloniaco*, passe en 1499 une transaction avec Guillaume de Poitiers. Antoine de Solignac, plus connu sous le nom de capitaine de Veaunes, était fils d'autre Jean qui donna son dénombrement le 27 août 1540. Tandis qu'en ces temps de troubles ses voisins, les Bouvier, de Curson, se jetaient dans le parti protestant, Antoine, demeuré fidèle à la foi catholique, joua un certain rôle dans la contrée. Il fut gouverneur de Romans, enseigne de la compagnie du seigneur de Tournon et sut mériter la confiance de l'illustre Gordes, qui l'associa à ses généreux desseins en le chargeant, après la Saint-Barthélemy, de protéger les huguenots de Romans échappés au massacre du 21 septembre dans les prisons de Mont-Ségur. Le 14 octobre 1644, Claude de

Solignac rendit hommage au président de Chevrières pour la maison forte de Veaunes et ses biens au terroir d'Aurel. Sa postérité reprit le nom de Fay, et ce rameau se termina par Philippe de Fay-Solignac, laissant vers 1750 son héritage à son neveu Ferdinand-Bruno du Vivier, capitaine au régiment de royal-vaisseau, à la charge de porter son nom et ses armes. Ce sont les du Vivier qui firent peindre à la fin du siècle dernier le pennon d'alliance des Fay ornant encore la salle à manger du château et décrit, d'après nos indications, dans l'*Armorial du Dauphiné* de M. de Rivoire-la-Bâtie. Nous avons également fourni à ce curieux recueil quelques-uns des renseignements insérés à l'article *Veaunes*. Reconstruit sous les Fay, le château, qui porte au-dessus de sa principale entrée le millésime de 1612, est adossé à un bois et placé sur un coteau d'où l'on embrasse une vue magnifique, ainsi qu'il en est toujours dans cette contrée pour les points culminants. La petite rivière de la Veaune, qui s'en va arroser Curson, coule au fond de cette jolie vallée; à droite Clérieu, les prairies des bords de l'Herbasse et Saint-Bardoux sur sa colline; à gauche, à travers les accidents de terrain, se pressent, jusqu'à la forêt de Sizay, Bren, Margès, Saint-Donat, Marsas, Chavannes, les chapelles en ruines, les cloîtres et les châteaux pleins de souvenirs, le vieux manoir des Iserand qui se reflète dans son étang ceint de roseaux; devant nous, dans un lointain déjà brumeux, s'élèvent les cimes déchirées des Alpes dauphinoises dominées par la dent de Voreppe.

Un document du temps nous apprend qu'au XVIIe siècle il n'y avait pas au village de Veaunes plus de 40 habitants. Aujourd'hui il en comprend environ 300; mais cette population, exclusivement agricole, ne paraît pas destinée à s'accroître (1).

Sur la même commune, la maison forte d'Hauteville ou Auteville, *Alta villa,* a donné son nom à une ancienne race qui paraît souvent dans nos annales dauphinoises: cette localité est

---

(1) Arch. du château comm. par M. Savy, maire de Veaunes et propriétaire du château; — *Mémoires d'Eustache* Piémont, p. 112, 130, 192, 193; — Dr Ulysse Chevalier, *Lettres inédites du baron de Gordes*, p. 5 et suiv.; — Arch. de la Drôme, C, 927.

mentionnée dans une charte du XIe siècle du cartulaire de Saint-Barnard (N.º 70) à propos d'un don fait à l'abbaye par Arbert, fils d'Adalgise de Clérieu. Guillaume d'Hauteville, chevalier, est présent en 1184 à la sentence arbitrale portée par Robert, archevêque de Vienne, et Hugues, abbé de Bonnevaux, entre Ardutius, évêque de Genève, et Guillaume, comte de la même ville (1). Le cartulaire de Léoncel fait mention d'Adhémar d'Hauteville en 1185. Aux archives de la Drôme, au bas d'un acte de 1273 relatif à l'exécution d'un legs de Briande, femme d'Adhémar d'Hauteville, chevalier, en faveur des religieuses de Commerci, près Romans, on voit le sceau de cet Adhémar, sur lequel on discerne encore un lion. Le samedi veille de Saint-Michel 1284, il passa une reconnaissance à Guillaume de Claveyson pour des fonds sur Mercurol. En 1343, Jean d'Hauteville dut à la confiance du dernier Dauphin de Viennois la charge importante de bailli de l'Embrunois. Aymar, chanoine de Lyon, était conseiller du même Humbert II. Florimond et Pierre d'Hauteville, coseigneurs d'Hauteville, seigneurs de la Coste, rendirent hommage (1349) au duc de Normandie avec les principaux seigneurs de la province. Ils marquèrent surtout dans l'église. On trouve R. d'Hauteville, doyen de Valence (1265), et après lui Guillaume, revêtu de la même dignité, Alix, abbesse de Soyons (1285), Guillaume, abbé de Saint-Tiers de Saou (1295), un autre Guillaume, chanoine de Romans (1253), Arriadna, religieuse à Soyons (1245). Au XIVe siècle le fief était divisé entre Guionnet et Pierre d'Hauteville; Berlionet Lobet, Raymond de Veaunes et Guigon de Saint-Mars en possédaient aussi une part. Le droit total à chaque mutation s'élevait à quarante livres bonne monnaie viennoise. Ce fief commençait au moulin du

---

(1) Spon, *Hist. de Genève*, éd. in-4°, t. II, p. 39, 49. Les rapports entre le Dauphiné et Genève, dépendant alors de la province ecclésiastique de Vienne, étaient alors fréquents, ainsi que le prouve le choix des médiateurs; on comprend donc la présence d'un chevalier de nos contrées. Cependant comme le nom d'Hauteville est assez répandu et qu'il existe d'ailleurs au-dessus de Vevey un château qui s'appelle ainsi, on ne peut rien affirmer de certain.

comte au-delà de l'Herbasse jusqu'à la Veaune, de là en remontant entre les bois de Curson et ceux d'Hauteville à Chandias, d'où l'on suivait une ligne droite pour arriver au Sorbier de Freyssières et au lieu nommé Molinaz de la Veaune, de manière à aboutir au pont de Trelhis de Clérieu. Guionnet d'Hauteville était redouté pour sa violence, qui ne respectait rien. Dans une querelle, il maltraita, au point de lui faire sortir les yeux de la tête, Lantelme Aymon, vassal d'Hugues Dauphin, seigneur de Faucigny et Saint-Donat, oncle d'Humbert II. Graton ayant donné asile à Guionnet, son homme lige, les gens de Saint-Donat ravagèrent la terre de Clérieu. De guerre lasse un accommodement eut lieu, le 10 mars 1323, à Saint-Donat entre le baron de Faucigny d'une part, les seigneurs de Clérieu et d'Hauteville de l'autre, qui se remirent mutuellement leurs injures. On ne dit pas que le malheureux Aymon ait reçu aucun dédommagement. — Guichard de Clérieu concède, le 9 janvier 1336, à Aymar d'Hauteville les censives et corvées de 40 familles d'habitants sur la paroisse de Chanos et Curson et 15 florins d'or à prendre sur le péage de Clérieu. Quelques années après, le Dauphin se l'attacha par différents dons. Cette famille tomba en quenouille par Alix, mariée à Pierre Auberjon, et Florence, qui devint la femme de Gilles du Puy. Ce dernier, qui testa en 1420, fut seigneur d'Hauteville, père de Guionnet et grand-père de Florimond du Puy-d'Hauteville, qui, ne payant pas la dot de sa sœur Catherine, veuve de noble Antoine de Montaclard, habitant à Vals, se vit contraint en 1473 par autorité de justice de vendre à noble Lantelme de Veilheu huit sétérées du fief. Après lui Jean, qui épousa Jeanne de Vesc. Ses enfants, Jean du Puy, de Peyrins, seigneur d'Hauteville, Jacques du Puy, seigneur de la Roche, Honoré, seigneur de Rochefort, passèrent une transaction au sujet de sa succession, le dernier juillet 1515. Par son testament, du 7 octobre 1524, Gabriel du Puy, seigneur de Murinais, lieutenant et garde pour le Roi de la ville et place du Mont-Saint-Michel, appelle en substitution Jean du Puy, seigneur d'Hauteville, et Aymar du Puy, seigneur de Montbrun, ce qui établit la communauté d'origine. Peu après, Jean vendit le poids de farine de la ville de Romans à Nicolas de Caritat. Le 8 juin 1546, François du Puy, fils de Jean, aliéna, du consentement de Marie de Tardes, sa mère, la maison forte d'Hauteville en faveur de Louis Arloud, dit Ramond, écuyer, de la Roche-de-Glun, qui paya les lods à Guillaume de Poitiers, baron de Clérieu, à raison du sixième denier. Le 11 mars 1611, ce fief passa entre les mains de Bonaventure Guigou, marchand de Romans. Le 17 avril 1644, noble André Izerand de Lemps, sieur du Mouchet, rendit hommage au président de Chevrières pour le Mouchet, Hauteville et les biens de Hugues Lobet. Ce manoir appartenait en 1688 au sieur de Rostaing et fut vendu, le 11 octobre 1763, par noble François Rey, trésorier de France, seigneur du Mouchet, à noble Louis d'Honneur, aussi trésorier de France, résidant à Romans. Il est aujourd'hui la propriété de M. Rostaing, avocat, maire de Chanos-Curson (1).

Chanos-Curson (946 habitants).

Cette commune est composée de deux villages, de Chanos et de Curson. Chanos est appelé dans les anciens titres *Villa Cannoscho* ou *Chanozco, Chanozcum, Cannoscus*. C'est là que se trouve l'église paroissiale de Saint-Martin, bâtie dans le style ogival secondaire. Au milieu du XIe siècle, deux frères de Léger, archevêque de Vienne, Adon, chanoine de Romans, et Armand donnèrent au chapitre de cette abbaye les deux églises de Chanos, sous les vocables de Saint-Pierre et de Saint-Martin. La première a disparu depuis une époque reculée, la seconde était primitivement construite sur une éminence au-dessus du village. Il paraît que la possession n'en fut pas sans trouble pour Saint-Barnard; car, une cinquantaine d'années après, ces églises sont restituées, avec le presbytère, les terres cultivées et incultes,

---

(1) Arch. de l'Isère, cartons du Valentinois et inventaire de la ch. des comptes; — Arch. de la Drôme, id. des châteaux de Saint-Vallier et de Peyrins; — Notes de MOULINET; — Papiers comm. par M. Henry Machon, par M. Rostaing, maire de Chanos; — *Cart. de Léoncel*, N.ºs 172 et 205; — BRUN-DURAND, dans le *Bulletin de la Société archéologique de la Drôme*, 15e livraison; — RIVOIRE LA BATIE, *Armorial*; — CHORIER, *Hist. gén.*, t. II, p. 316; — *Cartularium Clayriaci*.

du consentement de Guillaume de Clérieu, par Guillaume, fils de Lantelme de Mercurol, et son écuyer Boniface, qui rendirent le premier les deux tiers et l'autre le reste des dîmes. Guillaume étant depuis entré en religion, ainsi que sa femme, leurs enfants ratifièrent cet acte de justice et de réparation. La collation de Saint-Martin demeura au chapitre de Romans jusqu'à la Révolution (1). La chapelle de Saint-Marcellin, pillée et détruite en 1792, paraît avoir existé dès le X siècle. En effet, dans la charte 90 de Saint-Barnard, sans date, mais que M. Giraud place entre 952 et 993, il est question d'une terre de Saint-Marcel à Chanos. Saint-Marcellin dépendait de la sacristie du prieuré de Mantes ou Manthoz en Valloire (ordre de Saint-Benoît, congrégation de Cluny) mentionnée dans une charte de Guigue-le-Gras (1079).

Le sacristain de Mantes percevait, à ce titre, quelques dîmes sur le mandement de Chanos et devait une rémunération au curé de l'endroit, obligé de dire la messe une fois par semaine à Saint-Marcellin (2). Enfin, Saint-Pierre de Marnas, *Sanctus Petrus a Marnatis*, *de Marnasio*, *de Marnaz*, cette chapelle en ruines à droite de la route de Tain à Chantemerle, entourée d'un bosquet touffu de chênes, dont les rejets vigoureux ont par les fenêtres effondrées et les murs disjoints envahi l'enceinte consacrée, fait aujourd'hui partie de la commune de Mercurol, mais était alors une annexe de Chanos. Vers la fin du XI siècle, Arnaud Mulet, fils d'Odilon, donne à Saint-Barnard l'église de Marnas avec son cimetière et une petite vigne. Le chanoine Ponce de Pisançon, auquel ladite église avait été confiée, acheta les dîmes, moitié d'Humbert de Larnage et moitié d'Artaud Boniface, pour la somme totale de 54 sous 4 deniers. Au siècle suivant, Guillaume de Mercurol et Addon, son fils, abandonnèrent leurs droits ou prétentions sur ces dîmes en faveur du chapitre de Romans, qui en a joui jusqu'en 1790 (3).

---

(1) *Cart. de St-Barnard*, N.os 28, 50, 90, 97, 205, 216, 217, 218, 259, 260, 262; — GIRAUD, *Essai*, t. Ier, p. 103.

(2) BRUN-DURAND, *Dict. ecclésiastique*; — Alf. DE TERREBASSE, ap. *La Mure, comtes de Forest*, t. III, pièces suppl., p. 126.

(3) *Cart. de St-Barnard*, N.os 25, 154, 186, 298.

Le bayle de Chanos en 1234 s'appelait Martin. Cette charge, dont l'objet était de recueillir les droits seigneuriaux, était souvent héréditaire. On a vu que le fief Lobet embrassait une partie du territoire de Chanos. Les rôles du vingtième noble nous apprennent que Daniel de Riordan, ancien capitaine d'infanterie, habitait il y a cent ans cette localité.

Curson, *Curzon*, appartenait en tout ou en partie, aux XIIe et XIIIe siècles à une famille de ce nom. Humbert de Curson, chanoine de Saint-Félix de Valence, existait en 1185, Francon en 1233 et Chabert en 1246. Aymar de Curson, damoiseau, vendit, en 1281 à Roger de Clérieu, des biens et censes à Pisançon. Le fief se divisa : il était possédé, en 1327, par Raymond de Curson, damoiseau, Guillaume de Curson, fils de Galbert, Hugues Lobet, fils de Margaronne de Curson, François de Givors, Guillaume de Châteaubourg et Tholomia, qui rendirent hommage à Guichard de Clérieu et à Guillaume de Poitiers (1). La part d'Aymar de Curson était, en 1443, à noble Jean de Chabert. Le fils ou le petit-fils de ce dernier, portant le même prénom, hommagea en 1498 et fut père de Marguerite, *alias* Javotte, Chabert, femme, en 1510, de noble Antoine d'Arces, qui descendait de Pierre d'Arces, dit Perrillon, second fils de messire Artaud d'Arces, chevalier, seigneur d'Arces. Pierre d'Arces, héritier du bien de Burlet et autres lieux, s'établit à la Roche-de-Glun, où il épousa, le 17 août 1396, Anglantine, fille de noble Girard Chapot, de Tournon, et testa en novembre 1415. Ces d'Arces possédaient une maison à Tournon. L'un d'eux, Raymond, embrassa le protestantisme ; mais étant revenu en 1588 à la foi catholique, on assure qu'il termina sa vie comme ermite dans la forêt de Sénart. Antoine d'Arces, qui nous a amené à cette digression, ne laissa qu'une fille, Florye, mariée en 1512 à noble Claude de Bouvier, auquel elle transmit le fief et la maison forte de Chabert. De cette union vint Raymond, qui épousa Claudine de Robiac, dont Louis de Bouvier-Chabert. Le père et le fils, fort appréciés de Lesdiguières, furent

---

(1) *Cart. de Léoncet* ; — Arch. de l'Isère, cartons du Valentinois ; — *Cartularium Clayriaci*.

de hardis capitaines huguenots. L'établissement de nouveaux impôts qui pesaient exclusivement sur le peuple depuis longtemps épuisé, les justes réclamations du tiers-état demandant qu'on ne pût augmenter le nombre des biens nobles, question alors brûlante et d'où sortit le fameux procès des tailles, la ligue des communes de Dauphiné (1578) et les soulèvements qui suivirent, mirent le comble au désordre dans la province. En 1580 « M. de Tournon avec sa compagnie, raconte Eustache Piémont dans ses curieux Mémoires, passant par Chanos-Curson où il disna avec sa troupe, estant adverty que certains du village s'estoient rangés dans une maison de Chabeuil (il veut dire la maison de Chabert), il les voulut forcer, mais ils le repoussèrent disant qu'ils ne luy demandoient rien, et en le repoussant ils luy tuèrent deux des siens. » Les Bouvier de Chabert tombèrent en quenouille par Marguerite, mariée en 1736 à noble Antoine de Rostaing, sieur du Castelet, qui aliéna la maison de Chabert, vulgairement appelée aujourd'hui la maison de la Dame. Une autre branche des Bouvier, les Bouvier-Montmeyran, possédait aussi une maison forte à Curson au XVIIe siècle. Elle appartenait en 1754 à noble Louis-Laurent Parisot, habitant à Valence (1).

Au-dessous de la maison de la Dame se trouve l'ancienne maison forte des Dorier, qui finit par devenir la maison seigneuriale. Noble Pierre Dorier, vivant en 1450, fut le père de Thomas, marié à Louise Farnier. Leurs descendants vendirent leurs propriétés, en 1528 et 1550, à Jean Philibois, bisaïeul maternel de Jean de Luc. Ce Jean de Luc, fils d'un commissaire des guerres habitant à Tournon, anobli en 1606 après avoir épousé une D^{lle} de Corbeau, avait fini par réunir en ses mains la plupart des fiefs de Curson. Une branche de cette famille s'éteignit bientôt chez les Ginestous la Tourrette; l'autre, qui posséda un moment la seigneurie de Montélégier, s'allia aux d'Espinchal, aux Montchenu et subsistait encore en 1722. Le

---

(1) Notes de MOULINET; — G. ALLARD, généalogies manuscrites, à la bibliothèque de Grenoble; — Divers inventaires de Clérieu, aux arch. du château de Saint-Vallier.

président de Chevrières acquit par droit de prélation les biens des Luc de Curson, et fit de la maison forte sa résidence, quand il venait dans la baronnie de Clérieu. Il y avait une chapelle, détruite probablement en septembre 1792, époque à laquelle le château fut pillé (1).

La maison forte des Veilheu, parents de ceux de Clérieu, avait été démolie avant 1644, à cause de sa vétusté. La Veaune, dit un document du temps, venant du moulin du seigneur de Clérieu, pour aller au moulin Terrail, traversait le fief. C'était sans doute l'emplacement de l'habitation actuelle de M. le baron Saint-Cyr Nugues. Noble Lanthelme Veilheu, fils de François, fut le père de Balthasard, qui rendit hommage, en 1498, à Guillaume de Poitiers, et le grand-père de François de Veilheu. Celui-ci eut pour héritier noble Charles de Murinais, en possession en 1591, dont la fille Jeanne se maria à Antoine Davin, docteur en médecine, anobli en octobre 1606. Le 9 mars 1631, ils vendirent la généralité de leurs biens à Jean de Luc (2).

Conflans, élégante maison seigneuriale, aujourd'hui livrée à l'abandon, mais fière encore de sa tourelle et de ses fenêtres à meneaux, fut construit probablement au XVe siècle par l'un des nombreux favoris de Louis XI, Jean de Conflans, originaire de Saintonge. Antoine de Conflans est au nombre des six nobles admis héréditairement dans la confrérie de Saint-Jean de Valence, par la bulle de fondation du Pape Alexandre VI, du 20 juillet 1499, sur la demande de César Borgia, duc de Valentinois. Cet Antoine, d'autres disent Jean, possédait en 1508 un pré sur Beaumont-Monteux, pour lequel il obtint du gouverneur du Dauphiné l'emphytéose de l'eau sortant du pré du Roi, dit pré Dauphin. Un arrêt du parlement en faveur de Jean de Conflans débouta, en 1543, Claude de Conflans de ses prétentions sur la maison forte, cour, jardin, etc. Jean eut de sa femme Marguerite de Chanelos Louise, mariée à noble Joachim de Brunier, seigneur de Larnage, qui arrenta le domaine des Chassis

---

(1) P. Anselme, t. VIII, p. 594; — Arch. du château de Saint-Vallier.
(2) Papiers comm. par M. Machon.

sur Mercurol, appelé encore Conflans, du nom de ses anciens possesseurs, et appartenant aujourd'hui à M. le commandant Degros. Veuve en 1619, Louise se remaria à noble Félicien Basset, avocat, sieur de la maison forte du Pin, auquel elle légua Conflans. L'héritage était sans doute grevé de dettes, car Me Basset passa un bail en hypothèque à Pierre-Béatrix-Robert de Saint-Germain, conseiller au parlement. Ces deux personnes tombèrent d'accord pour passer, le 12 décembre 1652, vente du fief et de la maison de Conflans à noble Antoine de Mitailler, conseiller du Roi, maître ordinaire en la chambre des comptes de Dauphiné, gendre du sieur Jean Barnaud, marchand à Romans. Mais le président de Chevrières, par droit de prélation et de retrait féodal, obtint un arrêt du parlement de Paris du 7 septembre 1655, en vertu duquel il fut mis en possession après avoir remboursé le prix d'acquisition. Cependant il ne garda pas longtemps Conflans ; en effet, noble Pierre Fournier, natif de Pont-en-Royans, qui prenait la qualification de valet de chambre de la reine de Pologne, rendit hommage en 1662 audit président pour cette propriété, qu'il possédait encore en 1686, et qui revint plus tard aux la Croix-Chevrières (1).

La grange du Caire au terroir du Caire, *alias* du Périer, sur Chanos-Curson, appartenait en 1400 à Jacques du Puy-d'Hauteville et à sa femme, Jeanne de Montrigaud, et en 1510 à noble Martial Farnier. — Noble Jean de Tournon, seigneur de Châteauneuf-de-Vernoux, garde pour le Roi des greniers à sel de Tournon, Tain et Valence, issu d'une branche bâtarde de la maison de Tournon en Vivarais, acquit, vers 1536, une terre au lieu de Curson, terroir d'Armelot, qui garda depuis le nom de Châteauneuf. Son fils Claude, mari de Claire du Puy-d'Hauteville et père de Claude, Gaspard et Paul de Tournon, la revendit en 1552 à Antoine Luc.

Il s'exerçait à Curson, de temps immémorial, un droit de gabelle sur les marchandises traversant la localité. Ce péage, qui rapportait du reste une somme peu importante, fut quelque-

---

(1) Factum de procès ; — Arch. de la Drôme.

fois revendiqué par les gouverneurs du Dauphiné au nom du pouvoir royal; mais il finit par demeurer sans conteste aux barons de Clérieu (pancartes des 14 juillet 1496 et 23 novembre 1531). Les revenus territoriaux étaient plus élevés. Le 27 octobre 1782, le comte de Saint-Vallier arrenta à sieur Jacques Crozet, habitant à Curson, moyennant le prix annuel de 2,072 livres, le moulin banal de Curson, les pré, jardin, vigne, terre, château et enclos situés à Curson, ensemble le pré Loubat au mandement de Monteux.

Chavannes, *Eschavanas*, *Chavangnhas*, *Chavainnas* (301 habitants).

Dans le testament du 8 juillet 1230 d'Amédée Moine, que nous avons eu plusieurs fois occasion de citer et qui fait partie du fonds de Vernaison, aux archives de la Drôme, l'église de Chavannes reçoit un marc d'argent pour un calice. Elle est sous le vocable de Saint-Priest, *Sanctus Projectus*. La collation et les dîmes appartenaient au chapitre de Romans. M. Brun-Durand croit que cette église a remplacé Saint-André de Roion.

On trouve en 1160 Lambert et Guillaume de Chavannes dans le traité entre l'abbaye de Saint-Barnard et les Lambert-François. Lantelme vivait à la même époque. On ne voit pas qu'ils aient eu des successeurs. Il est probable que cette localité fit de très-bonne heure partie du domaine des seigneurs de Clérieu. Il y a eu une famille du nom de Chavannes habitant à Moras aux XIVe et XVe siècles; mais elle paraît originaire du Graisivaudan. En 1652, 1659 et 1675, le président de Chevrières arrentait à divers particuliers, pour un chapon ou une poule de cense, les eaux pluviales découlant du chemin public de Chavannes. Au XVIIe siècle, une branche de la maison de Clavayson portait le titre de seigneurs de Chavannes. Il est probable qu'il s'agit de la localité de ce nom aux environs de Vienne. Il paraît que M. de Rostaing, seigneur du Mouchet et d'Hauteville, possédait vers 1700 Chavaes sur Clérieu [1].

---

[1] *Cartulaire de St-Barnard*, N.ºs 303 et 338; — Notes de MOULINET; — Arch. de la Drôme.

Les détails manquant au sujet de Chavannes, tout l'intérêt se porte sur le Mouchet, *Mochetum*, *Moschetum*, appartenant en 1327 à Aymar et Guilhermette du Mouchet, qui en rendirent hommage à Guichard de Clérieu. Aymar était mort l'année suivante, laissant un fils, nommé Aymon, qui ne vécut sans doute pas longtemps; car, le 19 janvier 1344, François de Crochis, damoiseau, prête à son tour hommage à Louis de Poitiers, comte de Valentinois, et à Amédée de Poitiers, coseigneurs de Clérieu, au nom de sa femme, Béatrix Berlion, pour la maison forte du Mouchet, *bastidam fortem*, avec son circuit clos de murs, les maisons contiguës, le vivier au-dessus de la maison, le grand vivier situé au-dessous et divisé en deux, le moulin à moudre du froment et du seigle et en outre tout ce que François et Béatrix possédaient au mandement de Clérieu, tant de l'héritage du seigneur du Mouchet qu'autrement. Le 16 mai 1408, Charles de Poitiers, seigneur de Saint-Vallier, fit donation du Mouchet à son bâtard Guillaume, qu'il avait eu d'une servante de Romans appelée Béatrix. Ledit Guillaume n'ayant pas eu de postérité, la maison forte revint aux Poitiers. Le 4 mai 1422, par acte passé au château d'Étoile, Louis de Poitiers-Saint-Vallier inféode le Mouchet à noble homme François de Lemps, qui fut père de Hugues de Lemps, seigneur du Mouchet, juge de la baronnie de Clérieu, présent, le 25 juin 1461, à l'hommage prêté à l'église de Valence par François d'Urre, coseigneur d'Urre. Outre le Mouchet, Claude de Lemps, chevalier, fils de Hugues, eut, par sa femme Perronnette de Roussillon, le fief de la Montagne, confrontant le mandement de Saint-Antoine. Jean de Lemps fut son successeur. Cette branche finit en la personne de Françoise de Lemps, mariée en 1554 à Philibert d'Iserand, qui prit part aux guerres d'Italie; leur fils Antoine d'Iserand de Lemps, seigneur du Mouchet, continua la postérité. On voit aux environs du village de Vion (Ardèche) les vastes ruines du château d'Iserand, détruit dans les guerres de religion. Connue depuis Pons, seigneur d'Yserand ou Iserand en 1300, cette race valeureuse, qui combattit à Crécy et à Cérisolles, venait de là et tenait encore en Vivarais Chanelos et une partie d'Ay. Vers 1450, à la suite d'une confiscation féodale de leur château paternel, pour des causes demeurées assez obscures, par leur suzerain le seigneur de Tournon, ils passèrent en Dauphiné où ils possédèrent Montclar, ainsi que les maisons fortes du Mollard-Bouchard, de Senaut et de la Grange-Beauvoir-en-Royans. Ils donnèrent à l'ordre de Saint-Jean de Jérusalem nombre de chevaliers et un commandeur mentionné avec honneur dans le *Martyrologe des chevaliers de Malte* de Goussancourt. De son mariage avec Gasparde de la Porte, Antoine Iserand de Lemps, seigneur de la Montagne et du Mouchet (vivant en 1621), eut Claude, qui lui succéda en toutes ses possessions. André d'Iserand de Lemps, seigneur du Mouchet et d'Hauteville en 1686, semble le dernier de sa branche. Peu après, M. de Rostaing tenait sa place. Nous pensons qu'il s'agit des Rostaing-la-Rivoire, alliés en 1639 aux Iserand, dont ils auraient hérité. Marie-Alix de Rostaing, mariée en 1709 à Louis-François de la Baume, comte de Suze, fut à son tour dame du Mouchet. Son fils Louis-Charles de la Baume-Suze vendit le fief, le 24 février 1759, à noble François Rey, trésorier de France en la généralité de Grenoble, qui obtint un arrêt du parlement de Dauphiné le maintenant en possession de l'étang dit du Milieu, pour une contenance de 18 sétérées, avec défense aux habitants des communautés de Chavannes et Marsas d'y faucher l'herbe et d'y faire paître leurs bestiaux. L'état des lieux a notablement changé depuis l'hommage de François de Crochis. Une inondation ayant rompu, à une époque inconnue, la digue de séparation, l'étendue de l'étang se trouvant réduite par des dessèchements successifs, il ne reste plus aujourd'hui qu'une seule pièce d'eau. Alexandre Rey du Mouchet, garde-du-corps, fils du trésorier de France, périt au siége de Lyon, laissant veuve Mlle de Mazenod, remariée quelques années plus tard au comte de Saint-Vallier, pair de France, fils du dernier seigneur de Clérieu.

Sur la porte d'entrée du château le griffon des Iserand est accolé au lion des Lemps, dans un écusson accompagné d'élégants ornements héraldiques, où se trahit l'art délicat de la Renaissance, mais que le marteau révolutionnaire a mutilés en 1792. L'édifice a été construit en diverses époques. La façade du côté de l'étang est flanquée de deux grosses tours. On remarque dans une salle du rez-de-chaussée, sur le plafond et les panneaux en bois, des peintures mythologiques paraissant dater du XVIIe siècle; dans une cour, quatre médaillons contemporains des sculptures de la porte et représentant des têtes, dont l'une rappelle le type traditionnel de Louis XI; peut-être une allusion aux visites que ce prince se plaisait à faire à un riche villageois du Mouchet, pendant son séjour chez Imbert de Baternay. Un bel escalier droit conduit au premier étage, d'où la vue s'étend sur une plaine boisée, semée de prairies et de villages; à gauche, derrière le rideau de collines faiblement ondulé qui dérobe le cours du Rhône, l'horizon se ferme sur les montagnes sévères du Vivarais (1).

Marsas, *Marczas Marsaz* (743 habitants).

L'église sous le vocable de Saint-Didier et Saint-Blaise appartenait au prieur de Saint-Donat, auquel la possession des dîmes de cette localité fut confirmée par bulle du pape Alexandre III, en date du 12 des calendes d'août 1279. Ces droits passèrent, au XVIIIe siècle, aux Jésuites du collége de Tournon.

Pierre de Marsaz apparaît en 1160 dans le traité de paix entre l'abbaye de Romans et Raynaud François et ses fils. Guillaume de Marsas était sous-prieur de Léoncel en 1204. 1327, Martin de Marsas reconnaît tenir de Guichard de Clérieu et de Guillaume de Poitiers de 15 à 16 sétiers de froment sur le mandement de Clérieu, plus pareille quantité au terroir de Marsas, au lieu dit *en la Cima*, aliàs *la Tuva*, indivis avec Guillaume de Valle, chacun devant quatre oies de cense. Le 15 janvier 1344, noble Raymonde, veuve de Martin, et son fils Jean de Marsas prêtent hommage pour les mêmes biens au comte de Valentinois et à Amédée de Poitiers, qui reçoivent aussi l'hommage de François de Montrigaud, damoiseau, et de son frère, enfin

---

(1) *Cartularium Clayriaci*; — DUCHESNE, *Comtes de Valentinois*; — CHORIER, t. II, p. 461; — Notes de MOULINET; — *Livre de comptes de Nicolas de Bergèdes, sieur de Lemps en Vivarais*, 1664, ms. comm. par Mme de la Cheisserie; — Arch. de la Drôme; — Id. du château de Peyrins.

de Guillaume, Pierre, Thomas et Jean Baluchii, de Saint-Donat, pour leurs biens sur la même paroisse et notamment au terroir dit *en Feninol*.

Selon Moulinet, les Allemand, qui possédèrent Margès et Larnage, furent aussi seigneurs de Marsas. Il cite le testament de Guillaume Allemand, seigneur de Marsas, du 3 mars 1360, la transaction d'autre Guillaume Allemand, seigneur du même lieu, à raison d'un legs fait par Béatrix Allemand (27 août 1365), enfin une fondation d'un troisième Guillaume Allemand, également seigneur de Marsas, datée du 9 mai 1449.

Un siècle plus tard, le 2 septembre 1559, Gaspard de Loras est dit seigneur de Loras et de Marsas. Son fils Annibal et son petit-fils Gaspard sont indiqués dans leur généalogie comme ayant conservé les mêmes fiefs. Cela nous conduit jusqu'en 1626. Marsas était au XVIIIe siècle du domaine des barons de Clérieu.

Eustache Piémont nous apprend qu'en 1580, à l'époque de la ligue des communes, les gens de Marsas, se voyant pillés par les troupes de Romans et les compagnies de la Croze et de la Balme, résolurent de se défendre, et qu'un soir le lieutenant de la Croze, ayant envahi leur village à la tête de cinquante soldats, ils le blessèrent, lui tuèrent vingt de ses hommes et se réfugièrent dans une église. La relation ne nous donne pas la suite d'une de ces aventures si fréquentes dans ces tristes temps.

Il y avait à Marsas dès le XVe siècle une aumône qui a persisté jusqu'à la Révolution. N'oublions pas un détail de statistique : M. Gondoin, capitaine de cavalerie, sans doute le même qui vendit la seigneurie de Condillac aux Bonnot, avait établi dans ce lieu, dans le courant du siècle passé, un foulon à draps (1).

---

(1) BRUN-DURAND, *Dict. ecclésiastique*; — *Cart. de St-Barnard*, N.° 303; — *Cart. de Léoncel*, N.° 85 ; — *Cartularium Clayriaci* ; — Notes de MOULINET; — D'HOZIER, *Armorial universel*, 1er reg.; *Généalogie des Loras*, p. 347, 348 ; — *Mémoires d'Eustache Piémont*, p. 115 de l'imprimé; — Rôles du vingtième noble, aux arch. de la Drôme.

La Roche-de-Glun, *Rupis* ou *Rocha-de-Clueu*, *de Cleu*, *de Clivo*, *de Cloys*, *de Gloy*, *de Gluy*, *de Gluey*, *de Glom*, *de Glung*.

Selon l'opinion la plus accréditée, ce fut au confluent de l'Isère, entre la Roche-de-Glun et Tain, qu'eut lieu, 120 ans avant l'ère chrétienne, la sanglante défaite de Bituit, roi des Arvernes, par Quintus Fabius Maximus. Du reste, le récit assez vague des historiens ne permet pas de déterminer l'emplacement précis où se livra cette grande bataille. Le trophée en marbre blanc ou en pierre blanche, peut-être extraite des carrières de Crussol, les temples de Mars et d'Hercule, élevés par le consul romain après la victoire, n'ont laissé nuls vestiges de nature à trancher cette question archéologique (1). Cet événement un peu reculé fut, au XVIe s., le point de départ d'une série de légendes historiques. François Roaldes, professeur à l'université de Valence, avance que Fabius fonda à cette époque Valence, comme un boulevard contre les invasions de la ligue des Arvernes (2). Appelé de Condrieu par le cardinal de Tournon, comme principal du collége de Tournon, qu'il dirigea jusqu'en 1561, époque à laquelle il fut remplacé par les Jésuites, le grammairien Jean Pélisson employait, vers 1565, ses loisirs à écrire, pour la plus grande gloire des origines fabuleuses de la maison de son protecteur, le livre « des recherches de l'origine et antiquité du prince Troin, premier roy des Troyens, Medues et Arvernoys, puissants et belliqueux peuples de la Gaule Narbonnayse, et premier fondateur du chasteau et ville de Troinon qui lors estoient la Rocque et citadelle de la grande et opulente cité desdicts Médues que n'est aujourd'huy que le village de Maulves au terroir et mandement dudict Troinon appelé en ce temps de Tournon sur le fleuve du Rhosne et du long du mont Cemmen (3). » Dans ce curieux manuscrit, que nous devons à la munificence de M. Émile Giraud, se développe un vrai roman archéologique. L'auteur pré-

---

(1) STRABON, trad. d'Am. Tardieu, t. 1er, p. 306; — CHALIEU, *Mémoires*, p. 157; — ROUCHIER, *Histoire du Vivarais*, t. 1er, p. 37, note.
(2) Voyez Jules OLLIVIER, *De la fondation de la ville de Valence*, p. 8.
(3) In-4° de 333 fol., incomplet de la fin.

tend que les Medues *(Medulli,* peuples de la Maurienne) avaient bâti sur la rive droite du Rhône, là où se trouve maintenant le village de Mauves, une grande ville devenue la capitale du royaume des Arvernes et détruite après la défaite de Bituit « et des barons de sa cour » par Fabius Maximus, qui employa les matériaux à la construction de Valence, « où l'on voyoit bien que les pierres avoient servi auparavant. » « L'on m'a monstré à Valence mesme ung vieulx escript *quod Valentia ædificata fuit e ruinis civitatis Malvarum,* qu'est d'ung livre faict du temps des Goths auxquels la memoyre estoit fresche des faictz des Romains, mais le latin est du tout gothique et barbare, par lequel on entend fort bien *Valentiam in agro Cavarum non procul a Medualis extructam fuisse totam e ruderetis urbis eorum.* » Le naïf auteur ajoute que dans sa jeunesse on discernait encore au fond de l'eau les débris des arches d'un pont qui servait de communication avec la rive gauche; que les Romains avaient transporté ces pierres pour faire au bas de Valence un autre pont, bientôt entraîné par la violence du courant; de là le faubourg situé en cet endroit s'est toujours appelé Pontpiery, par nom corrompu de Pont-Péry (1). Enfin, prenant, comme le singe de la fable, le Pirée pour un homme, Aymar du Rivail soutient bravement que Tournon a été, suivant l'opinion générale, édifié avec les ruines de Durio, ville qui existait autrefois au confluent de l'Isère. Malheureusement, cette prétendue ville, fournie par une leçon vicieuse de Strabon, n'est autre chose que la rivière de la Durance, un peu détournée de son cours naturel (2). Toute cette école pseudo-historique des Le Maires des Belges a disparu depuis longtemps devant les progrès de la critique et la patiente restitution des textes des anciens auteurs; mais il serait curieux de pouvoir démêler l'origine d'un pareil ensemble de traditions. Chorier dit à son tour que les Romains ayant fortifié La Roche, Clodius, un de leurs

---

(1) Voyez *Les rues de Valence,* par M. le docteur Bonnet, dans le *Bulletin de la Société archéologique de la Drôme,* t. IV, p. 90.

(2) Aymari Rivallii, *Dè Allobrogibus,* p. 82; et la *Description du Dauphiné, de la Savoie, etc.,* trad. par M. Macé, p. 118 et p. 122, note 10 du savant traducteur.

chefs, lui imposa son nom (3). M. Delacroix fait intervenir non moins arbitrairement Janus Clusinus, gardien des portes et par conséquent des défilés (4). Autant de rêveries rejetées sans pitié par un juge compétent (5). Quelle qu'en soit du reste l'étymologie, le nom qui complète La Roche vient du village de Glun, situé sur la rive opposée.

Animé de la vie puissante du fleuve, qui ronge incessamment ses bords, le paysage prend un caractère imposant et tout à fait méridional; les grandes lignes commencent avec le changement de constitution géologique; les montagnes aux formes arrêtées et plus pittoresques succèdent aux sombres masses granitiques. Châteaubourg, qui tient à la fois du manoir gothique et de la fabrique italienne, s'avance sur son promontoire. Plus loin Crussol dessine sur le ciel le croissant de ses ruines. Ce spectacle d'une grave beauté frappe le voyageur entraîné sur le chemin de fer dominant la vallée. Au lieu de l'aire traditionnelle de l'oiseau de proie perdue sur un sommet inaccessible, dans l'horreur d'un lieu sauvage, la nature ne présentait ici qu'une pointe de rocher s'avançant au milieu des eaux, d'une étendue insuffisante et d'une médiocre défense contre une flotille comme celle de Saint-Louis. Mais cet obstacle barrait le cours du Rhône et s'imposait à l'ancienne voie Domitia, toujours la grande artère de la France, après l'avoir été des Gaules. Ce point, auquel l'embouchure voisine de l'Isère assurait encore plus d'importance, indiquait un péage, et nous verrons le parti que l'on en tira. La Roche était la tête de pont de la domination des Clérieu et le trait-d'union avec leurs possessions du Vivarais. En 1230, Béatrix, fille aînée de Guillaume, seigneur de Beldisnar (Beaudiner?), promise en mariage par son père à Silvion de Clérieu (Silvion III), lui apporte en dot Châteaubourg et son mandement, la troisième partie du port et le fief de La Garde-de-Soyon, la juridiction de Toulaud, dont le fief utile appartenait aux sei-

---

(1) *Histoire générale de Dauphiné*, t. II, p. 56, 126.
(2) *Statistique de la Drôme*, p. 595.
(3) *Bulletin de la Société archéologique de la Drôme*, t. IV, p. 69.

gneurs de Crussol (1), le château de Charmes, la villa de Valleran, les manses de Gravenac et de la Mothe, ce que G. de Beldisnar possédait à Maires, à la Chesa de Montz, à Charz, sur le territoire de las Noinas, et généralement tout ce qu'il avait au-delà de Tournon et du château de Vaffrey, sur les deux rives du Rhône, excepté ledit château de Vaffrey et la seigneurie de Lincei et de Lizignan (2).

D'un autre côté, la veille de Saint-Antoine 1257, un autre Silvion de Clérieu avait acquis de Pons de Brion le domaine et le fief de Colombier-le-Jeune, en présence de Briand de Retourtour, chanoine du Puy, d'Arnaud Berlion, de Girin de Durfort, de Francon d'Urre, chevaliers, de Silvion de Tournon, d'Hugues de Pierregourde, de Godemar de Lavieu, de Lantelme de Marjays, d'Adhémar de Curson, damoiseau, etc. (3).

Nous avons précédemment indiqué les principaux événements qui se passèrent à La Roche, du temps des sires de Clérieu (4). Cependant, la lecture de quelques documents, qui nous sont fournis par les archives de l'ancienne Chambre des Comptes du Dauphiné, nous engage à revenir sur les incidents de la lutte

---

(1) Le 6 juin 1307, reconnaissance par Giraud Bastet, chevalier, en faveur de Guichard de Clérieu pour le château et le mandement de Touland, en présence d'Aimar de Poitiers, fils du comte de Valentinois. (Arch. de l'Isère, cartons du Valent., paquet 3, N.º 1.)

(2) L'acte est passé au-dessous d'Auzon, sur les bords du Rhône, au port de Saint-Vallier, au mois de juin 1230, la sixième férie après la Pentecôte. Les cautions de dot sont Guillaume de Claveyson, Raymond de Miribel, Falques de Mercurol, Pons Bertrandi, Antelme Monachi, Arnaud de Clérieu, Adhémar d'Hauteville, Guigues de Saint-Médard, Guillaume Delai, Antelme de Valle, Jarenton Adhémar et Arnaud de Châteaubourg. (Orig. sur parch., aux arch. de l'Isère, cartons du Valentinois.) — A notre dernier voyage à Grenoble, M. Emmanuel Pilot de Thorey, fils de l'archiviste, nous a gracieusement communiqué les chartes dont nous faisons usage aujourd'hui et dont l'existence nous avait été signalée depuis longtemps.

(3) Arch. de l'Isère, cartons du Valentinois.

(4) L'abbé Chevalier (Inventaire des arch. des Dauphins en 1277, pièces annexes, p. 29 et 41) a publié récemment les actes de 1191 et 1262 relatifs à la mouvance de cette terre qui relevait des Dauphins.

soutenue, dès 1265 (1), par Silvion contre Aimar, comte de Valentinois, et le Dauphin lui-même. Convoitée par les Poitiers comme une riche proie, La Roche dut être le théâtre de nombreux combats, qui ne sont pas parvenus jusqu'à nous. Devenu prisonnier de son ennemi, le seigneur de Clérieu confia la garde du château fort à son parent Guillaume de Roussillon. On voit, en effet, qu'un des ascendants de Silvion avait eu pour femme Guigonne de Roussillon. Guillaume et son père Artaud ravagèrent les terres delphinales, mais furent bientôt contraints de solliciter le pardon de leur suzerain, avec lequel ils transigèrent le 4 juin 1267. Ils payèrent la somme de cinq cents livres viennoises et donnèrent en gage la maison de Landrins et le lieu d'Épinouse, et promirent de rendre hommage à titre de fief rendable pour La Roche-de-Glun, qu'ils détenaient, jurant de faire ratifier cet accord par Silvion, dès qu'il serait sorti des prisons du comté, et, dans le cas où ils n'obtiendraient pas son consentement, de se constituer otages avec Guigue de Saint-Didier. Le Dauphin promet à son tour d'oublier les injures passées et pardonne à Guillaume et Artaud de Roussillon, en même temps qu'à Silvion, sans pourtant les garantir contre les attaques d'Aymar de Poitiers. Il réserve en outre le différend qu'il a avec le père et le fils au sujet de Roussillon et la question relative aux prétentions de Silvion sur Rochebloine *(Rupis Blaona)* (2).

Ralentie ou apaisée un moment, la guerre avec les Poitiers reprit bientôt son cours. Nous trouvons en effet deux trèves conclues entre Silvion et le comte de Valentinois. L'une est du 16 juillet 1273, l'autre du 24 septembre de l'année suivante. A cette dernière époque, Guillaume de Claveyson et Aymar d'Haute-

---

(1) A cette époque, Silvion était déjà renfermé dans les prisons du comte, et Guillaume de Roussillon en possession de La Roche (l'abbé CHEVALIER, Inventaire des arch. des Dauphins en 1346, N.° 331); voyez aussi sur cet épisode les N.°ˢ 153 et 335 du même inv.

(2) Cartons du Valent., paquet 2, N.° 4. C'est sans doute le N.° 164 de l'inv. de 1346. Cet acte prouve que Léon Ménabréa a commis une erreur en identifiant Rupis Blaona avec La Roche-de-Glun, dans ses *Origines féodales des Alpes occidentales*. Turin, in-4°, p. 454.

ville sont les gardiens et garants de la suspension d'armes, qui devait durer seulement quinze jours (1). Roger, fils et successeur de Silvion, s'attira de graves complications. Ayant tué deux hommes de Peyrins, sans que nous ayons aucun détail sur les causes de ce crime, il vit le château de La Roche occupé par les troupes de la Dauphine Béatrix, et, le 27 juillet 1280, Didier de Sassenage, Odon Allemand et Jean de Goncelin insistaient encore auprès de la régente pour que le château fort ne fût pas rendu au coupable (2). L'affaire s'arrangea cependant, et Roger rendit hommage dans le courant de septembre; mais d'un autre côté les difficultés se multiplièrent de la part des seigneurs de Roussillon, dont le dévouement, à ce qu'il semble, était au fond peu désintéressé. Le 15 mai 1280, Artaud de Roussillon renonce en faveur de Roger de Clérieu, son cher et bien aimé cousin, à toutes les donations à lui faites par Silvion, père dudit Roger. Il paraîtrait naturel que cet acte dût tout terminer. Mais quatre ans plus tard, le mardi après le dimanche des Rameaux 1284, il y eut une transaction entre Artaud et Roger au sujet des 640 livres qu'Artaud exigeait pour fin de paiement des 2,000 livres, prix de la rançon de Silvion, et par contre des 9,000 sols réclamés par Roger, comme dot de Guigonne de Roussillon, son aïeule. (Cartons du Valent., paquet 3, N.º 14 et paquet 1, N.º 24.) (3).

---

(1) Cartons du Valentinois, paquet 3, N.ºs 12 et 14.
(2) Inv. de 1346, N.ºs 158, 288 et 415.
(3) Les cartons du Valentinois, aux arch. de l'Isère, contiennent encore les pièces suivantes relatives aux Clérieu :

1253, mercredi avant Sainte-Magdeleine. Transaction entre Silvion de Clérieu et son frère Roger, chanoine de Valence, l'un et l'autre fils de Roger, au sujet des difficultés entr'eux touchant le legs fait audit Roger pour sa légitime dans le testament de son père, passé à Valence dans la maison de Silvion.

1255, dimanche après la Saint-Martin. Déclaration de Silvion de Clérieu et de Roger, son frère, de ne demander à Aimar de Poitiers, comte de Valentinois, que trente mille sous viennois pour la dot de Marguerite, sa fille, âgée de 13 ans.

1255, quittance de Guigue Dauphin à Silvion de Clérieu pour ce que lui devait son père.

On sait que par la transaction du 17 août 1343, qui mettait en possession de la baronnie de Clérieu le comte de Valentinois,

---

1258, le samedi avant la Toussaint. Transaction entre Aimar, comte de Valentinois, et Silvion de Clérieu sur les différends entr'eux au sujet des biens que Philippa, mère de Guillaume, père dudit Aimar, possédait près de Clérieu, qui venaient de Roger de La Voulte, et renonciation de Silvion à ces biens.

1262, mercredi après Sainte-Magdeleine. Remise par Silvion, seigneur de Clérieu, du château de La Roche-de-Glun au Dauphin.

1281, ides de janvier. Convention entre Roger, seigneur de Clérieu, et Oddon Allemand, seigneur de Champs, pour le mariage de Guigonnet Allemand, fils dudit Oddon, avec Sibille, fille dudit Roger, à laquelle est assignée une dot de mille livres viennoises. Les cautions de dot sont Pierre Aynard, chevalier, Guigue de Roussillon, seigneur de Serrières, Josserand de Saint-Didier, Artaud de Claveyson, Aymar de Chabrillan, Silvion d'Arces, Hugues Lobet, Falcon de Montchenu, Guillaume de Clérieu, etc. Fait à Lausane (à La Sône?), en présence de Guillaume de Royn, évêque de Grenoble, d'Aymon de Montanea, grand maître de l'ordre de Saint-Antoine, de Pierre Lobet, abbé de Saint-André de Vienne, de Raynaud de Balma, d'Arnaud Berlion, damoiseau, etc.

1281, 13 des calendes de mars. Réquisition par Pierre Codurerii, prêtre et procureur de l'église de Romans, à Roger, seigneur de Clérieu et de La Roche, de rendre au chapitre de Saint-Barnard le château de Pizançon, qu'il tenait en son nom.

1281, 11 juillet. Promesse d'Aymar de Roussillon, évêque de Valence, de prendre sous sa protection les hommes de Romans qui iront habiter dans la terre de Roger de Clérieu, son parent.

1283, 24 janvier. Renonciation de Béatrix, fille de Roger, seigneur de Clérieu, à toute prétention sur l'hoirie paternelle en faveur de Guillaume, son frère.

1303, le vendredi dans l'octave de Saint-Nicolas. Pons et Pierre Rigaud, frères, vendent à Marguerite, dame de Clérieu, un tènement appelé *les Chenals*, sis près de Châteauneuf.

1304, 25 avril. Promesse de Roger, seigneur de Clérieu, de Graton et de Guichard, ses enfants, de payer les legs pieux faits par Guillaume Gratepaille, par Roger, son frère, aïeul du susdit Roger, par Béatrix, sa femme, et Sibille, sa fille.

1305, 15 avril, et 1306, 7 juin. Transaction entre Guillaume, seigneur de Clérieu, et Guichard, seigneur de La Roche, touchant le partage des biens paternels et maternels.

1313, 28 juin. Transaction entre Guichard de Clérieu, seigneur de La

héritier de Guichard, le Dauphin Humbert II se réserva Beaumont-Monteux et La Roche-de-Glun. Au commencement de ce long débat, Aymar IV avait occupé cette dernière localité, qu'il fut obligé d'abandonner. Dès le 9 juin 1342, Humbert II accorda aux habitants de la ville, château et mandement de La Roche une charte de franchise, par laquelle on voit qu'il cherche à s'attacher ses nouveaux sujets, dont l'obéissance était d'autant plus importante qu'ils résidaient dans une place frontière. Ainsi, il les déclare exempts des obligations les plus rigoureuses du régime féodal, de la taille, de la corvée, de la mainmorte, du vingtain et du droit de prélation, et en outre des droits de péage, non-seulement sur les lieux mêmes, mais encore à Châteauneuf-d'Isère, à Clérieu, à Curson, Charmagneu, Crussol, Châteaubourg et Tournon; il leur permet, dans une certaine mesure, l'exercice de la chasse, dont les seigneurs se montraient alors si jaloux, et l'usage des bois aux îles de Saint-Georges sur le Rhône et de Silhar sur l'Isère et aux Blaches des Chassis; enfin, il leur octroie la jouissance exclusive des pâturages, le tout à la condition d'entretenir les remparts. Après avoir énuméré les obligations auxquelles la population demeure soumise, le prince termine par ces remarquables paroles : « Mandons et commandons au chastellain..... que à l'exception » des choses presdites et suscriptes, si quelqu'un de nostre » maison ou aultre veult vous contraindre à payer, qu'impu- » nément vous ne luy obéissiés. » Ces libertés furent confirmées

---

Roche-de-Glun, Garauson et Châteauneuf-de-Vernoux, et Bermond d'Anduse, chevalier, seigneur de La Voulte et du château de Valfrey, au sujet des confins des mandements de Garauson, Châteauneuf et Valfrey.

1333, 2 janvier. Reconnaissance à Humbert Dauphin pour les château et seigneurie de Clérieu, avec les arrière-fiefs, etc.

Le même fonds contient diverses chartes concernant les relations des Poitiers-Valentinois avec le prieuré de Saint-Pierre de Rompon en Vivarais. L'une d'elles, datée du mercredi après le dimanche de la Passion 1268, est la confirmation par Aimar, comte de Valentinois, de la donation par son ancêtre le comte de Valentinois, du consentement de sa femme Philippa, en faveur de Saint-Pierre de Rompon, de l'hôpital et de l'église de Sainte-Marie-Magdeleine d'Exobrer, avec exemption de tailles pour les hommes du couvent fondé par les prédécesseurs du comte.

par lettres du roi Louis XI, du 1er octobre 1481, et enregistrées au Parlement de Grenoble, le 24 novembre de la même année (1). Humbert donna à La Roche pour châtelain Pierre Sibeud d'Allon, damoiseau; il assigna sur cette terre une portion du douaire stipulé en faveur de sa femme Marie des Baux, et s'en réservait à lui-même une portion des revenus dans l'acte solennel du 30 mars 1349, qui donnait notre province à la France (2). Par suite de la réunion, La Roche ainsi que Beaumont-Monteux devinrent des terres domaniales; mais elles furent souvent engagées avec faculté de rachat, ce qui était pour la Couronne un moyen d'emprunter sur hypothèques. Le traité de transport du comté de Valentinois nous apprend que La Roche se trouvait en 1404 entre les mains du roi-dauphin (3). En juin 1467 cette seigneurie fait partie de la dot de Marie de France, bâtarde de Louis XI, première femme d'Aymar de Poitiers-Saint-Vallier; mais étant morte sans enfant, le fief fit retour au domaine royal. Louis XII confirma à Guillaume de Poitiers, seigneur de Clérieu, l'engagement de La Roche et Beaumont-Monteux, accordé par Charles VIII en paiement de diverses sommes (4). Un de ses successeurs, Guillaume de Poitiers-Saint-Vallier, frère de Diane, obtient le 21 juin 1533 main-levée pour ces deux places. Guy Allard raconte que Gordes, accompagné du baron des Adrets, rentré dans le parti catholique, visita en 1568 le château de La Roche, peu de temps avant la paix (5).

On trouve en 1596 Jacques Darlod, seigneur de La Roche; l'année suivante, son fils Félix, mari de Justine de Beaufort, anobli en 1602, lui a succédé. Les Arlod, originaires de la contrée,

---

(1) M. l'abbé Vincent (*Notice hist. sur La Roche-de-Glun*, p. 18-34) donne cette charte d'après une transcription authentique du dernier oct. 1487, qui fait partie de notre collection de documents.

(2) J. J. Guiffrey, *Histoire de la réunion du Dauphiné*, p. 48, 179, 185, 190, 192, 235.

(3) Duchesne, *Comtes de Valent.*, preuves, p. 73.

(4) Duchesne, *Comtes de Valent.*, preuves, p. 10; — P. Anselme, t. II, p. 204.

(5) *Vie du baron des Adrets*; Ap. Brizard, *Généalogie de Beaumont*, t. II, p. 224.

sont remplacés bientôt par les Jomaron, famille parlementaire issue d'Amédée Jomaron, notaire à Romans (1469), et encore existante à la fin du siècle dernier. Jean Jomaron, conseiller au Parlement de Grenoble, était seigneur de La Roche en 1615. De son temps, La Roche fut ravagée par la peste de 1629, et le donjon tombait en 1633 sous la mesure générale prise par Richelieu pour la destruction de toutes les fortifications à l'intérieur du royaume (1). Après Jean vient, en 1641, Ennemond Jomaron de Saint-Sauveur, maître-d'hôtel ordinaire du roi; sa fille Louise-Françoise apporte La Roche-de-Glun à son mari, Philippe-Emmanuel de La Barge, descendant d'une illustre maison de chevalerie d'Auvergne, qui a mêlé son sang à celui des Montboissier, des Montmorin, des d'Albon, et d'où sont sortis un gouverneur du Vivarais en 1603, un maréchal de camp, plusieurs chanoines comtes de Lyon et de Brioude. Les La Barge, dont l'un fut tué en duel par son voisin, Jean de Bouvier-Montmeyran, seigneur de Durtail, bâtirent dans le village le nouveau château, qu'ils vendirent sans doute avec la seigneurie. C'est du moins par les difficultés du paiement que nous expliquons un arrêt du Parlement de Grenoble de 1727, statuant que Philippe-Emmanuel de La Barge, sieur de Roussillon, du lieu de La Roche-de-Glun, se pourvoira pour l'adjudication de la somme de 6,000 livres contre Marguerite-Laurence de Coupeau de La Cohardière, femme de Paul de Grandis, seigneur de Pommerol. Messire Paul de Grandis, ancien capitaine de cavalerie, originaire de Carpentras, possédait en effet La Roche en 1733. De sa seconde femme, N. de Launay, il eut une fille unique, Catherine, mariée à son compatriote Joseph-Henri comte des Isnards, chevalier de Malte, lieutenant au régiment de Bourgogne, qui prit vers 1750 la qualification de vicomte de La Roche-de-Glun. Les Grandis de Pommerol, de noblesse récente, s'étaient enrichis dans le commerce; les des Isnards, au contraire, appartiennent à une très-ancienne famille du Comtat, admise aux honneurs de la cour en 1780. Du mariage

---

(1) Notes de MOULINET; — VINCENT, *Notice sur La Roche*, p. 43.

de Joseph-Henry vinrent Catherine, dont nous parlerons quand nous en viendrons aux péages, et Esprit-Toussaint-Joseph, vicomte des Isnards, mousquetaire du roi. Ce dernier passait pour très-joueur, et l'on prétend qu'ayant engagé une grosse partie contre un de ses compagnons d'armes au même corps, Louis-Thomas de La Grange, dont les ancêtres exerçaient la judicature de la baronnie de Tournon, au commencement du siècle, il perdit la terre de La Roche (vers 1774). M. de La Grange n'eut qu'un fils, qui émigra au moment où il allait, assure-t-on, être l'objet de poursuites criminelles (1).

Les ruines du donjon historique, ainsi que le rocher qui les supportait, ont disparu peu à peu devant les exigences de la navigation. Il ne reste donc plus de trace de ce nid féodal qui ne brava pas impunément la colère de Saint-Louis. La Roche fut autrefois un centre pour diverses familles nobles. La charte des franchises nous apprend qu'en cas de certaines accusations elles étaient admises à fournir caution; leurs noms ne nous sont pas parvenus. Mais, outre les d'Arces, installés dès la fin du XIVᵉ siècle, nous trouvons les Macellier, les Chitrieu, ou *de Chitriaco* (1484), aussi établis à Mercurol, Pierre de Saint-Jean (1599), Louis Faure de Chipre-de-Soubreroche au XVIII siècle. Il y avait sur ce territoire à l'époque de la Révolution plusieurs terriers, l'un à l'abbaye de Saint-Antoine, l'autre au commandeur de Beaumont-Monteux de l'ordre de Malte, et le troisième à M. Machon. La Roche dépendait du diocèse de Valence, et ses églises appartenaient au prieuré de Saint-Pierre du Bourg-lès-Valence. Saint-Georges, situé dans la portion du territoire qui a gardé ce nom, est mentionné, ainsi que Saint-Nicolas, dans la bulle de Célestin III, du 3 avril 1192 (2), et dans le

---

(1) Notes de MOULINET; — Arch. de l'Isère; — CHORIER, *Estat politique;* — LE LABOUREUR, *Mazures*, t. II, p. 234; — G. ALLARD, *Dictionnaire*, t. 1.ᵉʳ, col. 697; — CHABROL, *Coutumes de l'Auvergne*, t. IV, p. 777; — BOUILLET, *Nobiliaire d'Auvergne*, t. 1.ᵉʳ, p. 153; — PITHON-CURT, *Noblesse du Comtat*, t. II, p. 365 et t. IV, p. 632; — Papiers divers.

(2) L'abbé CHEVALIER, *Chartularium ecclesiæ Sancti Petri de Burgo Valentiæ*, N.° 13.

codicille de Guichard de Clérieu (1335). Le domaine voisin connu sous la même appellation était, en 1763, la propriété de noble Adrien Wittert de Westrum. Ce Hollandais, dont la famille venait d'être anoblie, *en tant que de besoin,* par l'impératrice Marie-Thérèse, fut, dit-on, attiré dans notre pays par l'espoir de guérir d'une cruelle maladie grâce à un remède local très-pratiqué de nos jours. Saint-Jean était aussi une église rurale; Roger de Clérieu, dans son testament daté du 14 des calendes de juillet 1303, lègue cent sols pour sa reconstruction. Elle avait au XIVe siècle un chapelain particulier; plus tard elle fut desservie par un religieux de la commanderie de Monteux, qui jouissait en cet endroit, comme nous venons de le dire, de droits féodaux. On trouve encore dans l'énumération des églises dont la possession est confirmée à Saint-Pierre du Bourg par Célestin III, Sainte-Marie de Marnaudo, bâtie près du confluent de l'Isère, qu'Humbert de Châteaubourg dota, au commencement du XIIIe siècle, de revenus sur le péage de Confolens (1). Le titulaire de la chapelle Saint-Nicolas, peu après détruite, avait bouche en cour au château de La Roche, en vertu du testament de Guichard. Enfin, l'église paroissiale était placée, selon le pouillé du diocèse de Valence de 1721, sous le vocable de Saint-Jean-Baptiste.

Les sires de Clérieu percevaient des droits de péage à La Roche, à Confolens, à Charmagneu. Lorsque les Poitiers succédèrent à Guichard, le Dauphin retint les péages avec la terre; et la pension annuelle de Guillaume, seigneur de Tournon, fut portée à quatre-vingts livres, pour s'attacher de plus en plus un si puissant vassal. L'original de cet acte, conservé aux archives nationales, présente cette particularité que c'est la seule charte connue signée de la main du Dauphin (2). Mais le comte de Valentinois s'étant plaint que les revenus du péage de Saint-Alban, qui lui avaient été assignés en compensation de ceux

---

(1) L'abbé Chevalier, *Chartularium ecclesiæ Sancti Petri de Burgo Valentiæ*, N.° 13, note 3.
(2) J. J. Guiffrey, *Histoire de la réunion du Dauphiné*, p. 24, note.

qu'il avait dû abandonner, étaient loin de s'élever à la somme déterminée, Humbert II, au moment de renoncer au pouvoir, consentit, le 6 avril 1349, à annuler l'échange et à restituer à Aymar les péages de Charmagneu et La Roche ; ce dernier devait s'exercer près de la chapelle de Saint-Georges, dans le voisinage du château (1). En 1355 une enquête, ordonnée par le Dauphin Charles, amena la confirmation de cet état de choses. Les Poitiers, toujours à la recherche des moyens de battre monnaie, se hâtèrent d'aliéner le péage de La Roche, qui passait en 1368 aux Crussol et quelques années après aux Tournon ; il fit partie du douaire de Catherine de Giac, veuve de Jacques de Tournon, tué en 1396 à la bataille de Nicopolis, avec l'élite de la noblesse française, et rendait alors trois cents livres (2). Il fut maintenu dans la révision de 1445. Vers ce temps ces droits étaient revenus à l'État. On trouve à la date du 19 août 1483 l'exploit de Jean Boniface, sergent royal delphinal, chargé de signifier à noble homme Charles de La Chapelle, lieutenant de bailli au lieu de Tain, et à Benoît Concard, *alias* Bordygal, pontonnier dudit port, pour noble et puissant seigneur Monseigneur de Tournon, lequel passe et repasse les allants et venants dudit Tain à Tournon, la confirmation royale enregistrée au Parlement de Dauphiné des libertés des gens de La Roche, par lesquelles la gratuité du passage leur était garantie (3). Ce péage fut de nouveau approuvé en 1555 et 1655 ; à cette dernière époque il appartenait aux Lévi-Ventadour. Une sommée ou charge de sel à la mesure de Valence, qui est de six sétiers, passant sur le Rhône, payait alors 12 deniers ; une charge de toile, de draps, de mercerie, d'acier, de plomb ou de cuirs, 3 sols ; un muid de vin, 2 sols 3 deniers ; une sommée d'huile, 18 deniers ; un arbre de nef, 100 sols, etc. (4).

---

(1) Arch. de l'Isère, cartons du Valent., paquet 2, N.º 7.

(2) VINCENT, *Notice sur La Roche-de-Glun*, p. 35 ; — DUCHESNE, *Comtes de Valentinois*, p. 56, et preuves, p. 57, 58, 62.

(3) Ce document est inséré à la suite de notre copie vidimée de la charte d'Humbert II.

(4) S. DE BOISSIEU, *De l'usage des fiefs*, 2ᵐᵉ partie, p. 106 ; — *Tarif et manière de lever les péages de la rivière du Rône*, Lyon, 1708, p. 37.

Le péage de La Roche a été souvent confondu avec celui de Confolens établi, comme le nom l'indique, au confluent de l'Isère. En confirmant ce dernier, la bulle de 1151 de l'empereur Conrad en faveur de Silvion de Clérieu s'appliquait sans doute à tout le territoire. Les droits exercés à Confolens se partageaient du reste entre plusieurs personnes. En 1230, Béatrix de Beldisnar, en épousant un autre Silvion de Clérieu, lui apporta la moitié du port de Confolens, qui entra plus tard tout entier dans le domaine de la couronne avec la terre de La Roche. Ces taxes et surtout la façon dont elles étaient exigées créaient toute espèce d'entraves au commerce; la déposition de M⁰ Pierre Blain, bachelier ès-lois, citoyen de Valence, en 1445, nous en donnera une idée; il déclare que « tout le sel que l'on
» amenoit sur la rivière du Rosne du pays bas estoit déchargié
» en ladite cité de Valence..... et aucunes fois quant aucuns
» vouloient mener ledit sel plus haut sur ladite rivière, il a
» aussi veu et sceu ce que ledit sel estoit déchargié des nefs et
» fustes, esquelles il avoit esté amené, et mené tant par des
» bestes à bast, que avec chevaulx menans ledit sel sur chars et
» charettes jusqu'au port de Confolens, et les nefs et fustes sur
» lesquelles l'on vouloit mener ledit sel, l'on les menoit vuides
» sur ladite rivière du Rosne jusqu'au port de Confolens, qui
» est sur la rivière d'Isère entrant au Rosne, et là on chargeoit d'icelluy sel, qu'on avoit amené par terre, lesdites
» nefs et batteaux, et puis l'on les menoit, ledit sel montant sur
» icelle rivière du Rosne jusques à Vienne où l'on dechargeoit
» ledit sel. » Mais les officiers du roi obligèrent les habitants de Valence à renoncer à leur exaction, et les barques purent remonter le Rhône sans être obligées de laisser leur chargement pour le reprendre ensuite (1). Rachetés de Claude Plovier, le péage et le port de Confolens furent revendus, le 13 juin 1594, à Félix d'Arlod, pour 3,150 écus. Ils furent acquis, le 27 septembre 1638, par Ennemond de Jomaron, sieur de Saint-Sauveur, au prix de 27,300 livres sur le revenu de 1,096 livres. Sa fille les

---

(1) VALBONNAYS, t. 1.ᵉʳ, p. 90.

porta à Emmanuel de La Barge, son mari. En 1704, Louis de La Barge, seigneur de La Roche, affermait les revenus du port de l'Isère pour la somme annuelle de 975 livres. Les produits du port de Confolens se confondaient avec ceux du bac de Silhart, qui desservait la grande route. En 1778, les des Isnards en retiraient 6,900 livres de ferme. Un pont ayant été construit peu de temps après à cet endroit même, Catherine des Isnards, comtesse de Séguins, qui avait eu le bac dans sa part de l'héritage paternel, fit le voyage de Paris pour réclamer du Gouvernement une indemnité, qui fut peu considérable. Mais M.me de Séguins ayant plu à la reine Marie-Antoinette, fut nommée sous-gouvernante des enfants de France. Devenue veuve, elle se remaria au comte Prosper Balbo, ambassadeur de Sardaigne à Paris (1). Non loin de là, sur la rive gauche et sur la commune de Bourg-lès-Valence, se trouve le petit château de Confolens ou Confoulent relevant autrefois de la baronnie. Le 10 mai 1586, Pierre de Mottes, sieur de Confolens, commandant pour le service du roi audit lieu, donne quittance de dix écus sol à Me Pierre Billiod, trésorier général de l'extraordinaire des guerres, par les mains de Me Loys Bajoue, trésorier provincial dudit commissaire (2). En 1777, le castel appartenait à Jean-Laurent Bancel de Confoulens, d'une famille anoblie, en 1685, par une charge au Parlement de Grenoble; il siégea dans les rangs de la noblesse aux états tenus à Romans en 1788, et émigra à l'époque de la Révolution.

Quoique dépendant de La Roche, Charmagneu, *Charamaneum*, était situé à plusieurs lieues en amont, mais toujours sur la rive droite de l'Isère, et probablement sur le territoire actuel de Beaumont-Monteux. On se souvient que ce péage fut autorisé par l'empereur Frédéric, dans la charte de 1153, dont nous avons rapporté le texte. Les droits des Clérieu passèrent aux

---

(1) BRUN-DURAND, *Le Dauphiné en* 1698, chap. 3 ; — Note comm. par M. Ad. Rochas; id., par M. Ernest de Rozière.
(2) Papiers de la maison de Bajoue comm. par M. Maclion.

Poitiers, et, le 12 juin 1363, Aymar, comte de Valentinois, vend à Raynier Coppi, bourgeois de Romans, la moitié du péage de Pisançon et Charmagneu, tant par terre que par eau, pour le prix de 350 florins d'or. En 1481, Guillaume de Poitiers ayant passé une autre vente de Charmagneu, Louis XI lui fit don à cette occasion des droits de lods. Selon Salvaing de Boissieu, le sieur de La Croix jouissait de cette propriété en 1579; les droits en avaient été réglés par une enquête du 23 juin 1565. Le 12 octobre 1601, noble Jehan de Richomme, écuyer d'écurie de haut et puissant seigneur Charles de Lorraine, duc d'Aumale, et son procureur fondé, vend à honorables hommes Augustin Ferrandin, Pierre Estezet et Pierre Chabrières le péage appartenant audit seigneur d'Aumale, que lui et ses successeurs ont accoutumé prendre sur les marchandises qui passent par le détroit de l'Isère, tant montant que descendant, au lieu de Charmagneu. Le péage était bientôt après entre les mains de Daniel Doches, François Lorenson et Mouttet. Noble Henri de Bressac, secrétaire du roi, bailli de Valence, en fit d'eux l'acquisition, le 21 avril 1607, au prix de 6,900 livres; mais Jean de La Croix-Chevrières usa du droit de rachat, pour lequel il avait succédé au duc d'Aumale. Le péage resta dès lors dans sa famille, et en 1664 M. de Pizançon était mis en demeure de justifier dans le délai de trois mois de ses titres de propriété, faute de quoi ses droits seraient dévolus au roi. Un arrêt du conseil d'État du 21 octobre 1738 supprima définitivement le péage (1).

La population de la commune actuelle de La Roche-de-Glun est de 1,293 âmes, et celle du Pont-de-l'Isère, qui en a été distrait, de 627.

Beaumont-Monteux, *Montes, Montilius, Bellus Mons* (983 habitants). Cette commune a reçu une partie de son nom du coteau de Beaumont qui lui est presque contigu, mais qui est situé sur Clérieu; quant à celui de Monteux, il s'explique

---

(1) Arch. de l'Isère, cartons du Valent.; — Extrait vidimé de l'acte du 12 oct. 1601, en notre possession; — Arch. du château de Blanchelaine; — SALVAING DE BOISSIEU, 2.me partie, p. 94, 96; — Arch. de la Drôme, série C, 994.

difficilement dans un lieu peu accidenté. Nous avons déjà dit, dans le second chapitre de cette étude, qu'en 1343 Humbert II détacha, à son profit, de la terre de Clérieu, le village de Monteux; ses droits passèrent à la couronne de France. Le 20 juillet 1367, le roi-dauphin, comme seigneur de Beaumont-Monteux, reçoit l'hommage de noble Guillaume de Claveyson, pour des censes, et le 12 mai 1386, la reconnaissance de Jocerand Gothafred, chevalier, au nom de son pupille noble Pierre Gibelin. Le 22 mai 1422, Geoffroy Viol, l'un des syndics de Romans, acheta au nom de la ville, au prix de 1,200 écus d'or, dont soixante-quatre font le marc de Paris, le territoire, mandement et juridiction de Beaumont-Monteux; la quittance fut délivrée le lendemain par Me Jehan de La Barre, trésorier du Dauphiné, l'un des commissaires chargés de procéder à la vente; mais il avait fallu emprunter la moitié de la somme à Michel Fogasse, marchand d'Avignon. Le 13 mars 1461, Louis XI donnait Beaumont-Monteux, en même temps que Peyrins, à son favori Imbert de Bathernay; cette possession dura peu, car, le 9 mai 1493, Charles VIII engagea cette terre domaniale, y compris les garennes, pour le prix de 10,000 livres, à Guillaume de Poitiers, baron de Clérieu, marquis de Cotrone, ce qui fut confirmé par le roi Louis XII; elle rendait à cette époque 400 livres, et resta dès lors dans la maison de Poitiers. En 1550, Henri II la racheta pour la remettre entre les mains de la duchesse de Valentinois, *en exécution de l'arrêt par elle obtenu du Parlement de Grenoble,* ce qui était un don peu déguisé. Diane jouissait du droit de moutonnage, en vertu duquel elle recevait un mouton de chacun tenant parc dans le mandement. Le cadeau royal échappa aux héritiers de la favorite, le 25 août 1594, malgré les réclamations du duc d'Aumale. Les commissaires députés pour l'aliénation du domaine vendirent à François de Bonne, seigneur de Lesdiguières, la terre et seigneurie de Beaumont-Monteux, avec les hommes, manants et habitants, fiefs, hommages, cens, rentes, etc., sous la réserve des foi, hommage et souveraineté, moyennant le prix de 5,670 écus, y compris le sol pour livre. On voit que cette modeste localité semblait destinée à devenir successivement la récompense de zèles de natures bien différentes. Noble André de La Croix, sieur de Chatuzanges, second fils de Félix de La Croix-Chevrières, passait, le 31 mai 1596, une reconnaissance au célèbre capitaine dauphinois, pour un tènement de bois appelé *Banier,* sis au mandement de Monteux. En 1636, noble Ennemond de Jomaron, sieur de Saint-Sauveur, était seigneur de Beaumont et Monteux, ayant acquis cette terre en vertu de lettres *de debitis* par lui obtenues. Il la vendit au président de Chevrières, dont la situation territoriale allait toujours grandissant dans le pays, et qui souscrivit, le 18 avril 1644, avec les consuls du lieu, au sujet du droit de moutonnage, une transaction, par laquelle les droits anciennement établis devaient désormais lui être régulièrement payés, sans tenir compte des arrérages. Beaumont-Monteux resta jusqu'à la Révolution au pouvoir de la maison de La Croix. Cependant, dans un acte de 1777, Messire Charles de Chabrières, seigneur de La Roche, Peyrins et Murs, est aussi qualifié seigneur de Beaumont-Monteux. Cette contradiction apparente doit probablement s'expliquer par la possession de droits féodaux, que M. de Chabrières exerçait sans doute en quelque endroit de cette commune et qu'il tenait de Jacques Coste, son prédécesseur au comté de Charmes, qualifié coseigneur de Beaumont-Monteux dans son testament de 1671 (1).

Les noms d'une partie des plus anciens châtelains de Beaumont-Monteux nous ont été conservés : 1343 à 1345, François de Cugno ou du Coin; il date de l'établissement de la communauté de Monteux; 1349 à 1353, Berthon de Maloc; 1366, Pierre Gaillard; 1372 à 1373, Bernardon de Bren; 1377, François Colonnel; 1389 à 1390, Ponce de Capriliis ou de Chevrières; 1391 à 1408, Étienne Flaminge; 1421, noble Jean de Grasse;

---

(1) *Cartulaire de Saint-Barnard*, N.° 146; — L'abbé Chevalier, *Cart. de Saint-André-le-Bas*, appendice, N.° 3; — Arch. du château de Peyrins; — *Id.* de la Drôme; — *Registrum litterarum officiariorum;* — Ms. de la bibliothèque de Terrebasse, comm. par M. Émile Giraud; — Duchesne, *Comtes de Valent.*, p. 100, et preuves, p. 101; — Inv. de la Ch. des Comptes de Dauph., Élection de Saint-Marcellin, fol. 233, 270; — Papiers comm. par M. Machon; — Notes de Moulinet.

1449, noble Arthaud de Meffrey, pour noble Jean Lebrun; 1487 à 1499, noble Jean de Lodot; 1506 à 1517, Antoine de Conflans, écuyer. Par lettres patentes du 1er mars 1506, Louis XII lui fit don pour sa maison forte sur Chanos de l'usage du bois et pâturage pour ses bêtes dans les forêts de Banier près de Romans (1).

Il y avait dans ce lieu une antique commanderie de l'ordre de Malte, qui possédait aussi des biens à Chanos et à La Roche-de-Glun; cette commanderie fut annexée au XVIe siècle à celle de Saint-Romain-en-Galles-lès-Valence. On trouve en 1231 Frère Chautard, précepteur de Monteux. Le 5 août 1540, Frère François d'Agaud, commandeur de Saint-Romain-en-Galles et du membre de Monteux, qui en dépendait, fournit un dénombrement au Dauphin. De 1605 à 1612, noble et religieuse personne Frère Jean de Lemps, chevalier de Saint-Jean-de-Jérusalem, commandeur de Vienne et Monteux, reçoit diverses reconnaissances; il levait la dîme en grains et vin dans le mandement. Un arrêt du Parlement de Grenoble de 1675 réintègre Antoine de Pouchon, commandeur de Monteux, dans la possession des dîmes de ce lieu, comme en étant prieur et seigneur décimant, contre les prétentions de René Servan, curé de Monteux. On voit encore, comme commandeurs de Monteux, en 1753, N. Boyer de Ruffé; en 1762, François-Charles Peschant, prêtre conventuel de l'ordre de Malte, et en 1788, Claude-François Boyer. Dans les derniers temps, cette commanderie était une de celles affectées aux chapelains conventuels et aux servants d'armes de la vénérable langue d'Auvergne: ces fonctions n'impliquaient pas des preuves de noblesse (2).

---

(1) BRIZARD, *Généalogie de Beaumont*, t. 1.er, p. 291; — Livre de taille de Romans; — *Réponse par M.e Louis Machon, notaire à Romans, au mémoire de M. le comte de Saint-Vallier, signifié le 15 mars 1783*; — Inv. de la Ch. des Comptes, article *Romans*.

(2) A. LACROIX, *Notice sur Saint-Paul-lès-Romans*, p. 22; — Inv. de la Ch. des Comptes, Saint-Marcellin, t. 1.er, fol. 236; — Terrier du membre de Monteux, 1606, aux arch. de la Drôme; — Inv. sommaire des arch. de l'Isère, série B, 1231; — *Liste de Messieurs les chevaliers, chapelains, conventuels et servants d'armes des trois vénérables langues de Provence, Auvergne et France*, Malte, 1787, p. 92.

La paroisse sous le vocable de Saint-Jean, dépendant dudit ordre de Malte, paraît avoir fait partie à l'origine du patrimoine de la commanderie. Le chapitre de Saint-Barnard était décimateur au quartier de Champollion, en vertu d'une transaction de l'année 1441 (1). L'église des Granges, sur la même commune, est d'institution récente ; on croit qu'anciennement il en existait une sur les bords de l'Isère.

Chantemerle, *Cantamerlum*, *Cantusmeruli* (1,008 habitants).

Une bulle du pape Alexandre III, en 1164, atteste que l'église du Puy-en-Velay possède le village de Chantemerle avec ses églises et dépendances. Le 19 mai 1267, Clément IV confirme ces droits du chapitre du Puy (2). Faut-il attribuer cette propriété lointaine à une donation du célèbre Adhémar, évêque du Puy en 1080, légat du pape à la première croisade, qui, s'il faut en croire la charte 169 de Saint-Barnard, était frère de Lambert-François, seigneur de Peyrins, mais en tout cas appartenait à notre province (3). Notre-Dame de Chantemerle conserve encore, en témoignage de ses anciens liens religieux et féodaux, son antique vierge noire replacée récemment sur l'un de ses autels. Cette localité fut partagée jusqu'à la Révolution en deux paroisses, dont les dîmes, perçues par les curés respectifs, leur tenaient lieu de portions congrues : l'une de ces paroisses sous le vocable de Saint-Pierre-ès-Liens ou Saint-Pierre-des-Blés aujourd'hui détruite (dans son voisinage se trouvait un péage sur lequel fut assignée au XIIIe siècle une partie des revenus repré-

---

(1) BRUN-DURAND, *Dictionnaire ecclésiastique*.

(2) *Manuscrits d'Étienne Médicis*, t. II, p. 161 et suiv., cités par MONLEZUN, dans *l'Église angélique* ou *Histoire de Notre-Dame du Puy*, p. 165.

(3) La chronique du monastère de Saint-Pierre du Puy (ap. D. VAISSETTE, t. II, preuves, col. 8) dit : « *Adhemarus filius consulis provinciæ Valentinensis.* » — Un érudit bien connu dans nos contrées, feu le marquis de Satilleu, affirmait que *consul* était ici pour *comte*, et il en donnait pour preuve que l'on voyait un peu plus loin dans la même chronique les vicomtes de Polignac désignés par le titre de proconsuls. On sait que jusqu'à ces derniers temps l'opinion la plus accréditée rattachait ce prélat aux Adhémar de Monteil. (PITHON-CURT, t. IV, p. 18 ; — ROCHAS, *Biogr. du Dauphiné*, t. 1er, p. 4.)

sentant les droits de Guillaume de Poitiers-Saint-Vallier à la succession paternelle) (1); l'autre sous le patronage de la Vierge, et sans contredit l'un des plus curieux monuments de la contrée. Isolée au sommet d'une étroite colline, à laquelle on accède par une longue suite de marches dégradées, cette église, qui a vu naître et mourir à ses pieds tant de générations, va bientôt à son tour disparaître dans le passé. De profondes lézardes sillonnent ses vénérables murailles; le sol même miné par les pluies menace de se dérober sous les fondations. Il serait cependant profondément regrettable de laisser périr, faute de quelques réparations, ce curieux spécimen d'architecture contemporain des temps où l'âme des populations s'ouvrait aux terreurs apocalyptiques du jugement dernier, dont l'heure semblait prochaine. Le trop modeste budget de la commune étant insuffisant pour couvrir les dépenses qui seraient ici nécessaires, espérons qu'une allocation du Gouvernement permettra la restauration de cet édifice bien digne d'être classé parmi les monuments historiques. Nous ne pouvons trouver un meilleur moyen d'éveiller l'intérêt des artistes qu'en donnant ici la savante description de l'église de Chantemerle, écrite à notre prière par un des archéologues les plus compétents de notre province, M. le vicomte Fernand de Saint-Andéol.

« L'intérieur de l'église de Chantemerle est divisé en trois nefs, composées chacune de trois travées accusées de chaque côté par trois piliers et continuées par un espace de peu de portée, faisant chœur devant une abside en hémicycle terminant la grande nef et deux absides carrées au bout de chaque côté. Ces piliers sont sur plan barlong, surmontés de chapiteaux à personnages et à sujets symboliques, et flanqués chacun de deux colonnes sur leurs grands côtés, nef et collatéral, supportant la retombée des arcs doubleaux de la voûte, qui est à plein cintre dans la grande nef et en tiers de cercle dans les bas côtés. L'abside centrale, éclairée par trois fenêtres, termine cette perspective, qui, dans ses rapports et proportions, accuse le style de la

---

(1) Factum pour le comte de Saint-Vallier, 1759, p. 22.

deuxième moitié du XIe siècle, sauf sur un point que nous relèverons plusloin.

» A l'extérieur, le chevet, qui est orienté, présente l'hémicycle de son abside faisant saillie sur le plat du mur qui termine l'extrémité des bas côtés ; elle est étayée par quatre contreforts, dont deux aux points de soudure de sa courbe avec la surface des murs droits. Les contreforts s'élèvent à peine aux deux tiers de la hauteur totale du mur de l'abside, qui n'atteint pas aux trois quarts de la hauteur des nefs. Trois fenêtres de grandeur moyenne éclairent ce sanctuaire, et deux un peu plus étroites éclairent le fond des bas côtés. Un cordon sur billettes s'arrondissant au-dessus du plein cintre de chaque fenêtre et contournant les contreforts, en y faisant corniche sous larmier, rattache le tout comme une œuvre d'un seul jet, et si l'on se souvient que ce système décoratif de cordons sur billettes était fort usité dans la deuxième moitié du XIe siècle et la première du XIIe, ce dont la cathédrale de Valence nous donne un exemple, il faut reconnaître que c'est à cette date, au XIe plus encore qu'au XIIe (où déjà l'on remarque le volume massif des piliers à l'intérieur), que revient le chœur de l'église de Chantemerle.

» Si nous examinons la façade, c'est bien encore de ce même style dit roman secondaire que nous avons sous les yeux, mais d'une date un peu plus avancée, du moins par ses contreforts et par sa partie supérieure. Les personnes qui ont pu voir dans le Midi un grand nombre d'églises à trois nefs de ce style, auront observé que jusqu'à l'approche du style ogival la façade est dépourvue de contreforts, au moins dans la partie médiane, quoique les flancs en soient munis pour contrebuter la poussée des voûtes, parce que le mur de la façade ne reçoit que la faible poussée des premiers arcs formerets de l'intérieur et que la hauteur du pignon, que la masse de l'ensemble de ce mur, alors qu'il est surtout construit en pierres de taille, doit suffire à cette résistance. Ici le mur de la façade est étayé par quatre contreforts s'élevant à la même hauteur que les contreforts latéraux jusque sous les combles. Ces contreforts sont à plusieurs ressauts et marquent le XIIe siècle plus que le XIe. Aux deux tiers de la hauteur de cette façade, une corniche élégamment sculptée, comprise entre les deux contreforts extrêmes, mais contournant les deux intermédiaires, sert de base à trois fenêtres, dont l'ouverture d'une hauteur égale à deux fois la largeur environ s'évase de dedans au dehors ; elles éclairent les trois nefs ; la fenêtre centrale est encadrée dans un tableau ou retraite entre deux colonnettes supportant un plein cintre multilobé, comme en comportait le quatrième étage du clocher de la cathédrale de Valence avant sa dernière destruction. La porte d'ouverture, carrée sans impostes, est encadrée par une archivolte composée de tores, gorges et filets reposant sur deux colonnettes avec tympan uni.

» Cette description de l'intérieur, de la façade et de l'abside nous donne une construction appartenant au style dit roman secondaire ayant fleuri pendant les XIe et XIIe siècles, et pour l'archéologue estimant le tout par la partie et ne sachant rien au-delà de cette période, c'est chose jugée. Mais l'étude des murs latéraux nous montre ici autre chose pour nous prouver que le travail des XIe et XIIe siècles fut une grande restauration et non une construction nouvelle.

» Le flanc sud se développe sur une longueur moyenne, eu égard à la hauteur, pour se continuer à une élévation moindre d'un tiers. Bien des fois déjà nous avons eu occasion de parler de petites églises de la Gothie, construites du milieu du VIIIe siècle au courant du Xe, composées d'une nef à deux travées, continuée par une troisième d'une moindre portée faisant le chœur immédiatement devant l'abside.

» Dans le même temps, un même profil apparaît dans les petites églises de la province ecclésiastique de Vienne, où l'absence de voûtes privant la nef de pilastres à l'intérieur et de contreforts à l'extérieur, sans division de travées par conséquent, l'équivalent de ces dernières s'y trouve accusé par les fenêtres au nombre de deux, tandis que la troisième travée se manifeste au dehors et par une moindre portée et aussi par une moindre élévation. Ce profil est ici fidèlement reproduit, abstraction faite des trois contreforts à ressauts montant jusqu'aux combles, pareils à ceux de la façade, partageant en inégales portées ce flanc de l'église, puisque le troisième est établi à plus d'un mètre de l'extrémité des deux premières travées, où serait sa véritable place, addition après coup exigée par la prudence. Nous ne sommes donc plus ici en présence d'une construction du XIe siècle ; nous venons de montrer en premier lieu que le profil extérieur de cette église rappelle celui des petites églises de la Gothie et de la Burgondie érigées du milieu du VIIIe siècle au commencement du Xe, tandis que les églises authentiques des XIe et XIIe siècles ne montrent jamais ce profil ; car toutes leurs travées de nef, quelqu'en soit le nombre, sont d'égales portées, ou bien la travée faisant le chœur a un peu plus de portée que les autres ; elle est sur le plan carré équilatéral exigé, soit par un intertransept, soit par l'imposition d'une coupole octogone, ce qui est précisément tout le contraire du plan précité, qui, par ce point, trahit une retouche dans la nef et non une construction nouvelle. D'autre part, il est de règle générale pendant la période dite romane secondaire que les fenêtres éclairant latéralement les nefs soient plus grandes que celles de l'abside, très-rarement de grandeur égale, mais jamais plus petites. Ici c'est tout le contraire : les fenêtres latérales de la nef sont plus petites ; elles ne sont qu'au nombre de deux pour toute la longueur des nefs, tandis que l'abside en compte trois à elle seule. Les trois fenêtres éclairant la façade et qui répondent si bien à ce style, sont plus grandes et n'offrent pas la même forme, et c'est à l'instar de ces trois fenêtres que le XIe siècle aurait percé les latérales, s'il avait eu à bâtir les murs des côtés. Les deux fenêtres, qui seules les éclairent, sont très-étroites, sans évasement extérieur, trouées comme à l'emporte-pièce ; une pierre carrée échancrée en demi-cercle sur un de ses côtés en fait tout le cintre. Ce modèle se retrouve souvent dans les petites églises de cette région antérieures au XIe siècle. Il est enfin une troisième raison sans réplique pour quiconque a pris connaissance des éléments d'archéologie et d'architecture touchant nos constructions élevées du XIe au XIXe siècle, c'est que le nombre des fenêtres éclairant latéralement les nefs d'une église est égal à celui des travées qui composent ces nefs, et que dans le cas où une cause particulière ne permet pas ce nombre égal, toutes celles qui y sont ouvertes le sont toujours dans l'axe du centre de chaque travée. Or, à notre église de Notre-Dame de Chantemerle les nefs comptent trois travées, parce qu'ayant à voûter, il fallut rapprocher les supports, tandis qu'à l'intérieur il n'a jamais existé que deux fenêtres sur le côté espacées d'une manière normale pour deux travées, ce qui fait qu'elles ne peuvent être dans l'axe du centre de chacune des trois travées de la nef; les lignes du plan chevauchent; en un mot, le dehors n'a pas été fait pour le dedans. Et puisque l'intérieur est reconnu appartenir au style du XIe siècle, que l'extérieur ne peut relever du style progressif du XIIe, qui n'aurait pas manqué, s'il avait eu à relever ce mur, de le diviser à l'aide de contreforts et de fenêtres en autant de compartiments qu'il y a de travées au dedans; il s'ensuit qu'il est nécessairement antérieur au style du XIe siècle et qu'il revient à l'âge des églises caroliennes de la province de Vienne, sans contreforts parce qu'elles étaient dépourvues de voûtes. Les trois contreforts de celle-ci, inégalement espacés, pareils à ceux de la façade, y ayant été ajoutés après coup, il en résulte que cette église n'était pas voûtée.

» Bien que la façade appartienne au XIe ou XIIe siècle par le sommet à partir de la corniche, par ses fenêtres, ses contreforts et peut-être par le parement de la partie inférieure, l'ouverture de la porte carrée, sans imposte, avec son linteau à corniche saillante, au lieu d'un linteau plat sur impostes, selon l'usage de ce style, prouvent que la base du mur, du moins dans son blocage, est antérieure à ce même siècle, à ce même style. De plus, si les moulures, tores et filets qui composent l'évasement de son archivolte, reviennent aussi au XIe siècle, c'est qu'on a pu les tailler dans le rectangle d'une première archivolte, que son bandeau supérieur accuse par ses rinceaux et sa propre disposition appartenir au premier style.

» La conclusion que l'on peut tirer de cette étude archéologique est que l'église de l'ancien prieuré de Notre-Dame de Chantemerle a été construite de la fin du VIIIe siècle au courant du Xe; que sa nef n'était pas voûtée; que ses murs latéraux, leurs fenêtres et la base de la façade appartiennent au style de cette époque; que dans le courant du XIe siècle on refit son abside à trois fenêtres au lieu d'une, avec un peu plus d'élévation;

qu'on releva sa façade; que l'on divisa, pour le voûter, l'intérieur en trois nefs et en trois travées par des piliers carrés flanqués chacun de deux colonnes à fût démesuré, et qu'après avoir établi ainsi dans une enveloppe qui ne le comportait pas, un système de voûtes et de poussées, on fortifia cette enveloppe à l'aide de contreforts, qui tant bien que mal disposés devaient garantir son existence. »

La petite chapelle dans le village sous le vocable de Sainte-Croix, où l'on célèbre la messe dans la semaine, renferme un tableau de saint Pierre ès-liens provenant sans doute de l'église de ce nom, et un autre plus grand représentant Saint-Sauveur ou Notre-Seigneur portant la croix. Au bas de cette toile assez médiocre on lit l'inscription suivante : « C'est le vray portrect » de Jésu Christ selon la sainte face de Rome peincte par Saint » Luc et la grandeur du Saint Suaire de Chambéry apporté par » le r. Charles cardinal de Lorraine à M. Renée de Lorraine, » abbesse de Saint-Pierre de Reims, sa sœur. »

Ce tableau, qui a dû être apporté à l'époque de la domination si peu prolongée du duc d'Aumale à Chantemerle, appartenait évidemment à la chapelle Saint-Sauveur, dont les ruines se voient encore sur un coteau, auprès d'une fontaine, dans le quartier connu sous la même appellation. Ma famille possédait une portion de ce territoire. De là le nom donné, selon l'usage du temps, à l'un de mes grands oncles, Joseph de Gallier Saint-Sauveur, écuyer, chevalier de Saint-Louis, marié en Alsace à Christine de Wangen Gerolzeck, fille d'un lieutenant-général des armées du roi et nièce du dernier évêque de Bâle, résidant à Porentruy. Ce nom est demeuré à sa postérité, fixée aujourd'hui à Fontainebleau.

La possession de Chantemerle par les Clérieu eut-elle pour origine la conquête ou une acquisition régulière? Nous l'ignorons; mais ce qu'il y a de positif, c'est que Notre-Dame du Puy continua à exercer des droits féodaux. Une charte datée du samedi après la fête de Saint-Michel 1304 nous apprend qu'Arthaud de Claveyson, seigneur de Mercurol, rend hommage lige à Pierre de Servissas, chanoine du Puy et prieur de l'église de Chantemerle, pour tout ce que ledit Arthaud possède au mandement de Chantemerle et qui a appartenu à noble homme Falcon de Mercurol. Il semble résulter d'ailleurs d'un mémoire manuscrit des droits et des devoirs de la baronnie de Clérieu en 1498 (aux archives du château de Saint-Vallier) que Guillaume de Poitiers était tenu pour Chantemerle à des redevances envers le chapitre du Puy. Il a existé dans la contrée une famille du nom de Chantemerle, qui, à une époque reculée, a pu avoir part aussi à la seigneurie de cette localité. Le 6 des ides de décembre 1276, Humbert de Chantemerle paraît comme exécuteur testamentaire de Falcon de Mercurol dans une vente de terres et bois au territoire de Roion sur Clérieu, passée par les héritiers du défunt à Arthaud de Claveyson, seigneur de Mercurol (1).

Le dimanche après la Purification 1253, Hysmidon de Valle, chevalier, vend à Silvion de Clérieu une maison à Chantemerle, la moitié du four banal, 12 deniers de cense, etc., pour dix mille sous viennois. Richard de Chaurisan ainsi qu'Adhémar de Curson sont au nombre des témoins (2).

Par le testament de Guichard, Chantemerle passa des Clérieu aux Poitiers. En 1354, Aimar V dit le Gros, comte de Valentinois, assigne à Aynard de La Tour, seigneur de Vinay, les revenus de ce fief (3). Le même comte, fort obéré et se voyant sans lignée, aliéna un grand nombre de ses terres. S'il fallait en croire Guichenon, qui est ici dans l'erreur, Guy de Grolée, seigneur de Neyrieu, Beauvoir de Marc et Montrevel en Dauphiné, conseiller et chambellan du Dauphin, mais selon André Duchesne, dont le témoignage est confirmé par les actes venus jusqu'à nous, Jean de Grolée, fils de Guy, profita de ces circonstances pour acheter Chantemerle au prix de cinq cents florins d'or. En 1380, le procureur fiscal du Dauphiné avait intenté un procès à Jean de Grolée et Archimbaud, son fils, qui n'avaient point encore reconnu la terre de Chantemerle, quoique mouvante du roi-

---

(1) Archives du château de Blanchelaine.
(2) Archives de l'Isère, cartons du Valentinois.
(3) VALBONNAYS, t. 1er, p. 216.

dauphin. L'année suivante, l'autorité royale en gratifia Charles de Poitiers-Saint-Vallier, comme d'un bien forfait et dévolu à la couronne, la vente ayant été consentie sans l'agrément du suzerain; cette donation ne paraît avoir eu aucune suite. Artaud de Beaumont, VIe du nom, seigneur de Tullins et des Échelles, à la suite d'un prêt de trois cents florins d'or à Antoine de Grolée, seigneur de Bressieu, se fit adjuger en 1453, en paiement de cette dette, la terre de Chantemerle, et par son testament du 30 mars 1477 institua pour son héritier universel son cousin Charles, fils de Jacques de Beaumont, seigneur de Saint-Quentin. Dans le même acte il donne la jouissance de l'office de châtelain de Chantemerle à son serviteur noble Artaud de Manissen, de Romans. Pendant la minorité de Charles et sous l'administration de son père, Pierre Morelli et Étienne Symon, commis pour visiter et marquer les routes sur le mandement de Chantemerle (on voit qu'il y avait dès cette époque de véritables agents-voyers), tracèrent un chemin qui empiétait, à ce qu'il paraît, sur le territoire de Mercurol. D'après la réclamation de Geoffroy de Claveyson, seigneur dudit lieu, le différend fut soumis à la décision de vieillards des deux localités, qui tranchèrent la question de possession en faveur de ce dernier. Un arrêt du Parlement de Grenoble du 24 juillet 1490 reconnut au profit de Guillaume de Poitiers, qui rentra ainsi dans l'héritage de ses ancêtres, le droit de rachat et de prélation sur Chantemerle. Son petit-fils Jean passa le 18 août 1530 une transaction avec les habitants, de laquelle il résultait que le seigneur choisirait l'un des trois étangs ou marais pour le remettre en nature d'étang, et que les habitants jouiraient des deux autres comme pâturages, moyennant la censive de 18 pugnerées froment et 2 sous 6 deniers argent. Chantemerle ayant suivi les destinées de la baronnie de Clérieu, vendue par les héritiers de Diane à Jean de la Croix, son petit-fils le président de Chevrières soutint un procès contre les gens de l'endroit. Un arrêt contradictoire rendu le 1er septembre 1657 par le Parlement de Paris jugeant en dernier ressort, ordonne le cantonnement des bois de la Vée, dont les **deux tiers sont attribués à la communauté, qui paraît avoir été privée à cette époque du droit de mener paître les bestiaux dans** les marais. Il est probable que le mécontentement des plaideurs s'était exhalé d'une manière assez vive, car le même arrêt interdit aux habitants de faire des assemblées générales autrement qu'en présence des officiers de la justice de Chantemerle, et enjoint auxdits habitants de porter honneur et respect à leur seigneur, sous peine de punition exemplaire. Ces marais, longtemps en litige, disparurent il y a quelques années ; les défrichements opérés sous l'administration de M. Habrard, alors maire de Chantemerle, ont rendu à l'agriculture des terrains précieux et notablement augmenté la salubrité du pays (1).

L'hommage d'Artaud de Claveyson, seigneur dudit lieu et de Mercurol, à Louis de Poitiers, comte de Valentinois, le 18 janvier 1344, mentionne le lieu appelé « hospitium Valseriorum, scilicet » Petrus et Guillelmus Valserii fratres ». Cette métairie était située au quartier des Vossertis sur la commune de Chantemerle (2).

---

(1) GUICHENON, *Hist. de Bresse*, continuation de la 3ᵉ partie, p. 121 ; — DUCHESNE, *Comtes de Valentinois*, p. 57, 81, 82, et preuves, p. 36 ; — Arch. de l'Isère, B, 4 ; — Arch. de Blanchelaine ; — BRIZARD, *Généalogie de Beaumont*, t. Iᵉʳ, p. 119, 120, et t. II, p. 93, 94 ; — Arrêt contradictoire du Parl. de Grenoble qui adjuge au sieur baron de Clérieu la seigneurie de Chantemerle, s. l. ni date (XVIIᵉ siècle), impr. de 18 p. in-4° ; — Terrier de Diane de Poitiers, aux arch. du château de Saint-Vallier, fol. XXI ; — Arrêt du Parl. de Paris du 1ᵉʳ sept. 1657, impr. in-4° de 8 p.

(2) *Cartularium Clayriaci.*

Dans la première partie de ce chapitre, une erreur de l'imprimeur, écrivant par une minuscule le prénom de Romain Veilheu, conseiller delphinal, en a fait un adjectif de nationalité. A propos de cette ancienne famille, M. le comte de Mons a bien voulu me communiquer les lettres de noblesse octroyées par Louis XI, à Saint-Donat, en août 1448, à Lantelme Veilleu, fils d'Antoine Veilleu et de noble Françoise Meffrede. L'original sur parch. repose dans ses arch. domestiques.

FIEFS ET ARRIÈRE-FIEFS.

CHAPITRE SECOND.

Les arrière-fiefs.

Les sires de Clérieu exerçaient sur des fiefs, qui n'étaient pas des enclaves de la baronnie, des droits plus ou moins étendus, limités par d'autres obligations féodales, réduits quelquefois au simple hommage. Les anciens titres nous ont conservé la nomenclature de ces arrière-fiefs, qui furent Claveyson et Mureils (canton de Saint-Vallier), Miribel en Valclérieu (canton de Romans), Baternay, Montchenu et Margès (canton de Saint-Donat), enfin Mercurol, Larnage et Croses (canton de Tain), dont les paroisses dépendaient sans exception du diocèse de Vienne. La plupart de ces terres reconnaissaient en même temps pour suzerain le Dauphin ou l'archevêque de Vienne, tandisque d'autres relevaient de seigneurs moins importants. Les Romains, qui ont pénétré partout dans les Gaules, se répandirent au milieu de ces localités ignorées. En maint endroit, la découverte de médailles, de poteries, de sépultures est venue attester leur présence. Éloignées presque toutes de la grande voie de communication, ces bourgades de très-médiocre importance ont peu de part dans l'histoire de la province ; pas assez fortes pour conquérir la liberté, ni assez riches pour l'acheter, elles n'ont dû être investies que fort tard de franchises municipales, et n'ont emprunté quelque éclat qu'à l'illustration de leurs possesseurs entraînés sur un théâtre plus brillant par les obligations féodales de la guerre ou la faveur de nos rois. A défaut des archives départementales, qui ne doivent désormais nous fournir que de trop rares documents, nous n'aurons plus guère pour nous guider que les parchemins poudreux des châteaux et les vieux papiers de procès, lorsque le hasard a permis qu'ils aient survécu à tant de vicissitudes.

Claveyson, *Clavaisio*, *Clavayso*, (1,031 habitants).

La maison qui tenait son nom féodal du village de Claveyson, fut sans contredit une des plus anciennes de la province. Le 8 mai 1124 Silvion de Claveyson prend part à un acte en faveur de l'église de Grenoble. On trouve en 1160 Jarenton et en 1168 Guillaume de Claveyson, chanoine de Romans, en 1257 Arthaud, seigneur de Claveyson et Mercurol, deux localités qui pendant cinq siècles devaient rester unies sous la même domination. Son successeur Guillaume eut entre autres enfants Catherine, promise par contrat de l'année 1295, le mardi après la fête de Sainte-Magdeleine, à Nicolas d'Hauterive, damoiseau; Raymond de Claveyson, frère de la mariée, se charge des habits nuptiaux. Les prénoms d'Arthaud et de Guillaume semblent alterner, sans que les incertitudes de leur généalogie permettent d'assigner à aucun d'eux un numéro d'ordre. En 1302 Arthaud se reconnaît homme lige de Roger de Clérieu et déclare tenir de lui le tiers du château et mandement de Mercurol et la huitième partie de Claveyson rendables. Le reste de la seigneurie était-il encore en franc-alleu ou déjà soumis à la suzeraineté delphinale, à laquelle fut rendu hommage en août 1349? Le 6 juillet 1329, Arthaud épousait Marguerite, fille d'Aymard de Bressieu. Le 1er août 1331, il prête hommage au Dauphin pour les droits de péage, de fournage, etc., exercés par ledit Arthaud au lieu de Serves *(Cervia)*. Lui-même ou l'un de ses homonymes et successeurs vendit, le 11 juin 1360, à Aymard de Roussillon, seigneur d'Anjou et Serves, la coseigneurie de cette dernière localité avec les droits et rentes y attachés. Arthaud fut un des conseillers d'Humbert II et assista avec d'autres feudataires importants à la ratification de la cession du Dauphiné (31 juillet 1343). Il renouvela en 1344 et en 1345, en faveur de Louis comte de Valentinois, comme baron de Clérieu, l'hommage autrefois prêté à Roger de Clérieu. Ce serment féodal, qui n'impliquait pas de réserve, quoique Mercurol dépendît aussi du seigneur de Peyrins, oblige Arthaud à prendre part à la guerre entreprise par son suzerain contre Pierre de Chastellus, évêque de Valence ; il était dans l'armée du comte, qui défit les épiscopaux près d'Urre, et ravagea avec ses seuls vassaux les territoires de Livron appartenant à l'évêque. En 1349 est indiqué un hommage au Dauphin pour la terre de Claveyson et un péage. Amé, seigneur de Claveyson, écuyer banneret, se trouva pendant un mois, en 1424, « à la tuhition et deffense du chastel de » Crémieu », ainsi qu'il résulte d'une quittance de son compagnon d'armes Philibert de Montchenu faisant partie de la curieuse collection de documents dauphinois de M. le comte Humbert de Pina. Cet Amé mourut peu après, car on voit par un procès-verbal du 24 août 1429 que le bailli de Viennois mit sous la main delphinale les terres de Claveyson et Mercurol, après le décès du seigneur, et que le procureur fiscal avait apposé déjà les étendards et les armes du roi sur les tours et aux portes du château. Tandis que les aînés, richement fieffés, rassemblaient leurs tenanciers sous leur cri et leur bannière, les cadets, simples chevaliers, guerroyaient dans des conditions plus modestes. Dans le rôle de l'arrière-ban du Viennois du 4 décembre 1472, Jean de Claveyson est au nombre des brigandiniers. **Les armes plus que l'église attiraient les Claveyson: ils ont versé leur sang sur les champs de bataille à Varey, à Verneuil, à**

Fornoue, à Cérisolles. Cependant chez eux, comme dans toutes les vieilles races, il y a eu la part du cloître : deux abbesses de Soyons au XIVme siècle et Jean, commandeur de Marnans de l'ordre de Saint-Antoine, des chanoines de Vienne et de Romans. Leur fortune devait être considérable : on les voit, selon l'usage du temps, se porter garants dans les contrats de mariage des grandes maisons dauphinoises, telles que les Clermont et les Sassenage, dans l'intimité desquels ils vivaient. Possesseurs d'un bel hôtel à Romans, transmis à leurs successeurs, ils manifestèrent une dévotion particulière pour leurs voisins les Cordeliers ou Frères Mineurs, où ils avaient leur tombeau de famille (1), et dont ils enrichirent le couvent par leurs largesses. On cite, entre autres, le legs contenu dans le testament d'Arthaud du 10 avril 1366, le don de deux cents florins d'or par Marie, sa fille, et les dernières dispositions de François du 18 août 1429. La branche principale tomba en quenouille au XVme siècle, comme nous allons le dire ; mais d'autres rameaux subsistèrent beaucoup plus tard, et il y a cent cinquante ans cette famille était encore représentée en Dauphiné (2).

Béatrix, fille unique et héritière de Geoffroy ou Joffrey de

---

(1) Cependant, ils possédaient une autre sépulture dans la chapelle Saint-Crépin de l'église des Carmes de Tournon, sur l'emplacement de laquelle s'est élevée la sous-préfecture. Le 21 juillet 1334, frère Jean de Claveyson, religieux de l'ordre de Saint-Antoine, avait fondé, au nom de son frère Arthaud, seigneur de Claveyson, une messe de *requiem* annuelle dans cette chapelle, où les armes de ces seigneurs avaient été placées, et où se trouvait le caveau de famille. Cet usage tombé en désuétude fut renouvelé par un acte conclu entre Pierre d'Hostun-Claveyson et les Carmes de Tournon. (Archives du château de Claveyson.) Ce même Pierre avait passé avec les habitants de Claveyson une transaction homologuée par arrêt du Parlement de Grenoble en 1552. (Archives de l'Isère, B. 86.)

(2) *Cartulaire de Saint-Hugues*, C, N.° LIV ; — VALBONNAYS, t. 1er, p. 129 ; — *Cart. de Saint-Barnard*, N.° 308 ; — GIRAUD, *Essai*, t. Ier, p. 214, 225 ; — RIVOIRE-LA-BATIE, *Armorial* ; — *Invent. de Clérieu* de 1650 ; — *Notes de* MOULINET ; — *Arch. du château de Châtelard* ; — *Cartularium Clayriaci*, p. 1 ; — CHORIER, t. II, p. 321 ; — L'abbé VINCENT, *Notice sur Livron*, p. 12 ; *idem sur Montelier*, p. 9.

Claveyson, dame de Claveyson et Mercurol, avait épousé avant le 31 mars 1440 Jacques, seigneur d'Hostun, La Laupie et Vercors, de la famille de Camille, duc d'Hostun, comte de Tallart, maréchal de France sous Louis XIV, lieutenant général du Dauphiné, ministre d'État et membre du conseil de régence. Les fiefs aidant, Béatrix imposa son nom à ses descendants. Son fils Geoffroy, seigneur d'Hostun, Claveyson, Mureils, Mercurol, La Bâtie et Vercors, enterré en 1505 dans la chapelle de Claveyson, avait servi le roi avec les seigneurs de Saint-Vallier et de Tournon dans la guerre contre Charles-le-Téméraire, duc de Bourgogne. Antoine d'Hostun de Claveyson, l'un de ses fils, commandeur de Chazelles en Forests et maréchal de l'ordre de Saint-Jean-de-Jérusalem, en l'absence du grand maître d'Aubusson, reçut une arquebusade à la main au siége de Rhodes et aida son frère Louis à rebâtir l'ancien château sur la colline (1508). Ce Louis transigea, le 30 janvier de l'année suivante, avec les habitants de Romans, qui lui accordèrent entre autres choses de faire passer sur le pont de cette ville, pour l'usage de sa maison, tout ce qu'il lui plairait, sans payer aucun droit. Plusieurs autres de cette maison se distinguèrent dans le même ordre de Saint-Jean. François, fils de Pierre, seigneur de Claveyson et de Magdeleine de Monteynard, accompagna en qualité de mestre de camp, selon l'*Histoire généalogique des grands officiers de la Couronne,* le duc d'Alençon dans son expédition de Flandres, et mourut en 1588. D'après Goussancourt, au contraire, il aurait été pris par les Turcs à la bataille de Lépante et serait mort esclave à Alger, ayant refusé, malgré les supplices, d'abjurer sa foi. Cependant, une dépêche de François de Noailles, évêque d'Acqs, envoyé par Charles IX auprès du sultan, nous apprend qu'il obtint, au printemps de 1572, la liberté du chevalier de Claveyson. Peut-être ce dernier fait se rapporte-t-il à quelque membre de l'ancienne maison de Claveyson. Aymar, né en 1588, quitta la croix de Malte pour le cordon de Saint-François, après avoir fait ses caravanes, et mourut Capucin, comme un certain nombre de gentilshommes dauphinois à cette époque. Il était fils d'Élisabeth de Bauffremont et de Charles d'Hostun-Claveyson, che-

valier de l'Ordre, controversiste et poète, qui s'intitulait « soubz-
» lieutenant de S. M. ès terres et seigneuries de Claveson,
» Hostun, Mercurol et Mureil ». Ce dernier, catholique ardent,
était très-lié avec les Jésuites du collége de Tournon et les recueillit dans son château, pendant que la peste ravageait cette
ville. Aussi, c'est à Tournon qu'il fit imprimer en 1615 un recueil de poésies chrétiennes. Encore vivant en 1623, ainsi que
nous l'apprend la dédicace d'une thèse de philosophie soutenue
à cette date devant l'université de Tournon par le père Albert
Jolia, Carme, Charles de Claveyson eut de ses deux femmes un
grand nombre d'enfants, parmi lesquels Florizel, dont on con-
servait autrefois dans le cabinet de Clairambault une relation
manuscrite d'un voyage en Italie; Charles, gouverneur de Romans, qui publia dans sa première jeunesse une défense de son
ancien régent de philosophie, le père Donyol, contre Marcha,
ministre de Boffre en Vivarais, et fonda le couvent de la Visita-
tion de Sainte-Marie de Romans; enfin, Laurence, mariée, par
contrat du 15 juin 1615, à Hugues de Lionne, seigneur de Leyssins, Aouste, Triors et du château de Flandeynes en Royans,
conseiller au Parlement de Grenoble, fils d'un intendant contrôleur général provincial des gabelles à sel en Dauphiné,
anobli en 1580 pour services importants rendus pendant la
Ligue. Ce dernier était fils d'un notaire du Royans. Par la mort
sans postérité de tous ses frères, Laurence apporta à son mari
les terres de Claveyson, Mercurol, Mureils et Hostun (1).

Ainsi, malgré les ingénieuses fictions des généalogistes dau-

---

(1) P. ANSELME, t. V, p. 261 et suiv.; — GOUSSANCOURT, *Martyrologe des chevaliers de Malte*, t. Ier, p. 230; — CHARRIÈRE, *Négociations de la France dans le Levant*, t. III, p. 265; — *L'antimoine......* par Jean Gay, professeur en théologie en l'université de Tournon, Tournon, 1588. — Marcha, ministre de Boffre, atteint de faux et au fait et au droit en l'escrit qu'il a publié pour paroistre au monde un glorieux battu par Charles d'Hostun, jadis disciple du P. Donyol, son régent en philosophie, que le ministre a calomnié sur la dispute tenue à Desagne, le 27 de may 1613. A Tournon, pour Gabriel Roy, 1613, in 8°. — **Fragment d'invent.** des papiers de Claveyson au XVIIe s. (Arch. du château.)

phinois, réduits à aller leur chercher des ancêtres parmi les Romains, les Lionne semblaient peu faits, selon les idées du temps, pour succéder aux d'Hostun-Claveyson; mais on verra qu'ils surent glorieusement réparer le temps perdu en donnant à leur nom, qui devait si promptement s'éteindre, une véritable illustration historique. Le fils de Hugues et de Laurence de Claveyson, Sébastien de Lionne, seigneur de Leyssins, conseiller au Parlement, comme son père, et gouverneur de Romans, ainsi que ses aïeux maternels, obtint du roi, en décembre 1658, sans doute par le crédit de son parent le ministre, l'érection de la terre de Claveyson en marquisat composé de quatre clochers : Claveyson, Saint-Andéol, Saint-Véran de Rives et Saint-Jean de Mureils. De son mariage avec Catherine Béatrix-Robert de Saint-Germain il n'eut qu'une fille, Jeanne-Renée, mariée le 27 avril 1675 à son cousin, issu de germain, Louis de Lionne, marquis de Berny, maître de la garde-robe du roi, fils de Hugues de Lionne, marquis de Fresne et de Berny, successeur de Mazarin aux affaires étrangères, l'un de nos plus habiles ministres et l'une des grandes figures du siècle de Louis XIV. La maison avait rapidement grandi par la diplomatie et les hautes dignités de l'église, et l'on déroule avec complaisance au contrat, parmi les parents des jeunes époux, quelques-uns des plus beaux noms de France. Ce mariage ne fut pas heureux. L'extrême médiocrité du mari l'empêcha de recueillir une partie des fonctions paternelles. « C'étoit, dit le duc de Saint-
» Simon, un homme qui avoit très-mal fait ses affaires, qui
» vivoit très-singulièrement et obscurément et qui passoit sa
» vie à présider aux nouvellistes des Tuileries. » Jeanne-Renée déclara dans son testament qu'elle entendait que M. de Lionne fût privé, après son décès, de l'usufruit de ses biens, ajoutant *qu'il en avoit, Dieu grace, assés d'ailleurs pour soubstenir le rang que sa qualité luy donnoit.* L'éclat de cette nouvelle race finit tristement par un fils unique, Charles de Lionne, qualifié marquis de Claveyson, comte d'Hostun, baron de Mercurol, Pomier et Mureils, gouverneur pour le roi de la ville de Romans, bourg et péage de Pisançon, colonel du régiment d'Aulnis, qui laissa aller sa jeunesse au courant de ses passions. Dans

les loisirs de ses garnisons d'Alsace, il s'éprit de Marie-Sophie Jager, fille de Jean-Henry, conseiller du grand sénat du mundat à Wissembourg, titre local pompeux décorant de modestes fonctions électives à la fois municipales et judiciaires (1). Les parents de la jeune fille profitèrent de ce penchant peu dissimulé pour aboutir, un jour d'ivresse aidant (18 décembre 1709), à un mariage en bonne forme précédé d'une donation mutuelle des biens, fort inégaux, des contractants en faveur du dernier survivant. Le jeune officier ne pardonna pas ce guet-apens conjugal à « la vertueuse Marie-Sophie » (elle est ainsi qualifiée dans le contrat), qui ne fut jamais sa femme que de nom et qu'il fit renfermer dans un couvent, d'où elle ne sortit qu'en 1748 (2), époque de son veuvage, gardant toujours, au dire de Saint-Simon, la réputation d'une femme d'un véritable mérite (3).

La race se trouvant naturellement éteinte par la mort de Charles-Hugues de Lionne, la marquise, déjà vieille, entra en possession de cette fortune si chèrement achetée, si longtemps attendue, mais pour se trouver en face de prétentions qui, à ce qu'il semble, blessèrent cruellement son amour-propre. Dès 1644, le président de Chevrières réclamait pour Claveyson, Mureils et Mercurol l'hommage anciennement prêté aux Clérieu et aux Poitiers, que son père et son aïeul avaient laissé tomber

---

(1) Saint-Simon (*Mémoires*, éd. Chéruel, in-12, t. III, p. 54 et t. IV, p. 242) a commis une erreur en avançant que la dernière Mme de Lionne avait été servante d'auberge à Phalsbourg. Comme on le voit, elle appartenait au contraire à la bourgeoisie. Son contrat de mariage, qu'a bien voulu nous communiquer M. le comte de Tournon-Simiane, ne laisse à cet égard place à aucun doute. Rodolphe-Frédéric Jager, conseiller de la ville de Wissembourg, et Jean-Mathieu Jager, curé et chanoine de la même ville, avaient fait enregistrer leur blason dans l'armorial général de 1696. Voy. *Armorial de la généralité d'Alsace* (par Anatole DE BARTHÉLEMY), Colmar, 1861, p. 67.

(2) Cette date nous est donnée dans la requête du comte de Saint-Vallier au sujet de Claveyson. Grenoble, 1753, in-fol. — M. de Rivoire-la-Bâtie place la mort de M. de Lionne en 1731.

(3) Arch. du château de Claveyson ; — *Id.* du département de la Drôme.

en désuétude. Malgré qu'il eût obtenu gain de cause pour les autres arrière-fiefs de la baronnie, l'influence toute puissante des Lionne l'empêcha d'arriver à une solution de cette question, pourtant si claire, puisque la prescription n'était pas admise en ces matières. Il était réservé à son descendant, Nicolas de La Croix, comte de Saint-Vallier, de reprendre, cette fois avec pleine chance de succès, l'instance abandonnée depuis près d'un siècle. Par acte du 21 juillet 1753, Mme de Lionne, prévoyant la perte définitive de son procès, se hâta de vendre Claveyson et Mureils à M. de Tournon et, vers le même temps, Mercurol à M. d'Urre, qui reconnurent aussitôt la mouvance de la baronnie de Clérieu (1).

Marc de Tournon, chevalier de Malte, qui acquit la terre de Claveyson et obtint du roi Louis XV sa réérection en marquisat, appartenait à la branche des Tournon de Meyres. De son mariage avec Catherine de Romanet il ne laissa qu'un fils, Jean-Baptiste-Marc-Antoine, colonel en second au régiment de Rohan-Soubise, mort en 1786 sans postérité de sa cousine Rose-Marie-Hélène de Tournon, déjà veuve de Jean-Baptiste, vicomte du Barry, neveu de la trop célèbre favorite. Avant de se remarier, Hélène avait cherché à échapper à ce nom si cruellement compromis en faisant ériger en sa faveur (1779) les terres de Banaria et Serra en Corse sous le nom de comté de Tournon. Claveyson et Mureils passèrent à l'héritier le plus proche, François-Xavier, comte de Tournon-Simiane, baron de Banon, seigneur de la Roche-Giron, Saumane et l'Hospitalet en Provence, baron de Retourtour, seigneur du Verger et de Desaignes en Vivarais, officier aux Gardes françaises, mon grand-oncle maternel. Il fut le père de nombreux enfants, parmi lesquels Camille, comte de Tournon, pair de France, conseiller d'État, économiste et écrivain distingué, préfet, sous le premier empire, de Rome, où, malgré les difficultés de sa situation, il sut s'attirer l'estime uni-

---

(1) Factum pour le comte de Saint-Vallier, 1759, p. 58 et suiv ; — Requête pour justifier que les terres de Claveyson, Mercurol et Mureils.... sont de la mouvance de la baronnie de Clérieu. Grenoble. 1753, in-4°.

verselle, et, sous la Restauration, de Bordeaux et de Lyon, dont la chambre de commerce, en témoignage de reconnaissance, lui fit frapper une médaille après sa retraite, a donné un nouveau lustre à cette antique race.

Le 15 janvier 1365, Arthaud, seigneur de Claveyson et Mercurol, concéda à noble Arthaud Alleman, frère de Guillaume, seigneur de Margès, tous les cens morts, c'est-à-dire non rachetables, en seigle et en vin, perçus dans l'étendue du mandement, à raison du droit de portage ou péage de la porte de Claveyson, appelée porte Berlhon, et même de toute autre porte dudit château et bourg. Il lui donne en même temps les redevances sur les biens possédés à Chanos et à Mercurol par Pierre de la Balme dit Beaumont ; il lui remet aussi les divers droits exigés jusque-là sur les propriétés aux environs de Claveyson, qui d'Aynarde de la Motte, dame de Montchenu, et de Jean-Gilbert, son fils, avaient passé audit Alleman. Celui-ci tiendra le tout en fief franc et noble et rendra l'hommage obligé au seigneur de Claveyson (1). Enfin, comme nous le verrons plus loin, les Claveyson possédèrent pendant un certain temps la suzeraineté du château de Larnage. Les Meffrey avaient au XVe siècle une maison forte sur Claveyson, au lieu de Rives.

Les trois églises de Claveyson, dont deux aujourd'hui encore paroissiales, appartenaient selon toute apparence à l'abbaye de Tournus. Cependant, les bulles de 1119 et 1179 ne mentionnent que Saint-Véran de Rivas (des Ruies ou de Rives). Cette église, dont l'existence est signalée dans une charte du XIme siècle, fut comprise dans le patrimoine de Saint-Bonnet de Galaure, et le titulaire en a joui jusqu'à la Révolution. La paroisse actuelle sous le vocable de Saint-Sébastien dépendait du prieur de la Motte-de-Galaure. La chapelle de la Vierge, la seule partie de l'ancienne église qui ait été conservée, eut pour fondateur Pierre d'Hostun-Claveyson, qui la fit bénir le 20 février 1535 ; il y institua une messe tous les dimanches et établit, par acte du 20 février 1543, la récitation solennelle du *Salve Regina* le

---

(1) Notes manuscrites de feu le chevalier du Solier.

samedi, au soleil couchant, auprès de la tombe de sa première femme, Jeanne de Fay. Son fils, Charles, le poète et controversiste, fit peindre la curieuse fresque qui rappelle l'inauguration de la chapelle, et que M. l'abbé Cyprien Perrossier a décrite dans le Bulletin de la Société d'archéologie de la Drôme (1).

Saint-Andéol est une section de la même commune, ainsi appelée de son église paroissiale sous le vocable du martyr qui a donné son nom à la petite ville du Bourg-Saint-Andéol en Vivarais. Le P. Gauthier raconte une guérison miraculeuse arrivée de son temps, par l'intercession du saint, dans cette petite église sous le même patronage et de la même collation que Saint-Véran (2).

Le château actuel sans style date des Tournon. Le vieux manoir des d'Hostun sur la colline fut démoli par ordre de la dernière marquise de Lionne à l'époque de l'aliénation de la terre.

Mureils, *Mirolum, Mureolum, Mairi, Castrum Miron, Muruel, Mereuyl, Murellum, Saint-Jean-de-Mureils* (343 habitants).

Fondée en 875 par Charles-le-Chauve, à la prière de son beau-frère Boson, élu peu d'années après roi de Bourgogne au concile de Mantaille, l'abbaye Saint-Philibert de Tournus fut dotée successivement par la piété des seigneurs, probablement aussi par les libéralités des Bosonides, d'un certain nombre d'églises dans le diocèse de Vienne, dont la possession fut confirmée par les bulles de Calixte II en 1119 et d'Alexandre III en 1179. Parmi elles se trouvaient Sainte-Agnès de la Motte-de-Galaure, Fay, Saint-Véran de Rivas, Saint-Philibert, Saint-

---

(1) *Cartulaire de Saint-Barnard*, N.° 237; — *Nouvelle histoire de l'abbaye royale de Saint-Filibert et de la ville de Tournus* (par Juénin), preuves, p. 146; — Archives du château de Claveyson; — G. Allard, *Dictionnaire*, t. Ier, col. 294; — *Bulletin de la Société arch. de la Drôme*, t. Ier, p. 86.

(2) *Table chronographique de l'estat du Christianisme*, par le P. Jacques Gaultier, de la compagnie de Jésus, natif d'Annonay, Lyon, 1621, in-fol., p. 238; — *Saint-Andéol et son culte*, par l'abbé Mirabel, p. 269.

Romain et la chapelle de Saint-Michel d'Albon, enfin Saint-Jean *de Castro Miron*, donnée comme succursale au prieuré de Saint-Bonnet de Galaure, ce qui dura jusqu'à la Révolution (1).

En 1250, Audebert de Châteauneuf-de-Galaure reconnaît à Silvion de Clérieu tout ce qu'il possède au lieu et paroisse de Mureils et dans le tènement de Verdun. Gilbert de la Motte-de-Galaure relève (5 mai 1254) de Guillaume de Moirenc pour un fief entre la Motte et Mureils. En 1283, le lendemain de la décollation de Saint-Jean-Baptiste, Guillaume de Moirenc, seigneur de Châteauneuf et Ratières, prête hommage à l'archevêque de Vienne pour lesdits mandements, ainsi que pour Mureils. L'année suivante, il vend Mureils à Odon Alleman, seigneur de Champs, qui reçoit à son tour l'inféodation de l'archevêque et obtient à cette occasion soixante livres en échange d'un cheval, ce qui est célébré comme un grand acte de générosité du suzerain envers son vassal. C'était un des plus puissants seigneurs du Dauphiné, qui légua en 1292 à son fils aîné, Guillaume Alleman, les terres de Valbonnais, Ratières et Mureils, les fiefs d'Oriol, de la Cluze et de Montaymon. A quelque temps de là, Mureils fut sans doute engagé. On voit en effet dans une curieuse charte des jeudi et vendredi après la Saint-Michel 1302 (rédigée presque en entier en langue vulgaire et faisant partie des archives du château de Claveyson) Egidius ou Gilles de Bocsozel recevoir comme seigneur de l'endroit diverses reconnaissances de censes en présence du châtelain Lantelme de Paluello, damoiseau. Guionnet de la Balme, aussi damoiseau, paye quatre sous viennois de cense, etc. Les Alleman reparaissent bientôt : le dernier janvier 1322, illustre homme Guillaume Alleman, seigneur de Valbonnais, hommage Mureils à l'archevêque de Vienne, aux mêmes conditions souscrites jadis par Guigues, son frère. Mureils appartenait dès 1336 au célèbre Amblard de Beaumont, principal ministre d'Humbert II et gendre de Guillaume Alleman. A cette époque, les principaux revenus de cette terre

---

(1) Juénin, *Hist. de l'abbaye de Tournus*, p. 48, 91, et preuves, p. 146, 175.

consistaient dans le moulin banal et le pressoir public. Le 17 août 1343, du consentement du seigneur de Valbonnais renonçant à l'hommage qu'il s'était réservé, Amblard aliéna entre les mains du Dauphin Mureils, la Motte-de-Galaure, etc., en échange du château de Montfort en Graisivaudan (1).

Le même jour, dans son traité avec Louis de Poitiers, comte de Valentinois, au sujet de l'héritage de Guichard de Clérieu, le Dauphin cédait entre autres choses la seigneurie de Mureils, en échange des péages de la Roche, au comte, qui reçut à cette occasion les hommages des vassaux de son nouveau fief. A ce propos défilent devant nous les damoiseaux du pays, les Ardenc, possesseurs de censes à Mantaille dès 1284, les Hérode et les Paluel. Aymar Hérode, de la Motte-de-Galaure, a des propriétés dans le mandement, ainsi que Lantelme et Seguin *de Palluclo;* Lantelme *Ardenchi,* une maison confrontant l'étable du seigneur, plusieurs pièces de terre, dont l'une est située derrière la chapelle Saint-Nicolas. Ce dernier choisit pour son héritier son frère Amédée, moine Antonin, stipulant que dans le cas où il n'obtiendrait pas de sortir de son ordre et continuerait par conséquent à demeurer incapable de remplir les obligations féodales, les biens en question passeraient à Guillaume Ardenc, résidant à Crépol. Mais le comte Aimar V dit le Gros, qui avait succédé à son père, prétendit que le fief était tombé en commise par la désignation d'une personne morte au monde *(persona mortua),* et que d'ailleurs Guillaume, relevant déjà d'autres seigneurs, ne pouvait remplacer Lantelme, astreint à l'hommage lige contre tous nés ou à naître. (On voit qu'il n'était plus question de la suzeraineté de l'église de Vienne.) Par accommodement, Guillaume fit agréer son fils Pierre, libre de tout autre engagement (1351).

Le même comte vendit Mureils à Audebert ou Aubert de Châteauneuf-de-l'Albenc, quoiqu'il eût promis à Charles de

---

(1) *Inventaire de Clérieu de* 1650; — Notes de MOULINET; — VALBONNAYS, t. Ier, p. 232, 244, et t. II, p. 27, 28, 65; — HAURÉAU, *Prov. vienn.*, col. 261; — Archives du château de Claveyson; — *Reg. capitulaires de l'église de Vienne*, fol. XLVI, LVII; — BRIZARD, *Hist. de Beaumont*, t. Ier, p. 436, et t. II, p. 279, 306, 315, 450, 451, 452.

Poitiers-Saint-Vallier : d'où résultèrent diverses contestations. Aymard de Châteauneuf, probablement fils d'Audebert, finit par être admis à prêter hommage au Dauphin en 1383. François de Châteauneuf, seigneur dudit lieu, de l'Albenc, Mureils, etc., eut pour héritier, au commencement du XVe siècle, Jean Alleman, seigneur d'Uriage, son neveu. La terre passa ensuite aux Claveyson, et Béatrix l'apporta dans la maison d'Hostun, d'où elle fut successivement transmise aux Lionne et aux Tournon (1).

Sur le territoire de Mureils s'élève l'ancienne maison forte de la Bretonnière. Le 2 août 1490, Marguerite Alleman d'Uriage, dame de la Bretonnière, fille d'Aymar, seigneur de Rochechinard, épouse Charles de Chaste, seigneur de Geyssans et en partie de la Motte-de-Galaure. Les Chaste appartenaient à une branche cadette de l'illustre maison de Clermont. Leurs descendants tinrent la Bretonnière et s'en qualifièrent seigneurs. Cependant l'*Histoire généalogique des grands officiers de la Couronne* nous apprend que l'un d'eux, Bertrand de Clermont-Chaste, reçut en 1621 de son oncle maternel, Charles d'Hostun-Claveyson, seigneur de Mureils, la maison forte en question et en fit hommage au roi l'année suivante. Cela indique tout simplement son érection en fief direct, du consentement du suzerain. Le petit-fils de Bertrand, Joseph-Louis de Clermont-Chaste, vendit en 1679 la Bretonnière à son beau-frère, Jean-Baptiste Bovet d'Arier, juge-mage de Valence, fils d'un professeur en l'université de cette ville; il fut le grand-père d'Anne Bovet de la Bretonnière, mariée en 1730 à Claude de Rostaing, officier de cavalerie. La Bretonnière passa ainsi chez les Rostaing-Champferrier, et l'un d'eux siégea aux états de Romans sous le nom de chevalier de la Bretonnière. Peu de temps avant la Révolution, ils vendirent le château à M. Nublat (2).

---

(1) *Cartularium Clayriaci*, p. 35-43; — Duchesne, *Comtes de Valentinois*, p. 57, 64; — Brizard, t. Ier, p. 252, et t. II, p. 201.

(2) P. Anselme, t. VIII, p. 936-938; — La Chesnaye-Desbois, *Dict. de la noblesse*, article *Rostaing*; — Rivoire-la-Batie, *Armorial*.

Miribel en Valclérieu, *Miribellum* ou *Mirabellum in valle Clarensi, en Valclareys, Miribel en Glanon* (472 habitants).

Il existe en Dauphiné plusieurs localités du nom de Miribel, qu'il ne faut pas confondre entre elles. L'église paroissiale de l'arrière-fief de Clérieu est sous le vocable de Saint-Sever ou Saint-Sévère. Vers 1080, Gontard et sa femme Beliza, du consentement de leurs fils Falcon, Gontard, Hugues et Guillaume, firent don au chapitre de Romans de cette église avec des terres et le tiers des dîmes, le reste appartenant à Saint-Pierre de Vienne. Ce qui fut approuvé par Varmond, archevêque de Vienne. Le 14 avril 1166, Pierre, Pons et Hugues de Miribel renouvelèrent cette concession. Pierre de Miribel est également mentionné dans une charte de 1160 comme chanoine de Saint-Barnard (1).

Bertrand de Moirenc possédait Miribel au commencement du XIIIe siècle et s'en défit. En 1253, le lendemain de l'octave de l'Épiphanie, Silvion de Clérieu reconnaît tenir de l'église de Vienne les deux maisons supérieures de Miribel *(duas domos superiores Castri de Mirabello in valle Clarensi)*, dont l'une a appartenu à Hugues de Miribel, chevalier, et l'autre à Humbert, aussi chevalier. En 1255, le lendemain de la fête de Saint-Georges, l'hommage est renouvelé par Pierre Rostaing, chevalier, qui tenait le château de Miribel au nom de Roger de Clérieu, et après que tous les habitants du manoir sont partis, l'étendard de Saint-Maurice flotte sur la grande tour en signe de prise de possession. En 1273, un autre Silvion de Clérieu se rendit auprès de l'archevêque de Vienne pour prêter son serment de fidélité au sujet de ce fief. Le 22 février 1323, Graton de Clérieu cédait à Aimar III, comte de Valentinois, qui avait payé sa rançon au comte Amé de Savoie, Miribel, Pisançon, ainsi qu'une maison à Romans. Le lendemain, Aimar assigne à Graton l'usufruit des châteaux et lieux de Miribel, Pisançon, de la maison et tour sises en la ville de Romans, et après lui à sa femme Isabelle (de Bressieu), et après elle à Guichard. Si l'un ou l'autre des deux frères laissait des enfants, ces divers biens appartiendraient à

---

(1) *Cartulaire de Saint-Barnard*, N.ᵒˢ 117, 304, 307.

eux et à leurs descendants pour les tenir en fief dudit comte, après avoir remboursé les cinq mille florins auxquels avait été taxée la libération de Graton. Dans l'hommage du même Graton au Dauphin du 2 janvier 1333 est relatée la maison de Raymond de Miribel *(domum Raymundi de Miribello cum pertinentiis suis, quæ tenetur ab ipso in feudum reddibile)*. Ce Raymond, qui tenait le fief du seigneur de Clérieu, n'appartenait pas très probablement à la famille des anciens Miribel, qui avaient autrefois aliéné la terre. A cette époque on quittait facilement son nom pour celui d'une seigneurie. Miribel passa aux Poitiers avec la baronnie de Clérieu, dont il suivit les destinées. Le 5 avril 1529, de l'avis de Claude Thomé, juge ordinaire du lieu, et de Charles Veilheu, docteur en droit, de Romans, choisis comme arbitres, une transaction fut passée entre noble Jacques Barletier, châtelain de Miribel, au nom de magnifique seigneur Jean de Poitiers, seigneur de Saint-Vallier, vicomte d'Étoile, baron de Clérieu et de Miribel, d'une part, et les consuls et habitants dudit Miribel. Il fut convenu que ceux-ci abandonneraient au seigneur le droit de vingtain sur le blé et le vin, qu'ils prétendaient exercer sur les forains non sujets à la taille, et qu'ils continueraient à jouir pour le cens d'une quarte d'avoine, mesure de Romans, du bois Bondonier, d'une contenance de cent sétérées, sur les mandements de Miribel et de Montrigaud (1).

Diane de Poitiers rencontra à la cour « noble et magnifique » seigneur Hierosme de Monteux, docteur en fisique et ars, conseiller et médecin du roi », et lui vendit la terre de Miribel. Fils d'un médecin originaire de Rieux, en Languedoc, il suivit la carrière paternelle avec éclat, assista Catherine de Médicis dans ses couches, fut attaché à la personne du jeune roi François II, qu'il ne put sauver d'une mort prématurée, et trouva une espèce de retraite dans l'emploi de médecin de l'hôpital de

---

(1) Renseignements comm. par M. Ad. Rochas; — *Registres capitulaires de l'église de Vienne*, fol. XLVIII, XLIX, LIV; — CHARVET, *Hist. de l'église de Vienne*, p. 397, 408; — Archives de l'Isère, cartons du Valentinois; — Transaction du 15 avril 1529, comm. par M. Émile Giraud.

Saint-Antoine en Viennois, où, sur sa réputation, les malades venaient le consulter de fort loin. Il livra au public bon nombre d'ouvrages latins relatifs à sa profession, qui ont eu dans leur temps une grande réputation, et fut, à ce qu'il paraît, un bibliophile distingué. Brisard nous apprend qu'il avait pour femme Françoise Fournier, qui lui donna deux filles, 1° Marguerite, mariée le 28 avril 1555 à Antoine de Beaumont, seigneur de Pélafol, Barbières, Autichamp, etc., chevalier de l'Ordre, capitaine de trois cents hommes de pied, dit le *capitaine Barbières*; 2° Françoise, femme en 1558 de Gaspard Alleman, seigneur de Dantésieux, de la branche de Rochechinard. « La noblesse, ajoute à cette occasion le généalogiste de la mai-
» son de Beaumont, commençoit à se rendre moins difficile sur
» l'article des alliances : il falloit réparer les pertes causées par
» les dissipations et les guerres. » Françoise Fournier étant morte, Hiérosme de Monteux la remplaça par Françoise Garnier, sœur d'un avocat de Lyon, et de ce second mariage il eut encore quatre enfants, 1° Sébastien, dont nous parlerons plus loin ; 2° Clauda, sur laquelle nous aurons aussi occasion de revenir ; 3° Anne, mariée à Abraham Faure, sieur de Bavière ; 4° Antoinette, femme de Claude Veilheu, conseiller au Parlement de Grenoble. Elle reçut en dot mille écus d'or au soleil et cent écus pour accoustrements et joyaux. Devenue veuve, elle se remaria à Melchior de Gobert, écuyer, fort triste sire, à ce qu'il semble, dont elle se vit bientôt forcée de se séparer. Melchior ayant tué son voisin, noble Gaspard de Chastellard, il fallut lui obtenir des lettres de grâce, ce qui, en comprenant l'entérinement, ne coûta pas moins de quinze cents écus à la famille de Monteux. Mais, par de justes représailles, ce bandit fut assassiné à son tour, et ses meurtriers reçurent également leur grâce par l'influence du gouverneur de la province et de six seigneurs puissants dont ils se trouvaient les alliés. Dans ces temps où les passions étaient sans frein et les chemins peu sûrs, où des bandes ravageaient la campagne sous prétexte de religion, où l'excès des misères amenait des soulèvements parmi les paysans, les assassinats étaient fréquents et la justice demeurait trop souvent impuissante ou vénale. Quoi qu'il en soit, mal instruite par l'expérience et descendant chaque fois d'un degré,

Antoinette convola en troisièmes noces avec M⁰ Pierre de Magnat, avocat au Parlement de Paris, qui amena les procès dans la famille.

Sébastien de Monteux, seigneur de Miribel après son père, ne valait pas mieux que son beau-frère Melchior, et périt misérablement comme lui. « S'estant rendu ennemy de ses voisins, » dit le chroniqueur Eustache Piémont, et recherchant d'en tuer » ung, il receut luy mesme ung coup d'arquebuse aux reins, le » 22 décembre 1581, duquel coup il mourut 22 jours après sa » blessure. Quelques jours advant sa mort, il se fait bailler cer- » tains papiers et les feit jeter au feu. Dieu luy pardonne ses » faultes. » Ne laissant qu'un bâtard, confié aux soins de frère Claude de Butéo, commandeur de Saint-Antoine à Paris, il testa d'abord en faveur d'Ennemond Rabot, premier président au Parlement de Grenoble, et révoqua cet acte pour léguer tout son bien à sa mère Françoise Garnier. Le président attaqua ces dernières volontés et, témoignant de plus d'âpreté que de délicatesse, ne consentit à lâcher prise qu'en recevant par transaction une somme de six cents écus.

Quant à Clauda de Monteux, héritière de sa mère, elle épousa Guigues-Antoine de Rostaing (des Rostaing la Rivoire), auquel elle apporta Miribel. Chassés par la peste de la ville de Saint-Antoine, qu'ils habitaient et où leur maison fut forcée et pillée en leur absence, ils se retirèrent à Miribel, où la contagion leur enleva leurs deux fils. De là ils allèrent à Chevrières, dans l'habitation du sieur de Rostaing, et ils perdirent leurs deux filles par la même cause. Revenue à Miribel, Clauda mourut en couches (d'un enfant qui ne paraît pas avoir vécu), « après avoir » fait tous actes d'une des plus fidelles crestiennes qu'on puisse » escogiter ». Guigues-Antoine de Rostaing, qui sous le nom du sieur de Miribel joua un rôle dans les guerres du temps comme capitaine catholique, se remaria à Marguerite Alleman. Il en eut entre autres enfants Marguerite et Jacques. Marguerite, veuve de Claude Chastaing, épousa Jean-Claude de Beaumont d'Autichamp, fils de Marguerite de Monteux et devenu ainsi seigneur de Miribel. N'ayant pas d'enfants auxquels laisser leur bien, ils résolurent de rapprocher leurs deux familles par un nouveau mariage. De son union avec Espérance d'Yserand de Lemps du Mouchet, Jacques de Rostaing, frère de Marguerite, avait une fille, nommée Louise; il la donna au neveu de Jean-Claude de Beaumont, Charles de Beaumont d'Autichamp, lieutenant de roi au gouvernement des ville et château d'Angers. Ce fut lui qui détacha de la seigneurie de Miribel celle de Saint-Christophe (aujourd'hui sur la commune de Saint-Christophe et le Laris) pour la vendre, le 5 mai 1685, à Messire Laurent de Thomé, conseiller au Parlement de Grenoble. Miribel demeura dans cette branche de l'antique maison dauphinoise de Beaumont transplantée en Anjou, qui conquit à l'époque des guerres de la Vendée une nouvelle illustration.

Marie-Louis-Thérèse de Beaumont d'Autichamp fut le dernier seigneur de Miribel (1).

L'ancienne maison forte de Vaux est sur la commune de Miribel. Noble Aynard de Chastellard, seigneur de la maison forte de Chastellard au mandement d'Hauterive, épousa, par contrat du 14 mars 1514 (1515 n. s.), Catherine de Chavannes, fille de noble Jean de Chavannes, qui lui apporta la maison de Vaux. Ils eurent entre autres enfants Antoine de Chastellard, seigneur de Vaux, marié à Fleurie de Chapponay. D'eux sont venues les branches de Vaux, Levaux et Herpieu, toutes éteintes. Jean de Chastellard, sieur de Vaux, était le mari de Louise de Chipre. Vaux appartenait au siècle dernier aux Luzi-Pélissac. Ce fut l'habitation du lieutenant-général marquis de Luzi-Pélissac, mort récem-

---

(1) ROCHAS, *Biogr. du Dauphiné*, t. II, p. 158 ; — P. ALLUT, *Étude sur Symphorien Champier*, p. 49, 253 ; — Estat au vray de ce qui s'est passé à l'hoirie de feu damoyselle Clauda de Monteux tant avant que appres sa mort. (*Arch. de la Drôme*, E. 109); — *Mémoires d'Eustache Piémont* publiés par Ad. ROCHAS, p. 172 ; — BRIZARD, *Généalogie de Beaumont*, t. Ier, p. 10, 187, 188, 192, 197, 209, 211, 215, 218, 222, 224, et t. II, p. 128, 133, 134, 146, 158, 162, 166, 172, 173, 174, 178, 179, 182, 295, 296, 297 ; — RIVOIRE-LA-BATIE, *Armorial*.

ment sénateur, après avoir été député de la Drôme (1). Dieu a fait la grâce à ce vieux soldat de ne pas voir le sol français souillé par les hordes prussiennes et les horreurs de la guerre civile.

Baternay, *Villa in Basternaco, Baternaicum, Bastarnay*, (285 habitants).

Avant d'arriver à Charmes, en venant de Saint-Donat, on quitte la vallée de l'Herbasse pour s'enfoncer à gauche dans une autre vallée plus étroite, en suivant presque toujours les bords d'un torrent, par un chemin sablonneux, peu accessible aux voitures, où les piétons s'avancent avec peine. A deux kilom. environ, on aperçoit à droite la tour carrée de Saint-Murys, adossée à des constructions plus récentes. Cet ancien manoir sur une colline dépendait, comme nous le verrons, de Montchenu. Le sol de la contrée est peu fertile et médiocrement boisé. Après une heure de marche, on cotoie la forêt de Bar, exploitée autrefois par les Méyerie ou la Mérie, nobles verriers originaires de Pont-en-Royans, qui fondèrent ici au XVe siècle l'établissement de la Combe-de-Ver, et l'on distingue le petit village de Baternay, mais on est encore séparé par une pente assez raide des quelques maisons groupées au-dessous de l'église. Cet édifice en forme de croix latine présente un chœur roman, le reste fut reconstruit par Imbert de Baternay ; à toutes les clés de voûte on remarque les armes de ce seigneur, *d'or écartelé d'azur*, entourées du collier de Saint-Michel, qu'il obtint en 1490. Il n'y a qu'une nef ; les faisceaux de colonnettes dépourvues de chapiteaux se prolongent en nervures jusqu'aux clés de voûte, système architectural qui ne s'emploie que dans les constructions de peu de portée. Une date est gravée au-dessus de la porte : L. M.CCCCC. XX. A côté de l'église, l'ancien château,

---

(1) D'Hozier, *Armorial général*, 5e reg. gén. de Chastellard, p. 8; — G. Allard, *Nobiliaire*; — Chorier, *Estat politique*; — *Arch. de la Drôme*, E. 110.

de la même époque, en partie ruiné. Ce qui subsiste sert de presbytère. Remanié à l'intérieur, il n'offre de curieux que deux grandes fenêtres à ogive trilobée. Derrière le cimetière, le terrain redescend brusquement ; sur le premier gradin, quelques bandes de prairies, des bouquets d'arbres entourent le village ; un cirque de montagnes nues ferme l'horizon. Au milieu de cette thébaïde aride fut le nid féodal d'une race de hobereaux, transplantée par la faveur royale sur un plus grand théâtre, où elle ne brilla un moment que pour s'éteindre bientôt.

Le pricuré, sous le vocable de Saint-Étienne, appartenait au chapitre de Romans. Le 27 novembre 942, Otrannus, prêtre, fit don de cette église à Saint-Barnard, s'en réservant l'usufruit à lui et à trois de ses parents, sous la cense de deux livres de cire à l'abbaye. Les clercs du prieuré de Saint-Vallier s'en emparèrent par la violence ; mais deux bulles des papes saint Léon IX (1050) et Urbain II (vers 1095) en ordonnèrent la restitution. Les noms de quelques-uns des prieurs nous ont été conservés : Jarenton de Claveyson en 1323, Pierre Bovis en 1347, Guillaume de la Motte-de-Galaure en 1353 (1).

Girard de Baternay, 1er du nom, chevalier, seigneur dudit lieu, rend le château au chapitre de Vienne le lendemain de la fête de Saint-Georges (24 avril) 1255, au nom du seigneur dominant, Roger de Clérieu, qui en avait fait la reconnaissance quelques jours auparavant. Déjà le 7 janvier 1253 Silvion III de Clérieu s'était soumis pour cette place à la mouvance de l'église de Vienne. Ces actes furent renouvelés en 1273 par un autre Silvion de Clérieu. Ce qui n'empêchait pas Girard, dépendant de plusieurs suzerains, de reconnaître de son côté tenir Baternay en fief d'Audebert, seigneur de Châteauneuf, ainsi que du seigneur de Moirenc. On comprend les difficultés

---

(1) *Cartulaire de Saint-Barnard*, N.os 2, 7, 131 ; — Inventaire des arch. de Charmes, au château de Peyrins, comm. par M. Lacroix, archiviste du département.

qui devaient naître d'une organisation aussi compliquée. Girard eut des contestations avec le prieur du lieu au sujet des acquisitions faites sur le mandement par cet ecclésiastique ou ses prédécesseurs. Elles furent réglées le 3 des calendes de mai 1269 par la médiation de Bozon de Châteauneuf, damoiseau. Girard, peut-être fils de Jordain, vivant en 1240 suivant l'abbé de Marolles, eut pour femme Catherine, et pour enfants Guillaume, Hugues, Roland et probablement Agnès, religieuse à l'abbaye de Saint-André-le-Haut à Vienne (1).

Guillaume de Baternay avait succédé à son frère dès 1278. En 1288, il rendait hommage avec ses frères Roland et Hugonnet à Guillaume de Moirenc, seigneur de Châteauneuf-de-Galaure et Ratières. On lui connaît deux fils, Jordan, qui continua la lignée, et Bernard, qui entra dans l'ordre dauphinois de Saint-Antoine. En 1324 il possédait la commanderie d'Angleterre et l'année suivante il avait passé à celle de Marseille, sans doute plus importante (2).

En 1305 Jordan de Baternay, 1er du nom, de concert avec Hugues et Girard de Baternay, neveu dudit Hugues, renouvelle, à l'occasion de son investiture, l'hommage dû à Guillaume de Moirenc. Il paraît que Baternay restait alors indivis entre plusieurs seigneurs de la même famille. Jordan eut de son mariage avec noble Isabel de Suriou 1° Bernard, 2° Guillaume, père de Roland et Raimond, qui vivaient en 1347; il hommagea en 1344, avec son frère aîné Bernard, à Geoffroy de Moirenc; 3° Catherine, mariée en 1314 à Amé des Prez de Crispol. Elle reçut en dot 200 livres viennoises. Peut-être est-ce cette Catherine de Bastarnay, *domicella*, dont on voit dans le cloître de l'église

---

(1) *Registres capitulaires de l'église de Vienne*, fol. XLVII, XLVIII, XLIX, LIII; — CHARVET, *Histoire de l'église de Vienne*, p. 397, 408; — Le même, *Mémoires pour servir à l'histoire de l'abbaye royale de Saint-André-le-Haut de Vienne*, publiés par M. P. Allut, p. 87; — Notes de MOULINET; — G. ALLARD, Généalogie manuscrite des Baternay, à la bibliothèque de Grenoble.

(2) MOULINET. — Inventaire de Charmes.

Saint-Donat la pierre tombale sans date, mais avec cette indication « *cujus anniversarius debet fieri* ». On sait que la qualification de *domicella* pouvait s'appliquer aux femmes mariées et aux veuves.

Bernard exerçait des droits dans le mandement de Montchenu. De son mariage avec Sibille de Limon, *aliàs* de la Cour, dont la famille avait des possessions au même lieu, il laissa Jordan, 2e du nom, coseigneur de Baternay, pour lequel il rendit hommage en 1351 à Geoffroy de Moirenc. L'année suivante il acheta la moitié du château, du consentement de Roland de Baternay, son cousin germain. En 1407 il se reconnaît le vassal d'Hugonnet de Montchenu, successeur des Moirenc dans les seigneuries de Châteauneuf-de-Galaure et de Ratières. Le 11 mai 1361 il est présent à l'hommage de Falques de Montchenu à Aymar de Bressieu pour Viriville et Thodure. On a quelques autres actes concernant ce Jordan. Le 25 mai 1351 il avait affermé à Michalon Baraton le four banal, avec le droit de prendre des bois pour cet usage, sous la cense de huit sétiers de seigle et de deux de froment ; d'autre part, le prieur faisait cuire son pain pour l'usage de sa maison et famille moyennant un sétier de froment et une émine de seigle. Mais le revenu dut être grandement réduit par la transaction de 1377, qui rendit les habitants libres, francs et immunes de moudre leur blé au moulin seigneurial. Jordan albergea les moulins de la Cour sur la rivière de Limone, jouxte le chemin de Montchenu à Limone, qui lui venaient sans doute de sa mère Sibille. Enfin ce fut lui qui acquit la terre de Margès de Constance Alleman, femme de François de Sassenage. Il avait épousé noble Eymare, fille de Pons de Nerpol, seigneur de Charmes, et de Loyse de Moirenc, qui reçut neuf cents florins d'or en dot et testa en 1369. Il se remaria en 1375 à Élise Iserand, veuve de noble François d'Ay, dit Papillon, et laissa de son premier mariage, entre autres enfants, Joachim, qui lui succéda.

Noble et puissant seigneur Joachim de Baternay, seigneur dudit lieu, de Margès et de Charmes par testament de son oncle Arthaud de Nerpol, vivait encore en 1420. De son mariage avec Anne ou Agnès de Chavannes il eut Arthaud et plusieurs autres enfants.

Arthaud de Baternay, seigneur de Baternay, Charmes et Margès, assistait en 1458 au mariage d'Antoine du Palais avec Catherine de Chastellard, et ne vivait plus en 1478. Il épousa Catherine Gastonne ou de Gaste, *Gastonis*, qui lui donna une nombreuse postérité. 1º Antoine, l'aîné de la famille, eut pour sa part Baternay, passa en Normandie, où il se maria avec Renée de Houllefort, mais ne laissa que deux filles, qui firent de grandes alliances : Marguerite épousa Jean d'Harcourt, seigneur de Saint-Aubin, et Catherine, François de Laval, seigneur de Marcilly et Saumoussay, de la maison de Montmorency. On a un albergement passé au nom d'Antoine par noble Antoine Farmer, son procureur fondé, à André Rigaud sur la paroisse de Baternay de la venaison et chasse des conils par le circuit d'une terre et bois voisins dudit André, d'une contenance de vingt sétérées, sous la cense de deux conils (lapins). Sans doute par arrangement de famille, le petit fief patrimonial revint au frère cadet ou tout au moins à sa descendance. 2º Imbert, dont l'éclat rejaillit sur tous les siens. 3º Jacques, maître des requêtes, évêque de Valence et de Die du 11 décembre 1472 au 12 avril 1473, après avoir été doyen du chapitre de Grenoble. 4º Catherine, femme de Gaspard de Vallin. 5º Doucette, mariée à Gabriel Mache de Solémieu. 6º Isabelle, abbesse du couvent de Sainte-Marie-des-Anges à Saint-Just-de-Claix. 7º Marie, femme de Charles l'Alemand, coseigneur de Vaux. 8º Claude ou Claudine, qui épousa Raimond Jean, seigneur de Saint-Murys près de Montchenu, et plusieurs autres filles mortes sans alliance (1).

Magnifique et puissant seigneur Humbert ou plus communé-

---

(1) MAROLLES, *les Histoires des anciens comtes d'Anjou*, 2ᵉ partie, p. 29 et suiv.; — G. ALLARD, *Gén. des Baternay*; — Arch. du château de Peyrins; — Inventaire de Charmes; — Notes de MOULINET; — *Généalogie de Chastellard*, ap. D'HOZIER, pr., ¡p. XII; — BRUN-DURAND, dans le *Bulletin de la Société arch. de la Drôme*, t. IV, p. 437.

ment Imbert de Baternay, seigneur de Charmes et Margès, dont il hérita, baron du Bouchage, seigneur d'Ornacieu, Morestel, Brangues, Charpey, Colombiers, Saint-Laurent, Vaugris, Auberive sur le Rhône, qu'il dut à son mariage et au gain de ses procès, baron d'Anthon par vente de la maison de Saluces, comte de Fesenzac, seigneur de Peyrins et Beaumont-Monteux par don de la couronne, seigneur de Faramans, acheté de M. de Miolans en 1476, de Montrésor et de Bridoré en Touraine et de Moulins en Berry, trois terres acquises en 1493 d'Antoine de Villequier, sans doute à cause du voisinage de la cour, résidant habituellement aux bords de la Loire, fut conseiller et chambellan du roi Louis XI, chevalier de l'Ordre et gouverneur du Mont-Saint-Michel. Le hasard le fit entrer dans la faveur royale par les mêmes moyens qui assurèrent à une autre époque la grandeur du connétable de Luynes. Cette fois, comme toujours, l'instinct de Louis XI ne l'égarait pas. Il ne pouvait choisir un instrument ni plus docile, ni plus approprié à ses desseins. Malgré l'antiquité de sa race, ce gentillâtre inconnu appartenait à cette catégorie d'hommes nouveaux que le prince soupçonneux se plaisait à faire surgir en face d'une féodalité redoutable. A la finesse traditionnelle chez les Dauphinois Baternay joignait l'âpre convoitise du pouvoir et des richesses, qui impose facilement silence à tous les scrupules. Par ses rares aptitudes, ce campagnard, dont la jeunesse et l'activité s'étaient dépensées jusque-là dans les joies obscures de la chasse, se trouvait à la hauteur des intrigues compliquées auxquelles il allait être mêlé, en même temps qu'il se montrerait digne d'aborder d'importantes négociations. Il était de cette trempe à la fois malléable et résistante qui fait les diplomates et les hommes d'État, et sa réputation fut à la hauteur de ses talents. Deux historiens, ses contemporains, le célèbre Comines, son ami, qui invoque son témoignage dans le prologue de ses mémoires, et Claude de Seyssel, archevêque de Turin, reflètent à cet égard l'opinion de leur temps. Toujours maître de lui-même, inaccessible à la pitié, mais sagement ennemi des cruautés inutiles, il ne se laissa jamais entraîner à cette dangereuse ardeur du premier mouvement, dont Talleyrand se défiait à bon endroit, et prit quelquefois sur lui, comme à Bourges et à Perpignan, de tempérer les rigueurs de la politique de son souverain, qui, s'irritant d'abord de n'avoir pas été servilement obéi, ne tardait pas à reconnaître qu'on venait de lui épargner une faute peut-être irréparable. Ajoutons que ce serviteur avisé eut en toute occasion le mérite, rare alors, de garder une inébranlable fidélité à son bienfaiteur.

« Louis XI, dit le P. Hilarion de Coste (1), estant à l'âge de
» 30 ans sorty pour la dernière fois de la maison et de la cour
» du roy Charles VII, son père, vint demeurer en Daufiné, où
» il fut caressé et honoré de quelques gentilshommes qui le
» regardoient desja comme le soleil levant de la France. Ceux
» de la maison de Baternay furent des premiers qui luy offri-
» rent leur service, et ce prince prit en amitié Imbert, sei-
» gneur du Bouchage, fils du seigneur de Batarnay, dès qu'il
» luy eust esté présenté par son père : car, comme nostre
» Louis se retiroit en Daufiné et alloit de Moras à Romans, il
» s'arresta en un vallon sous le chasteau de Bastarnay pour
» prendre le frais et demanda quelque rafraischissement en
» l'ardeur de la saison et en l'ennuy du chemin; le seigneur de
» Batarnay luy en fit apporter et luy vint faire la révérence :
» il menoit avec luy Imbert, son fils, qui estoit encore jeune
» homme et portoit un oiseau qu'il fit voler et prit quelque
» perdreau. Le Dauphin y prit plaisir, luy commanda de le
» venir trouver à Romans (2) et qu'il avoit envie de faire encore
» voler cet oiseau; il y alla, il pleut à ce prince, qui le demanda

---

(1) *Les éloges des Daufins*, p. 48.

(2) M. P. E. Giraud veut bien nous faire part à cet égard d'une conjecture qui présente tous les caractères de la vraisemblance. Le Dauphin n'a pas du donner rendez-vous à Romans, où il ne possédait pas d'habitation, mais au château de Peyrins, qui lui appartenait et où il résida souvent pendant son séjour en Dauphiné. On a de lui des ordonnances monétaires datées de Peyrins et une de Chalaire, maison forte très-rapprochée de ce village. (MORIN-PONS, *Numismatique féodale du Dauphiné*, p. 372, 375.) C'est sans doute dans une excursion aux environs que Louis XI rencontra Imbert.

» à son père, et dès lors ne l'abandonna jusques à la mort, le
» fit grand de bien et d'honneur, comme il estoit de vertu et de
» mérite (1). » Lorsqu'en 1456 Antoine de Chabannes-Dampmartin pénétra en Dauphiné par les ordres de Charles VII pour se saisir de la personne du Dauphin, Louis se réfugia dans les états du duc de Bourgogne, emmenant avec lui Baternay, qui partagea sans doute cet exil de cinq années en Brabant et eut ainsi le temps de s'initier aux vues et aux projets de son maître (2).

Louis XI monta sur le trône en 1461. Mesurant ses faveurs bien plus à l'importance des services qu'il attendait qu'au gré de ses propres caprices, il s'appliqua à retenir auprès de lui par leurs penchants cupides les hommes habiles dont il savait former son entourage ; mais sa joie se doublait quand il pouvait enrichir ses favoris des dépouilles de ceux qui avaient eu le malheur de l'offenser. Gabriel de Roussillon, seigneur du Bouchage, Brangues, Morestel, Charpey, Ornacieu, etc., maréchal de Dauphiné, avait soutenu très-énergiquement dans la province les intérêts de Charles VII contre son fils. A l'avènement du nouveau roi et par ordre de Guillaume de Vennac, lieutenant général en l'absence du gouverneur, il fut accusé de haute trahison, arrêté par Geoffroy Levraut, sénéchal de Valence, et renfermé dans le château de Beaurepaire, où il mourut en décembre 1461. Comme il ne laissait pas d'enfants de sa femme Béatrix de Poitiers-Saint-Vallier, la substitution établie par le testament de son père Guillaume de Roussillon se trouvait ouverte en faveur du petit-fils de ce dernier, Falques de Montchenu, seigneur de Châteauneuf-de-Galaure. Mais le lieutenant général s'était hâté de faire mettre les biens sous la main royale, comme l'on disait alors. Après s'être inutilement adressé au Parlement de Grenoble pour réclamer justice, Montchenu ne crut rien pouvoir imaginer de mieux que d'implorer l'appui de son vassal Baternay, alors simple écuyer

---

(1) Voy. aussi CHORIER, t. II, p. 461.
(2) CHORIER, t. II, p. 460 ; — H. DE COSTE, *Éloges des Daufins*, p. 51.

d'écurie du roi, quoique déjà puissant, qui, en homme déloyal, ne tint aucune de ses promesses et finit par obtenir pour lui-même la confiscation des seigneuries de la maison de Roussillon. Comprenant que le maintien de donations aussi peu motivées dépendait uniquement de la volonté royale, Imbert songea aux moyens de s'assurer d'une manière définitive du fruit de ses basses intrigues ; il osa demander la main de Georgette de Montchenu, fille aînée de son suzerain, et réclamer, comme une partie de la dot, l'héritage des Roussillon, dont il s'était mis en possession. La violence suppléa naturellement au consentement paternel, sur lequel il n'y avait pas à compter, les mœurs du temps mettant d'ailleurs une très-grande distance entre la fille de l'illustre maison de Montchenu et le petit gentilhomme son vassal. Retenu en prison à Bordeaux, puis à Bayonne, menacé dans sa fortune, peut-être même dans sa vie, Falques se vit contraint de souscrire aux ordres iniques du roi, s'arrogeant, comme dans notre siècle Napoléon Ier, le droit de disposer des héritières de son royaume. Ce mariage présenta jusqu'au bout tous les caractères d'un rapt : Baternay arriva en Dauphiné à la tête d'une compagnie d'archers de la garde du roi pour briser au besoin toute résistance, entraîna à l'église la triste fiancée, et, la cérémonie religieuse à peine terminée, l'emmena comme une captive au château de Charmes. Cependant, dès qu'il fut rendu à la liberté, l'inflexible Montchenu multipliait les protestations et désavouait le ravisseur pour son gendre. En vain celui-ci s'efforça-t-il de lui faire reproduire devant le Parlement de la province son consentement au mariage et sa renonciation aux biens dont il avait été frustré. Ces refus courageux d'un père lésé dans tous ses droits furent punis d'une détention nouvelle au château de Cornillon, d'où il ne put sortir qu'en signant encore une fois tout ce que l'on exigea, mais non sans remettre à un notaire un acte secret par lequel il déclarait n'obéir qu'à la force. De longues persécutions, ainsi que l'emprisonnement de son frère, Jean de Montchenu, accusé d'avoir tenu des propos contre le roi, obligèrent Falques à se retirer dans les états du duc de Savoie, où la branche aînée de sa maison jetait un assez vif

éclat, mais se garda bien, à ce qu'il semble, de lui prêter aucun secours. Il habita quelque temps Belley, avec sa femme et ses enfants, dans une extrême misère. Chorier, qui ne se contente pas toujours de la vérité, place ici des détails romanesques, malheureusement fort peu d'accord avec les témoignages des actes de ce long procès. « La noblesse de France
» qui passoit par la Savoie et celle de Savoie même aidoient à
» sa subsistance par leurs libéralités ; mais son plus grand se-
» cours venoit de ses sujets. Il n'avoit eu que de la bonté pour
» eux dans la plus grande prospérité de ses affaires ; dans leur
» désordre ils n'avoient que du zèle pour lui et de l'ardeur à le
» servir. Ils lui portoient les uns après les autres les choses
» nécessaires à sa famille : ils partoient la nuit pour n'être pas
» aperceus, et suivant des chemins écartés ils alloient où il
» leur avoit donné avis qu'il les attendoit. Il se tenoit couvert
» et ne pouvoit s'éloigner de la frontière dénué de tous biens...
» Souvent il se travestissoit pour avoir le plaisir de les visiter
» dans leurs maisons. Quand ces pensées lui venoient, il s'ha-
» billoit comme l'un d'eux, et l'habit de villageois lui servoit
» de sauf-conduit. » Pour des raisons qui nous sont inconnues, peut-être à la suite de réclamations de son gendre auprès du duc de Savoie, Montchenu fut contraint de changer de lieu d'exil et passa en Bourgogne. Cependant, par surcroît de précautions, Baternay avait obtenu le 20 septembre 1465 un arrêt du Parlement de Grenoble déclarant criminel de lèse-majesté le malheureux banni, qu'une procédure dérisoire avait fait citer par la voix du crieur public dans son manoir de Châteauneuf, d'où on le savait absent depuis si longtemps, et confisquant ses biens, que le roi attribua deux mois après à son favori. En 1476, Louis XI, allant au Puy, séjourna à Lyon avec sa cour. Revenu en Bugey après de longues pérégrinations, Montchenu fut attiré dans cette ville par son beau-frère Guillaume de la Cueille, seigneur de Fleurac, et d'autres personnages en faveur, tels que Jean Héberge, évêque d'Évreux, Jean Daillon du Lude, gouverneur du Dauphiné, et Arthur de la Forest, qui intervinrent dans cette négociation ; mais quand il voulut réclamer justice de son souverain, il fut reçu avec de si rudes paroles

que la peur le prit malgré ses lettres de sûreté et qu'il se jeta dans l'église de Notre-Dame de Confort, qui était alors un lieu d'asile. Là on ne lui laissa aucun repos, on lui remit sous les yeux les effets des redoutables colères auxquelles il se trouvait exposé; sa femme, vaincue par de longues années de souffrance, le suppliait de la sauver à tout prix elle et ses enfants de cette effroyable misère, qu'ils ne pouvaient plus endurer. Il fallut céder. Jean de Villiers de la Groslaye, évêque de Lombez, abbé de Saint-Denis, depuis cardinal et alors conseiller au grand Conseil, raconte dans une enquête sur cette affaire tenue à Rouen et à Paris neuf ans plus tard sous l'autre règne que le roi dit à Montchenu que « aucunes fois Los vault
» bien l'or, et estoit parce que ledict de Montchenu se tenoit de
» plus grant maison et lignée que Monsieur du Boschaige, car,
» ainsi que le déposant sceut par la relation de ceux qui
» estoient présents, le roy luy avoit dit qu'il ne devoit pas
» estre mal content que Monsieur du Boschaige avoit espousé
» sa fille, car s'il ne l'eust espousée, il luy en eust donné une
» autre de plus grant lignée que la sienne, et pour ce luy dict
» le roy que Los valoit aucunes fois l'or. » Louis XI, sachant s'adoucir à propos, s'engagea à donner à Montchenu un revenu de 600 livres tournois sur certaines places en Dauphiné et de retenir à son service le jeune Geoffroy de Montchenu. L'appointement fut signé devant l'official de Lyon et ratifié le 3 avril par le Parlement de Dauphiné séant pour cette fois à la Guillotière. Montchenu fut déchargé des amendes iniques qu'il avait encourues, rentra dans ses biens patrimoniaux, mais dut renoncer définitivement à l'héritage de Gabriel de Roussillon en faveur de Baternay, obligé de payer une somme de 2,500 livres pour la dot de sa belle-sœur Catherine de Montchenu. Quant au vieillard qui avait lutté si longtemps avec une énergie toute romaine contre l'injustice et la mauvaise fortune, il ne put résister à la violence qu'il s'était imposée et mourut deux ans après cet accord, ordonnant par testament à son fils, s'il était homme de cœur, de consacrer sa vie à la revendication de biens qui appartenaient à sa maison. Le procès fut repris sous Charles VIII et

se prolongea jusqu'à ce que le crédit de Diane de Poitiers en obtint la solution en faveur de la lignée de Baternay (1).

Pendant les événements que nous venons de raconter, Monseigneur du Bouchage, car le plus ordinairement on appelait ainsi Imbert (2), fut mêlé aux secrets de la politique royale. Par une lettre de Louis XI, entraîné au siége de Liége après l'imprudente équipée de Péronne, on voit que notre gentilhomme dauphinois avait été chargé par le grand maître de France d'exprimer leurs craintes et de réclamer des ordres pour la conduite à tenir. Quelques mois après, il est envoyé près du duc de Guyenne, frère du roi, pour le mettre en garde contre les promesses de Charles-le-Téméraire. Sa mission fut couronnée d'un succès éphémère, et il assista comme témoin officiel au serment solennel prêté par le prince dans la ville de Saintes sur la croix de Saint-Lo de se réconcilier avec son souverain. En 1471, il retournait auprès du même duc, que l'espoir d'épouser l'héritière de Bourgogne rejetait plus que jamais dans ses premières intrigues. Mais en vain employa-t-on les artifices les plus variés et les plus sublimes traits d'éloquence pour représenter que le danger est si grand d'enfreindre les serments sur la vraie croix comme de mourir mauvaisement au dedans l'an, ce qui est toujours infailliblement arrivé. « Les » filles de mondit duc de Bourgogne, observait d'ailleurs sour- » noisement le roi, ont été toutes malades du mal chaud, et » dit-on que la fille est bien malade et enflée, aucuns dient

---

(1) Testament de Guillaume de Roussillon, seigneur du Bouchage, 9 juin 1423, copie du XVᵉ siècle, comm. par M. Henry Morin-Pons. — Lettres patentes du roi Charles VIII annulant les arrêts et transactions en faveur d'Imbert de Baternay et évoquant la cause devant le Parlement de Dauphiné, 3 février 1484 (1485 n. s.), *id.* — Examen affatur pour noble homme Ymbert de Baternay contre Geoffroy de Montchenu par-devant Pierre Salat, cons.ʳ du Roy, président en son grant Conseil, mai 1485, expédition sur parch. comm. par M. Émile Giraud. — CHORIER, t. II, p. 459, 465.

(2) Le Bouchage fut érigé en baronnie avec union des terres de Morestel et Brangues par lettres données à Armenonville, en juillet 1478, en faveur d'Imbert de Baternay. (CHORIER, *Estat politique*, t. III, p. 32.)

» qu'elle est morte. Je ne suis pas sûr de la mort, mais je suis
» bien certain de la maladie. » Ces excellentes raisons exposées
sur toutes les faces par un homme qui pourtant s'y entendait
ne produisirent qu'une médiocre impression sur l'âme de
Guyenne, dont la mort seule empêcha l'alliance projetée. Souple, adroit, sachant s'enquérir sans faire de bruit, Baternay se
montrait d'ailleurs bon à tout. Louis XI, dont l'esprit était droit
quand la passion ne l'aveuglait pas, et chez lequel on retrouvait
le vieux sel gaulois des *cent nouvelles nouvelles*, peu favorable
aux *justiciards*, détestait les longueurs et les détours de la
chicane, et, songeant à réformer la justice dans ses états, cherchait à connaître les lois des autres pays. « Je vous prie, écri-
» vait-il à son confident en 1479, que vous envoyez quérir
» devers vous le petit Fleurentin (Florentin) pour sçavoir les
» coustumes de Fleurence et Venise, et le faites jurer de tenir
» la chose secrette, afin qu'il vous la die mieux et qu'il le
» mette bien par escrit. » On sait par Comines comment ces
judicieux projets d'une législation commune à tout le royaume,
déjà rêvés par Charles VII, échouèrent à travers les guerres,
dans les difficultés d'un règne trop agité pour permettre de
réaliser de pareilles réformes.

En 1474 il y avait eu à Bourges une émeute provoquée par
l'établissement d'un nouvel impôt nommé le barrage, destiné
à la réparation des murailles de la ville. Le roi, s'obstinant à
voir dans ce qui n'était qu'une sédition de la populace un complot fomenté par de grands personnages et comme une résurrection de la ligue du Bien Public, envoya du Bouchage, Pierre
de Rohan, sieur de Gié, et Ives du Fou munis de pleins pouvoirs, conduisant des troupes, accompagnés d'une escorte de
gens de justice, avec ordre d'arrêter les coupables à quelque
rang qu'ils appartinssent, sans égard pour aucune des immunités si nombreuses à cette époque. Ses lettres sont pleines de
soupçons, appelant avec une violence croissante les rigueurs
sur la tête de quelques hommes considérables dans la ville.
Mais ses commissaires, n'ayant pu trouver de sérieusement
compromis que quatre ou cinq pauvres diables, qu'ils firent
pendre devant leur porte, eurent grand peine à le convaincre

que leur tâche était terminée. L'année suivante, le Roussillon, engagé à la couronne de France par Jean, roi d'Aragon, pour la somme de trois cent mille écus d'or, s'étant révolté, et Perpignan ayant été réduit après un long siége, Baternay fut chargé de remplacer ses anciens collègues de Bourges accusés d'avoir accordé aux rebelles des conditions trop favorables. Se gardant bien de suivre aveuglément ses instructions, il s'appliqua, comme ses prédécesseurs, aux moyens de pacifier le pays en se bornant à punir les chefs et en épargnant le peuple, qui pouvait être ramené à l'obéissance. Cependant, pour satisfaire son maître, il dressa une liste de suspects, qui ne semble pas avoir été utilisée. Vers le même temps, il fut un des acteurs dociles de cette trame si habilement ourdie par Louis XI contre son propre beau-frère le connétable, dont il redoutait la puissance et n'ignorait pas les trahisons. Ce fut Baternay et son compère Comines qui amenèrent les envoyés du connétable, lorsque se joua cette scène de comédie demeurée célèbre : Contay, le fidèle serviteur du duc de Bourgogne, caché derrière un paravent, entendait les railleries sur le compte de son maître auxquelles les malheureux envoyés se laissaient aller pour complaire au roi. Cette imprudence acheva de décider la perte de cet homme dangereux. Imbert est au nombre de ceux qui le reçurent des mains du chancelier de Bourgogne et, comme on le dirait aujourd'hui, accomplirent les formalités de l'extradition. On le trouve parmi les négociateurs de l'entrevue de Picquigny, où se prépara la paix avec l'Angleterre, paix qui n'offrait pas de grande certitude des deux parts et derrière laquelle ne cessèrent de s'agiter de menaçantes intrigues. Ainsi deux ans plus tard, en 1477, un messager acheté à prix d'or livrait la correspondance échangée entre le roi d'Angleterre et le duc de Bretagne, pleine de mauvais vouloir contre la France. Pris à l'improviste, le duc se vit contraint de s'humilier et de conclure un traité d'alliance juré sur la croix de Saint-Lo d'Angers, gage indispensable des serments politiques de ce temps. Du Bouchage, délégué par son maître, assista à cette cérémonie. Toujours bien informé et à l'affût des bonnes occasions, il a la chance d'être un des premiers à apprendre au ro le résultat de la bataille de Morat et reçoit de lui une gratification de 200 marcs d'argent. Il fut un des agents les plus actifs de la trêve conclue en 1480 avec Maximilien d'Autriche, et, s'appuyant sur les engagements pris autrefois par le duc de Bourgogne Philippe-le-Bon, traita de la reddition à la France des places de Lille, Douay et Orchies. Le pape Sixte IV, redoutant une invasion des Turcs en Italie, se prêtait aux désirs de paix du roi et lui envoya comme légat son neveu, le cardinal de Saint-Pierre-ès-Liens, pour venir en aide aux négociateurs. Mais Maximilien cherchait à gagner du temps et à traîner les choses en longueur. Fort impatient de ces retards toujours renaissants, Louis, qui aimait à rabaisser son monde, écrivait cyniquement à Baternay et son collègue Soliers : « Sanglantes » bestes que vous estes, n'adjoutez foy qu'à ce que vous verrez ; » ils vous mentent bien, mentez bien aussi. » Baternay, qui connaissait les boutades de son maître, ne se rebutait pas pour si peu et ne demandait qu'à faire preuve de zèle ; aussi, au premier signe du légat, alla-t-il arrêter et conduire à Châteauneuf-du-Pape l'archevêque de Rhodes, venu de Rome avec le cardinal et qui, loin de suivre les instructions de son chef, avait eu le tort de se laisser circonvenir par les ennemis de la France.

Par les ressources de son intelligence, comme par son dédain pour la morale vulgaire, du Bouchage touchait en bien des points à Comines, avec lequel il resta très-lié, consentant à jouer ordinairement à côté de lui le second rôle. Dans la grande maladie que fit Louis XI en 1480, les deux amis le vouèrent à saint Claude. Cependant, notre politique consommé, un moment inférieur à lui-même, faillit se perdre par excès de prévoyance. Envoyé par le roi vers le Dauphin, tenu par méfiance au château d'Amboise, on eût dit presque plus en captif qu'en héritier de la couronne, « il le mena, dit Seyssel, un bien peu » d'espace et de temps hors de laditte ville et luy fit voler quel- » que perdreau pour le recréer, cuydant faire plaisir audit roy, » son maistre ; iceluy roy s'en courrouça aigrément, comme si » par ce moyen il luy avoit donné cœur de sortir et connoistre » le monde. » Le vieillard avait grand peine à pardonner à son favori d'avoir osé regarder au delà de son règne. Tout s'arrangea cependant, et le baron du Bouchage fut précisément un de ceux que le souverain mourant recommanda le plus vivement à son fils, « comme prudent homme et de bon conseil ». (Gaguin.)

De nombreuses lettres et instructions secrètes du roi, adressées à son familier et conservées dans la collection Legrand, ainsi que dans le fonds de Béthune à la bibliothèque de la rue Richelieu, prouvent l'étendue de la confiance qu'il lui accordait. Les plus grands personnages du temps, tels que le roi René et le cardinal de Saint-Pierre-ès-Liens, devenu plus tard le pape Jules II, sollicitaient Baternay comme le plus en état de soutenir leurs intérêts à la cour de France. De même que toutes les personnalités énergiques, Louis XI est un véritable écrivain ; un seul coup de pinceau lui suffit. A côté d'Henri IV et dans une note bien différente il occupe une place à part dans cette longue série de princes du sang royal de France qui, sans avoir eu la maladresse d'y prétendre, ont su donner un tour original et piquant aux moindres billets tombés de leur plume. Sa correspondance nous le montre tout entier avec sa rudesse impitoyable, son abondance de vues, son bon sens bourgeois trop souvent troublé par des accès de défiance aiguë et des colères quelquefois grotesques. Mais, à l'exception de l'inimitable Comines, les hommes qu'il réunit autour de lui se contentaient de se montrer gens d'esprit, suffisamment lettrés, capables au besoin de tourner un bon conte et surtout doués d'une profonde pénétration. Les lettres de du Bouchage venues jusqu'à nous témoignent de plus d'entente des affaires que de science ou de recherche du bien dire. D'année en année, Louis XI l'avait comblé de richesses. D'après Aymar du Rivail, il lui aurait donné sur la dot de sa femme Charlotte de Savoie cent mille pièces d'or, somme exorbitante. Dès 1461, en montant sur le trône, il lui octroyait les revenus du château de Peyrins, l'office de visiteur des gabelles en la sénéchaussée de Lyon, ainsi que les capitaineries de Blaye et de Dax, en 1462 des lettres pour recevoir les émoluments et profits relatifs à la confirmation des notaires en Dauphiné, en

1464 deux mille écus d'or sur les Juifs de la même province et la confiscation des biens de Mathieu Thaumassin, conseiller au Parlement de Grenoble, en 1468 la charge de chambellan, en 1471 les seigneuries de Peyrins et de Beaumont-Monteux, en 1474 les biens de Jean Portier, président en la Chambre des Comptes de Dauphiné, coupable de fidélité au roi Charles VII, en 1478 le gouvernement de la ville de Bourges. Mais la plus riche dépouille dont Imbert entra en possession fut le comté de Fezensac, qui avait appartenu à Jean V, comte d'Armagnac, massacré dans la ville de Lectoure, en 1473, par les soldats français, malgré les termes de la foi jurée. De temps à autre, il se fit donner tout ce qui avait pu faire partie du comté de Fezensac et eut encore les seigneuries de Laverdun, Jegun, Lapiat, Castillon, Saint-Pau, Morède, Roquebrune, Taillian, etc., en Armagnac, dont il jouit durant tout le règne; mais il ne prit jamais le titre de comte de Fezensac et céda sans résistance lorsque tous ces biens furent restitués aux légitimes héritiers de la maison d'Armagnac.

Fidèle en ceci aux instructions paternelles, Charles VIII continua à employer Baternay, qui, dès son avénement, lui rendit d'importants services. En effet, envoyé à Orléans pour empêcher le duc d'Orléans de s'emparer de la ville, ce seigneur convoqua l'assemblée des bourgeois et réussit à les maintenir dans le devoir, malgré les intrigues et les menaces des émissaires du duc. Nous avons déjà dit, à l'article des Poitiers, comment il remplaça en qualité d'ambassadeur auprès de Ferdinand, roi d'Espagne, son compatriote, le seigneur de Clérieu (1496), répara les erreurs de cet homme trop crédule et conclut une trêve entre les deux couronnes. Enfin, Louis XII le nomma gouverneur du Mont-Saint-Michel. Souvent absent, il avait sous ses ordres pour commander cette place son compatriote Gilles du Puy, auquel succéda Gabriel, frère de ce dernier.

Il fut atteint de bonne heure de la pierre ou tout au moins de coliques néphrétiques, ce qui n'abrégea pas sa vie. La *chronique scandaleuse* nous apprend que cette circonstance amena à essayer sur un franc-archer de Meudon, condamné à mort et atteint du même mal, l'opération de la taille, tombée en désué-

tude depuis Celse. Les médecins et chirurgiens de Paris remontrèrent que « il seroit fort requis de veoir les lieux où lesdites
» maladies sont concréées dedans les corps humains, laquelle
» chose ne pouvoit estre mieux sceue que inciser le corps d'un
» homme vivant. » Cette épreuve *in animâ vili* réussit, et le
criminel eut sa grâce.

Baternay mourut le 12 mai 1523 au château de Montrésor,
dont il avait fait sa principale résidence (1), et fut inhumé dans
le chœur de l'église du faubourg de cette ville, où il avait fondé
quelques années auparavant une collégiale et où fut désormais
le tombeau de la famille. On y voyait jadis une haute sépulture
de marbre noir enrichie tout autour et par dessus de figures
gisantes de marbre blanc; celles de dessus représentaient Imbert et sa femme, Georgette de Montchenu, morte le 2 août
1511 au château de Blois et rapportée à Montrésor. Tout a été
brisé et détruit pendant la Révolution (2).

D'Imbert et de sa femme sont venus : 1º Jean, mort avant son
père sans postérité. Il avait épousé en 1489, selon Marolles,
Françoise Dauphine, fille et héritière d'Erard de l'Espinasse
dit Bérault Dauphin, chevalier, seigneur de Combronde et de

---

(1) A Paris, Imbert devait habiter, rue Saint-Honoré, l'hôtel du Bouchage, possédé plus tard par les Joyeuse et vendu en 1616 par Catherine-Henriette de Lorraine au cardinal de Bérulle, qui sur cet emplacement fit bâtir le couvent de l'Oratoire. Voy. MILLIN, *Antiquités nationales*, t. II, art. XIV, p. 2.

(2) MAROLLES, *Hist. des comtes d'Anjou*; — COMINES, éd. de M.lle Dupont, t. Ier, p. 357, 368, 378, 389, 397; t. II, p. 70, 71, 220, 575, 578, et t. III, p. 4; — *idem*, éd. Lenglet Dufresnoy, t. Ier, p. LXII, LXVII et LXVIII; t. II, p. 113, 121, 166, 228, 229, 288; t. III, p. 160, 372, 381, 453, 571, 623, 626, 627, 631; t. IV, p. 427; — GAGUIN, *Compendium dè gestis Francorum*, éd. de 1521, fol. 288; — DUCLOS, *Hist. de Louis XI*, Paris, 1745, t. II, p. 214, 318, 442, 476; t. III, p. 298, 307; t. IV, *Preuves*, p. 380, 413, 414, 415, 421, 424, 442, 449. Cet historien a ignoré que Baternay et du Bouchage étaient le même personnage; — J. LE LABOUREUR, *Add. aux mémoires de Castelnau*, éd. de 1731, t. II, p. 519; — Le P. DANIEL, *Hist. de France*, éd. de 1755, t. VII et VIII; — BARANTE, *Hist. des ducs de Bourgogne*; — TOUCHARD-LAFOSSE, *Loire historique*, t. IV, p. 230; — AYMARI RIVALLII, *Dè Allobrogibus*, p. 525, 541.

Jaligny, et d'Antoinette de Polignac, sa seconde femme. Mais, d'après Baluze et l'histoire généalogique des grands officiers de la Couronne, cette Françoise aurait été mariée à Guy d'Amboise, seigneur de Ravel, quatrième fils de Charles d'Amboise, seigneur de Chaumont. Le même Marolles donne au contraire pour femme à Guy d'Amboise Catherine Dauphine, peut-être sœur de Françoise (1); 2º François, qui suit; 3º Jeanne, mariée, le 4 mars 1489, à Jean de Poitiers, seigneur de Saint-Vallier. Ils eurent entre autres enfants Diane, duchesse de Valentinois.

François de Baternay, baron d'Anthon, chevalier de l'Ordre du Roi et son chambellan, mort à Corbic en Picardie, le 9 novembre 1513, avait épousé, le 19 mai 1502, Françoise de Maillé, fille de François, seigneur de Maillé, et de Marguerite de Rohan. De ce mariage : 1º René, qui suit ; 2º Anne, mariée, le 30 avril 1528, à Jean de Daillon, comte de Lude, gouverneur de Poitou et Aunis.

René de Baternay, seigneur de Baternay, Margès, Charmes, Saint-Donat, baron du Bouchage et d'Anthon, seigneur de Montrésor, Bridoré et Moulins, gentilhomme ordinaire de la chambre du Roi, gouverneur du Mont-Saint-Michel, dit *le comte du Bouchage*, fut nourri enfant d'honneur du Roi. Une lettre de Charles IX, du 9 mai 1561, le convoque aux États qui devaient se tenir à Tours comme un des plus grands seigneurs de la province. Quoique résidant en Touraine, il ne perdait pas de vue ses intérêts dauphinois. Le 17 juillet 1526, étant encore sous la tutelle de Philibert de Gaste, écuyer, il avait racheté, moyennant la somme de 370 écus d'or, la terre de Baternay, de la mouvance de Geoffroy de Montchenu, seigneur de Châteauneuf-de-Galaure, son grand oncle. On voit qu'il n'était plus question de l'hommage dû au seigneur de Clérieu. René vendit en 1576 la terre de Saint-Marcel-de-Millieu à Abel de Loras.

---

(1) MAROLLES, 2º *partie*, p. 10 et 33; — BALUZE, *Histoire généalogique de la maison d'Auvergne*, t. Iᵉʳ, p. 233, 235; t. II, p. 462, 747; — P. ANSELME, t. VII, p. 125; t. VIII, p. 54.

Il avait épousé en 1527, n'ayant encore que quatorze ans, Isabeau de Savoie, fille de René, bâtard légitimé de Savoie, dit le Grand Bâtard, comte de Villars et de Tende, grand maître de France, gouverneur et grand sénéchal de Provence (1), et d'Anne de Lascaris, comtesse de Tende. Ce mariage mettait le comble à l'élévation des Baternay. Magdeleine de Savoie, sœur d'Isabeau, était la femme du connétable de Montmorency; leur autre sœur avait pris alliance dans une maison non moins illustre, en se mariant avec Antoine de Luxembourg, comte de Brienne. Digne petit-fils d'Imbert, « il prétendit, dit J. Le La-
» boureur, sa part de succession de la maison de Chasteau-
» Roux, à cause d'Antoinette de Chauvigny, femme de Har-
» douin, sieur de Maillé, son bisayeul, et s'appuya de l'alliance
» du Roy et de son principal ministre. » Cousin germain de Diane de Poitiers, avec laquelle il entretenait une correspondance suivie, il servait de trait d'union entre elle et le connétable, et l'on peut imaginer qu'il jouit sous tous les règnes d'un certain crédit (2). Mais Dieu défait en un instant le patient et long ouvrage des hommes : René eut la douleur de voir cette splendeur éphémère prendre fin par la mort de son unique fils et sa maison tomber en quenouille. Lui-même mourut en novembre 1580, étant né le 2 octobre 1513 (3).

Il avait eu pour enfants : 1° Claude, qui suit; 2° René, né le 11 septembre 1549, mort jeune et sans alliance; 3° Françoise, née le 3 novembre 1537, épousa, étant encore fort jeune, François d'Ailly, vidame d'Amiens, dont elle n'eut pas d'enfants. Veuve à vingt-trois ans, elle passa sa vie dans de grandes austérités

---

(1) Il était frère naturel de Louise de Savoie, duchesse d'Angoulême, mère de François Ier et grand-mère d'Henri II.

(2) En grand seigneur qui tranche du prince, René avait pour maître d'hôtel un gentilhomme fieffé, Pierre de Gréaulme, seigneur de Mardessault et Saint-Marc. (Notes de MOULINET.)

(3) *Mémoires de Condé*, t. II, p. 351; — S. DE BOISSIEU, *Usage des fiefs*, 1re partie, p. 120, 124; — G. ALLARD, *Dictionnaire*, article *Baternay*; — G. GUIFFREY, *Lettres inédites de Dianne de Poytiers*, Paris, 1866; — *Mémoires de Castelnau*, loc. cit.

et la pratique des bonnes œuvres. Elle mourut en odeur de sainteté, le 17 octobre 1617. Le P. Hilarion de Coste a écrit sa vie, ainsi que celle de sa sœur, la vicomtesse de Joyeuse. Le 8 juillet 1602, elle avait vendu à Antoine d'Hostun, seigneur de Saint-Nazaire, Saint-Jean-en-Royans, etc., tout ce qu'elle possédait à Charmes, Saint-Donat, Margès et Baternay, tels que château, terres, hommages, mainmorte, lods, droits de chasse, etc. (1); 4º Marie, née le 27 août 1539, épousa vers 1560 Guillaume II, vicomte de Joyeuse, maréchal de France et lieutenant général au gouvernement de Languedoc ; leur fils aîné, Anne, duc de Joyeuse, aussi maréchal de France, eut pour femme Marguerite de Lorraine-Vaudemont, sœur de Louise, mariée au roi Henri III. Intimement liée avec cette sainte reine, Marie donna, comme elle, les plus beaux exemples de piété et de charité chrétienne et fit de nombreuses démarches pour appeler les Carmélites en France, ce qui ne réussit qu'après sa mort, arrivée à Toulouse en juillet 1595 ; 5º Jeanne, mariée en 1582 à Bernard de Nogaret de la Valette, amiral de France, gouverneur de Provence, morte en 1591 ; 6º Anne ou Henrie, morte fille ; 7º Gabrielle, femme de Gaspard de la Chastre, comte de Nançay. Leur fils, Henry de la Chastre, aliéna en 1609 la baronnie du Bouchage en faveur de noble François Gratet, seigneur de Granieu, trésorier de France en la généralité de Dauphiné.

Claude de Baternay, baron d'Anthon, était l'espoir de cette puissante maison. On lui assura la survivance du gouvernement du Mont-Saint-Michel, que tenait son père, on lui trouva une des plus riches héritières de l'Europe, Jacqueline de Montbel, comtesse d'Entremonts, dame du Montellier, Natlage, Saint-Mauris et Saint-André-de-Briord, fille unique de Sébastien de Montbel, comte d'Entremonts, chevalier de l'Annonciade, et de Béatrix Pacheco, des ducs d'Ascalona, première dame d'honneur de la reine Éléonor de Portugal, femme de

---

(1) H. DE COSTE, *Éloges des dames illustres*, t. Iᵉʳ, p. 747; t. II, p. 661; — Léon GONTIER, *Notice sur Saint-Donat*, Valence, 1857, p. 84.

François Iᵉʳ. Cette négociation matrimoniale s'éleva à la hauteur d'un cas diplomatique. Comme les possessions de la comtesse ouvraient sur une large étendue les défilés des frontières de la Savoie du côté du Dauphiné, le duc Charles III se souciait peu de consentir à l'union de sa sujette avec un Français. Il ne fallut rien moins qu'une lettre de Charles IX pour faire cesser la résistance, et le mariage s'accomplit le 16 février 1561. Mais il dura peu et demeura stérile. A la bataille de Saint-Denis contre les huguenots, le baron d'Anthon, guidon de la compagnie de son oncle, le connétable de Montmorency, fut blessé mortellement comme lui, à côté de lui, en cherchant à le défendre, et mourut le 28 novembre 1567, laissant des regrets universels, dont l'historien de Thou s'est fait l'écho. Le célèbre poète Philippe Desportes déplora dans une épitaphe en vers la perte de ce vaillant jeune homme. Quant à sa veuve, elle appartenait à cette catégorie de femmes enthousiastes, plus rares alors qu'aujourd'hui, fascinées par l'éclat de la renommée : un beau jour elle écrivit à l'amiral de Coligny pour lui offrir sa main, et alla l'épouser à la Rochelle, le 25 mars 1571. Après la catastrophe de la Saint-Barthélemy, elle fut renvoyée de France et conduite sous bonne escorte à son fief de Saint-André-de-Briord en Bugey. Soit qu'on ait voulu la punir de s'être engagée sans l'assentiment du souverain, soit qu'on prétendît se mettre en garde contre de nouvelles noces, elle fut l'objet, de la part du gouvernement piémontais, de persécutions, qui se prolongèrent jusqu'à la fin de sa vie, terminée en 1599 dans la captivité (1).

Nous venons de dire que Baternay fut acquis par Antoine d'Hostun de la Baume, maréchal de camp, nommé chevalier des Ordres du Roi, et mort sans avoir été reçu. Il se qualifiait

---

(1) GUICHENON, *Hist. de Bresse*, continuation de la 3ᵉ partie, p. 171 ; — DE THOU, *Histoire universelle*, trad. fr., Londres, 1734, t. V, p. 375; — DU BOUCHET, *Preuves de l'histoire de l'illustre maison de Coligny*, p. 551, 573, 577, 584; — V. DE SAINT-GENIS, *Les Femmes d'autrefois, Jacqueline de Montbel*, Paris, 1869; — MELVIL GLOVER, *Notice hist. sur le château du Montellier en Bresse*, Lyon, 1869.

baron de Charmes, Saint-Donat, Margès et Baternay. Ces terres furent possédées par son fils, Balthazar d'Hostun dit de Gadagne, marquis de la Baume-d'Hostun, comte de Verdun, etc., sénéchal de Lyon. Mais le second fils de ce dernier, Roger d'Hostun, commandant pour le Roi en Lyonnais, Forez et Beaujolais, les vendit, pour acheter le comté de Tallard à Jacques Coste de Simiane, président au Parlement de Grenoble, qui obtint du Roi, en novembre 1652, l'érection des seigneuries de Charmes, Saint-Donat, Bren, Baternay, Margès et Saint-Muris en comté sous le nom de Charmes. Étant mort sans enfants, une de ses sœurs, Françoise Coste apporta le comté à son mari, Alexandre de Bérenger, seigneur du Gua. Un descendant de cette illustre maison, Raymond-Pierre de Bérenger, seigneur du Gua, de Vif, la Cluse et Pasquiers, comte de Charmes, chevalier d'honneur en survivance de la Dauphine, colonel du régiment de l'Isle-de-France, vendit, le 25 septembre 1776, pour le prix de 316,000 livres, le comté de Charmes à Charles de Chabrières de la Roche, seigneur de Peyrins et Mours. Mais la partie au delà de l'Herbasse comprenant Margès fut distraite en faveur de Jean-Baptiste Jaquemet de Saint-George, conseiller au Parlement de Dauphiné, gendre de M. de Chabrières (1).

Margès, *Marjais*, *Marjayssium*, *Marjaiæ* (565 habitants). Il a existé deux églises sur cette commune, l'une portant le nom de Margès, l'autre, celui de Tournay. Le chapelain de Margès est mentionné dans un pouillé du diocèse de Valence du XIVe siècle publié par M. l'abbé Chevalier. Au XVIIe s., ce bénéfice ou cette église, sous le vocable de Saint-Didier, fut uni à N. D. de Tournay; mais Saint-Didier demeura le saint de la paroisse dépendant du pricuré de Saint-Donat, qui a perçu les dîmes jusqu'à la Révolution. Ce lieu de Tournay, qui est une section de la commune, est indiqué dès la fin du XIe siècle, *villa que dicitur Turnai, villa Turna*. L'église appartenait à Saint-Barnard; elle avait été engagée pour la somme de qua-

---

(1) P. ANSELME, t. V, p. 266; — Arch. de Charmes; — CHORIER, *Estat politique*, t. III, p. 28; — CHAZOT DE NANTIGNY, *Tablettes*, t. V, p. 360.

rante sols à Guillaume, abbé de Saint-Félix, qui consent au rachat vers 1164-74 (1). L'édicule paroissial de style roman fut réparé par Imbert de Baternay, dont il a conservé les armes.

Pierre de Marjais était chanoine de Vienne en 1283; Lambert de Marjais, chevalier, figure dans un document de 1266 ; on trouve à la même époque Lantelme de Marjais possesseur de censes sur Clérieu. Mais nous ignorons si cette famille, autrefois répandue dans le Royans, avait tenu à une époque très-reculée le fief dont elle portait le nom (2).

En 1250 Odebert de Châteauneuf soumet Margès à Silvion de Clérieu et lui en rend hommage; il ne laisse qu'une fille, Béatrix, qui apporte cette terre à son mari, Oddon Allemand. En 1285, hommage de Guillaume Allemand, chevalier, pour le château de Margès à Roger de Clérieu et Guillaume de Poitiers. En 1327 Guillaume Allemand reconnaît tenir de Guichard de Clérieu et d'Aimar de Poitiers le château, mandement et territoire de Margès, réservant l'hommage qu'il doit au Dauphin ainsi qu'aux chapitres de Lyon et de Vienne. Le 1er août 1343, le même personnage s'acquitte des mêmes devoirs féodaux envers le Dauphin, et le 18 janvier suivant à l'égard de Louis, comte de Valentinois, seigneur de la baronnie de Clérieu, et d'Amédée de Poitiers, coseigneur ; mais cette fois il excepte de cette juridiction tout ce qu'il tient sur le mandement de Margès du fief du seigneur de Charmes. Guillaume Allemand possédait le château de Larnage, relevant alors d'Arthaud de Claveyson, son gendre. Devenu veuf, il se remaria sur ses vieux jours à Matalonne de Saint-Priest, fille de Briand d'Urgel, chevalier, seigneur de Saint-Priest et de Saint-Chamond, et de Dauphine de Tournon. Il lui assura la jouissance de la terre et du château s'il venait à mourir avant elle, ce qui arriva en effet. Mais Jean Allemand, fils de Guillaume, et qui avait épousé Alix de Saint-Priest,

---

(1) *Documents inédits relatifs au Dauphiné*, t. II, Grenoble, 1868, 7e livraison, p. 17; — *Cartulaire de Saint-Barnard*, N.os 153, 330; — Arch. de l'Isère; — BRUN-DURAND, *Dict. ecclésiastique*.

(2) *Reg. capitulaire de l'église de Vienne*; — *Cartulaire de Léoncel*, N.o 228.

sœur de sa belle-mère, chassa cette dernière du château peu après la mort du seigneur de Margès. Elle y fut cependant rétablie par autorité de justice en mars 1369 (1). Eut-elle à exercer des reprises qui passèrent à sa famille, et le fief dut-il être engagé pour les couvrir ? C'est du moins la seule façon plausible d'expliquer les actes suivants. En 1443 noble et puissant homme Théode de Valpergue, de l'illustre maison des comtes de Valpergue en Piémont, bailli de Lyon, qui avait épousé Louise de Saint-Priest, nièce de Matalonne, accorde la faculté de rachat pour les château et châtellenie de Margès à noble et puissant homme Guy, seigneur de Saint-Priest, son beau-frère, qui lui avait vendu cette terre. Quatre ans plus tard il l'aliéne en faveur d'Arthaud de Chaste. Les hypothèques furent sans doute payées, et Margès revint aux Allemand. En effet, Constance Allemand, femme de François de Sassenage, vendit la seigneurie à Jordan, seigneur de Baternay. Mais il resta dans la contrée des membres de la famille des anciens possesseurs. En 1484 Guillaume Allemand est au nombre des nobles de Larnage et de Croses, et Antoine Allemand, de ceux de Claveyson. Cette nombreuse et puissante race guerrière, qui, dans les luttes intestines, fit trembler tant de fois les autres gentilshommes dauphinois, allait s'affaiblissant avec la féodalité expirante. Le 3 septembre 1605, Jean Allemand, seigneur du Bouchet, fils de Jean-Claude, baron d'Uriage, épousait Isabeau, fille de Claude de Thivoley de Miribel et de Marguerite de Poterlat. Catherine de la Beaume augmente la dot en considération des services que ladite Thivoley lui avait rendus étant sa domestique. Un demi-siècle plus tard, le 15 septembre 1653, Mathias Allemand et ses sœurs, du lieu d'Uriage, font faire une enquête sommaire, dont il résulte que la dame Bresson, veuve de Jean-Louis Allemand de Cornu, sieur de Montrigaud, habitait Grenoble avec sept enfants en état de pauvreté, et que quelques-uns d'entre eux étaient en service.

---

(1) Par sentence arbitrale du 26 avril 1370, Jean Allemand, seigneur de Margès, est condamné à rendre au prieuré de Saint-Donat les fossés, garennes et corvées d'Arthemonay, dont il s'était emparé. (Notes de MOULINET.)

En 1475 Imbert de Baternay obtint à prix d'argent de Jean Saint-Priest, frère et héritier de Guy ou Guyot, l'extinction de la faculté de rachat mentionnée plus haut. Comme nous l'avons dit, l'histoire de Margès se confond dès lors avec celle de Charmes et Baternay. Lorsque M. de Chabrières acheta le comté de Charmes, il céda la seigneurie de Margès à son gendre, M. Jaquemet de Saint-George, qui avait déjà des propriétés en cet endroit. Ce dernier sortait d'une ancienne famille noble originaire de Pontarlier, établie à Tain. Ici comme à Claveyson l'ancienne habitation seigneuriale est descendue du coteau dans la vallée. Elle est aujourd'hui possédée par M.me Max Monier de la Sizeranne, descendante des Saint-George par les femmes (1).

Mercurol, *Mercurolium*, *Mercuriolum*, *Mercurum* (1,274 habitants). L'ancienne voie romaine, appelée par la tradition *vie magne* ou *via moniha* (*via munita*, route pavée), traversait le territoire de Mercurol, et l'on en discerne encore des vestiges. Chorier affirme que cette localité tirait son nom du culte de Mercure (2), peut-être introduit par les marchands qui suivaient la route venant de Rome. Guy Allard est plus explicite et assure qu'il y avait un temple consacré à ce dieu. Mais il se garde de nous fournir aucune preuve (3).

Dans le pouillé du XIVe siècle que nous avons déjà cité, le chapelain de Mercurol est taxé à neuf livres. Cette église, sous le vocable de Sainte-Anne, encore aujourd'hui paroissiale, avait pour patron le prieur de Saint-Bardoux et était subordonnée à l'abbaye de Saint-Pierre de Vienne. Elle dépendait au XIVe siècle de l'archiprêtré de Romans et au XVIIIe s. de celui de Saint-Vallier. Sur la même commune, Saint-Clément, prieuré de l'Ordre de Saint-Augustin dépendant de celui de Saint-Félix de Valence, auquel le pape Innocent IV en confirma la possession en 1226, fut incorporé avec ce monastère dans l'Ordre

---

(1) *Cartularium Clayriaci*; — Cl. le Laboureur, *Mazures de l'Isle Barbe*, t. II, p. 378, 379; — Arch. du château de Peyrins; — Notes de Moulinet; — Notes comm. par M. Ad. Rochas.

(2) *Histoire générale de Dauphiné*, t. Ier, p. 234.

(3) Guy Allard, *Dictionnaire*, t. II, col. 123.

de Saint-Ruf au XIVe s. et érigé vers la fin du XVIIIe s. en paroisse, comprenant une partie du territoire de Mercurol (1). Le nom de rivière Saint-Clément se trouve appliqué dans les anciens actes à ce quartier de la commune. La chapelle, d'un style roman fort simple, est aujourd'hui en ruines. Sur la porte on voit encore l'inscription suivante en caractères gothiques :

+
+ ANNO DN¹ MCCC
LVIII OBIIT JO
ANNS DE BALMA
QVI DEDIT NOBIS
TRES SOLIDOS SEN
SVALES AÑIVS
IO SVO

Le nom de la Balme ou de la Baume est assez commun en Dauphiné. Mais il est probable que ce Jean qui avait légué au prieuré trois sous de cense pour son anniversaire appartenait à la même famille que Guillelmus de Balma, qui, le 17 des calendes de novembre 1284, passa une reconnaissance à Guillaume de Claveyson, seigneur de Mercurol; que *Lantelma de Balma domicella*, qui fait en 1285 une déclaration du même genre; que noble Catherine de Balma, dont le fief sur Clérieu fut hommagé en 1344 par Pierre de Saint-Mars à Louis, comte de Valentinois (2).

Sur une colline, au-dessus du village de Mercurol, se dressent çà et là des pans de murailles indiquant l'ancienne enceinte du château ; l'un de ces débris garde encore deux fenêtres romanes. Du sommet d'un mamelon, une tour ronde, qui a perdu toute sa partie antérieure et que l'on dirait tranchée verticalement par le milieu, domine l'ensemble des ruines, visible sur un horizon étendu. A ses pieds, des blocs entiers de ma-

---

(1) L'abbé CHEVALIER, *Documents inédits*, 7e livr., p. 15 et 18 ; — BRUN-DURAND, *Dictionnaire ecclésiastique*.

(2) Arch. de Blanchelaine ; — *Cartularium Clayriaci*.

çonnerie ont roulé sans se diviser. Ces vestiges de constructions qui offrent encore les traces d'une grande solidité remontent à une antiquité reculée et furent peut-être renversés dans les guerres de religion. Le château est mentionné dans une charte de 1064. Au XIIe siècle, Guillaume de Mercurol et Oddon, son fils, donnent à Saint-Barnard les dîmes de l'église de Saint-Pierre de Marnas; parmi les témoins se trouve Lantelme de Mercurol. En 1160 ce dernier apparaît comme caution dans le traité conclu entre Raynaud-François et l'abbaye de Romans au sujet de la construction des murs de la ville; Oddon et Guillaume sont au nombre des médiateurs qui terminèrent les contestations du même genre soulevées avec Silvion de Clérieu. Déjà trente ans auparavant, Guillaume et ses frères, Oddon et Eustache, avaient servi de témoins dans un acte par lequel le même Silvion II renonçait à quelques-unes de ses usurpations sur les chanoines. Il paraît que les fiefs et les propriétés de cette maison furent aliénés. Le 6 des ides de septembre 1276, Falcon de Mercurol, damoiseau, étant mort, ne laissant que deux filles, Alasia et Adelena, cette dernière religieuse à l'abbaye de Soyons, son exécuteur testamentaire, Humbert de Chantemerle, vend pour trente livres à Artaud de Claveyson les terres et bois que le défunt possédait au territoire de Clérieu. Enfin, Symon de Mercurol, qui paraît être un chevalier sans patrimoine, s'avoue homme lige du Dauphin en 1336 (1).

Le 3 des ides d'octobre 1257, Artaud de Claveyson reconnaît tenir de François, seigneur de Peyrins, en fief rendable deux parties du château et du mandement de Mercurol, excepté la terre appelée *Cialencha,* et sa propre maison d'habitation, toutes deux acquises d'Humbert Richard, chevalier, qui doivent rester en franc aleu. De son côté, le seigneur de Peyrins s'engage, pendant qu'il occupera le château, soit pour la reconnaissance du fief, soit par nécessité de guerre, à garantir

---

(1) *Cartulaire de Saint-Barnard*, N.ºs 53, 277, 298, 303, 304; — GIRAUD, *Essai*, t. Ier, p. 214; — *Cartulaire de Léoncel*, N.° 58; — Arch. de Blanchelaine; — l'abbé CHEVALIER, *Inv. de* 1346, N.° 408.

Artaud et ses vassaux contre toute violence et exaction, enlèvement de vivres, foins, paille, etc., et à se conduire en bon suzerain « quod tanquam bonus dominus tibi vel tuis fidem et » legalitatem servemus promittimus et firmamus proprio jura- » mento ».

Le tiers restant relevait de Roger de Clérieu, qui, à son tour, en faisait hommage au Dauphin le dimanche avant la Nativité de la Vierge 1262 (*Inv. des arch. des Dauphins en* 1346, N.º 332). Une charte datée du 16 des calendes de septembre 1283 conserve évidemment la trace des luttes malheureuses que Silvion de Clérieu, père du dernier Roger, avait eu à soutenir contre le Dauphin et le comte de Valentinois. Noble homme Guillaume de Claveyson, damoiseau, seigneur de Mercurol, tant en vertu de son propre droit que d'une donation du Dauphin Humbert et du comte Aimar, requiert Guillaume de Claveyson, chevalier, de lui rendre hommage pour la moitié de la moitié du château de Claveyson qu'il tenait en fief du Dauphin, *à cause de la suzeraineté de Clérieu* « ratione dominii dè Clay- » riaco ». A l'appui de ses prétentions, Guillaume, damoiseau, produit des lettres d'Humbert et d'Aimar ; mais Guillaume, chevalier, refusa de lire ou de recevoir les lettres de jussion et se retira en répondant qu'il ne voulait rien décider sans en avoir conféré avec ses amis. Ce chevalier prudent, qui ne consentait pas avant d'y réfléchir mûrement à transporter à son parent l'hommage qu'il devait aux seigneurs de Clérieu, était donc en possession de tout ou partie du château de Claveyson. Ce fut sans doute un fait passager, car, pendant plusieurs siècles, Claveyson et Mercurol se trouvèrent réunis dans les mêmes mains. Le vendredi après la Purification (1290), Guillaume de Claveyson, chevalier, prête hommage à Roger de Clérieu, avec la clause expresse que, par la présente tradition ou reddition du château, il n'entend nullement préjudicier ni à ses propres droits, ni à ceux de François, seigneur de Peyrins. Guillaume était encore possesseur du château lorsque, le 3 janvier 1291, le Dauphin donne ordre à son châtelain de Clérieu d'en prendre la défense. En 1302 Artaud était seigneur de Claveyson et Mercurol et rendit deux hommages à Roger de Clérieu, le premier du lundi après le Carême, prenant pour les deux parts de Mercurol tenues jusque-là de Guillaume François de Peyrins, le second du lundi après l'Assomption, pour le tiers de Mercurol et la huitième partie de Claveyson.

En 1304, le château de Mercurol rendable est compris dans la reconnaissance générale de la baronnie passée par Guillaume Graton au Dauphin. Ce château était sans doute regardé comme une forteresse, et l'on a vu que les Claveyson n'y habitaient pas. Les choses se modifièrent sans doute par l'échange qui eut lieu le 16 des calendes d'avril 1305 entre Guillaume Graton et Artaud. Celui-ci céda à son suzerain tous les vassaux qu'il possédait sur Clérieu et Chantemerle, à l'exception des nobles, tandis que Graton abandonnait de son côté ses droits utiles sur le mandement de Mercurol, à la réserve du fief de Veaunes, tenu par Raymond, chevalier, de l'hommage de Guillaume Gay, du mas de Vern et d'un moulin. Tout ce qui était remis à Artaud demeurait sous la mouvance du seigneur de Clérieu, qui s'interdit de faire à l'avenir aucune acquisition sur ce mandement. Guichard, frère et héritier de Graton, sanctionne cet arrangement.

En 1314, Artaud étant mort, son frère, Jean de Claveyson, chanoine de Romans, comme tuteur des enfants du défunt, passe aux frères Roland et François de Boyssonnet pour quatre ans, sous la cense annuelle de cent sétiers de blé, la ferme de deux moulins, l'un pour le froment, l'autre pour le seigle. Ils sont affermés avec tout leur outillage, savoir quatre pals de fer, quatre anneaux, quatre roues dentelées, sept crocs de fer auxquels on les attache avec une chaîne, le tout pesant ensemble quarante-cinq livres de fer, calcul évidemment inexact qui ne peut s'expliquer que par une distraction du notaire, et enfin des meules de jauge (1).

---

(1) Cum omnibus utensilibus, videlicet quatuor palis ferri, quatuor aneylis, quatuor groppis (voy. DUCANGE, *verbo* gropys), quatuor aleus (id., *verbo* aleuda) et septem pictis (id., *verbo* piquus) pondentibus hiis omnibus quadraginta quinque libris ferri, et molis de jaugia (Orig. sur parch. aux arch. de Blanchelaine).

Artaud avait eu pour successeur dans ses seigneuries son fils, qui portait le même prénom que lui et fit hommage à Guichard de Clérieu le 1er mars 1333; l'année suivante, le même Guichard se reconnaît homme lige du Dauphin pour le château de Mercurol, tenu par Artaud. Les Clérieu étant éteints, Humbert II entra momentanément en possession de la baronnie et céda en 1336 la parerie, y compris l'*arrière-fief* de Mercurol, à Guillaume de Poitiers-Saint-Vallier. Il fallait que l'endroit eût une certaine importance, puisque le Dauphin y établit, le 3 août 1343, une foire, qui se tint le 28 octobre (1). Quelques jours après, une transaction faisait passer la baronnie aux comtes de Valentinois, héritiers de Guichard. En conséquence, le 18 janvier 1344, Artaud reconnut la mouvance de Louis Ier, comte de Valentinois. L'année suivante l'hommage fut renouvelé dans le

---

(2) Humbertus dalphinus viennensis notum facimus universis modernis et futuris nostras presentes litteras inspecturis, quod nos pro nobis heredibus et successoribus nostris perpetuo, dilecto fideli nostro Arthaudo domino Claveisonis et Mercurollii humiliter petenti, ad opus sui suorumque heredum et successorum, concedimus in privilegium speciale, quod omni tempore deinceps annis singulis in die festi Apostolorum Symonis et Jude in dicto loco suo Mercurollii nundine cellebrentur, quibus nundinibus veniendo, stando in eis et redeundo illas vel consimiles quas obtinent nundine in loco nostro Morasii et Bellireperii (Moras et Beaurepaire), de quo elecionem habeat dictus dominus Claveisonis expresse per presentes in omnibus et per omnia damus atque concedimus libertates, districte injungendo baillivo, castellanis ceterisque officialibus et subditis nostris presentibus et futuris Viennensis eciam tocius Dalphinatus et cuilibet vel locatenentibus, eorum quatenus graciam et concessionem nostram hujusmodi observent cum effectu dicto domino Claveisonis, heredibus et successoribus suis, nec aliquid contrafaciant vel paciantur fieri quoquomodo, ymo nundinas et omnia predicta ad ejus requisicionem publicari ac preconizari faciant ubi sibi visum fuerit expedire, alio non expectato mandato. Datum Vienne die tercia mensis augusti anno Domini millesimo CCC°XLIIJ°. Reddite litteras portitori ad relacionem dominorum { Amblardi domini Bellimontis militis Jacobi Brunerii legum doctoris cancellarii
Littera pro nundinis Mercurollii in festo Symonis.
(Original sur parch., auquel pendait le sceau delphinal, — aux archives de Blanchelaine.)

château de Crest en faveur du comte Aimar, successeur de Louis. Artaud est qualifié de noble et puissant homme. Ici les événements nous font défaut pendant un laps de temps considérable. Le 24 août 1429, François de Claveyson, seigneur dudit lieu et de Mercurol, étant mort, le bailli du Viennois voulut mettre ces deux seigneuries sous la main du Dauphin, mais quand on arriva à Mercurol pour y planter l'étendard royal, le châtelain, noble Gonon Veilleu, avait déjà fait apposer sur la tour et les portes la bannière et les armes du seigneur de Clérieu, affirmant avec raison que c'était un fief de la baronnie. Comme nous l'avons déjà dit, Mercurol et Claveyson passèrent quelques années après par mariage dans une branche de la maison d'Hostun, qui prit le nom de Claveyson. Il paraît que Geoffroy d'Hostun de Claveyson avait tardé à rendre l'hommage qu'il devait à Guillaume de Poitiers, baron de Clérieu, gouverneur de Paris, qui ordonna une sorte de saisie de la seigneurie de Mercurol. Mais, le 25 octobre 1498, Geoffroy se mit en règle en se reconnaissant homme lige de Guillaume et en promettant de faire son dénombrement vers la fête de Saint-Hilaire. D'ici là, la saisie sera maintenue, mais le seigneur pourra jouir des revenus sous la main du baron. « Cet hom-
» mage, dit l'avocat Dubois dans le factum de 1759 pour le
» comte de Saint-Vallier, que nous avons déjà eu fréquemment
» l'occasion de citer, cet hommage est le premier où il soit
» question d'aveu et de dénombrement, parce qu'auparavant
» on ne les connoissoit pas en Dauphiné : le feudataire ne de-
» vait à son seigneur que la bouche et les mains; la prestation
» de l'hommage et serment de fidélité l'acquittoit de tout, et
» l'unique avantage du seigneur consistoit en l'assistance que
» lui devoit son feudataire à la guerre et en la faculté de se
» servir du fief contre ses ennemis; mais dès qu'une fois les
» fiefs furent devenus patrimoniaux et que, d'un autre côté, le
» souverain eut retranché aux seigneurs le droit de faire la
» guerre, les droits utiles furent en quelque manière un dé-
» dommagement aux seigneurs pour le préjudice que leur
» causait ce changement, en sorte que les fiefs d'honneur de-
» vinrent en même temps fiefs de profit, et comme ces droits

» utiles étoient plus considérables à mesure de la valeur et
» produit que le feudataire retiroit de son fief, les seigneurs
» exigèrent un dénombrement spécifique et circonstancié des
» choses féodales et de leur valeur et revenu pour, sur ce dé-
» nombrement, fixer les lods, quints, requints et autres droits
» qu'ils commencèrent à exiger des nouveaux possesseurs de
» fiefs. » On nous dispensera d'entrer dans le détail fastidieux
du renouvellement de ces actes féodaux, qui se reproduisent à
chaque changement de vassal ou de seigneur dominant. Il nous
semble plus intéressant de nous arrêter aux documents de nature à éclairer les rapports des habitants de Mercurol avec leur
seigneur. Le 22 février 1548, une transaction fut conclue au
sujet du fournage du four bannaret (ou banal). Les bois de
Vaulgrand destinés à chauffer le four étant venus à diminuer
sensiblement, le seigneur menaçait d'augmenter les droits. On
continuait à payer alors six deniers pour cinq carteaux de blé,
les vingt deniers comptant pour un gros de bon argent, proportion qui ne se trouvait plus juste, le gros valant à cette
époque bien plus de vingt deniers. Après de longs débats entre
Pierre de Claveyson d'une part et les consuls et notables, au
nombre de plus de cinquante, de l'autre, il fut arrêté que le
seigneur albergerait aux habitants « le four bannaret posé et
» assis audit Mercurol auprès la alle (halle) dudit lieu, avec sa
» place et cortillage accoustumez...... plus ung sien tennement
» appelé le boys doz fourt au terroir de Vaulgrand, mandement
» de Mercurol, contenant environ quatre-vingts sétérées terre
» et boys......, sous la cense annuelle de trente florins, petite
» monnoie, comptez douze sous tournois pour un florin et
» quatre liards pour un sou, à la condition que l'on ne pren-
» droit rien pour le blé de l'aulmosne qui se fait annuellement
» à Mercurol de 15 sétiers ou environ à la feste de N. D. de
» décembre, non plus que pour faire cuire le pain des manœu-
» vres travaillant aux vignes dudit seigneur, savoir aux pral-
» hets, fossailles, biailles et vendanges » ; qu'enfin le seigneur
pourrait avoir un four au château pour son usage particulier.

En 1615, Laurence d'Hostun-Claveyson apportait à Hugues
de Lionne Mercurol, en même temps que Claveyson, Mureils

et Hostun. Par leur force d'inertie autant que par leur influence à la cour, les Lionne parvenaient à s'émanciper de la suzeraineté des barons de Clérieu. Malgré les réclamations et les procédures du président de Chevrières, Louis de Lionne donne, le 30 mars 1688, son aveu et dénombrement par-devant la Chambre des comptes de Dauphiné, comme relevant directement du Roi. Il déclare posséder la haute, moyenne et basse justice de Mercurol, ce qui lui confère le droit d'y nommer juge, châtelain, greffier et tous autres officiers. On voit qu'il n'est plus question de la juridiction du juge d'appeaux de Clérieu, d'où devaient ressortir tous les arrière-fiefs de la baronnie. Il déclare en outre tenir une maison audit lieu, grange, écurie, four, pigeonnier, ce qui semble indiquer que le château n'existait plus à cette époque ; plus un terrier des censes et rentes qui s'exigent audit lieu de Mercurol, à Larnage et sur la baronnie de Clérieu, à Chantemerle, Tain et la Roche, montant à cent sétiers seigle et avoine ; plus le four banal de Mercurol ; plus le droit de fenage, qui est de trois trousses de foin, que chacun prenant et abreuvant ses prés de l'eau de la Bouterne doit payer ; plus le droit de chevrotage, savoir que tous ceux qui tiennent une ou plusieurs chèvres doivent un chevreau vivant ; plus le droit de plusieurs corvées, savoir que chaque habitant doit annuellement quatre journées audit seigneur pour la facture de ses vignes, et au chacun ledit seigneur baille un sol le soir en se retirant, et ceux qui ont des bêtes de labourage lui doivent une journée de leurs bêtes pour ses charrois ; plus le droit de parquage, qui est que ceux qui tiennent un troupeau dans le mandement doivent annuellement six livres de fromage.

Le 7 octobre 1713, Charles-Hugues de Lionne, marquis de Claveyson, baron de Mercurol, seigneur de Blanchelaine, Mureils et autres lieux, gouverneur pour le Roi de la ville de Romans, bourg et péage de Pisançon, et brigadier général de ses armées, demeurant à Paris, rue et paroisse Saint-Roch, afferme à Estienne Popon, sieur de l'Estang, la terre, seigneurie et baronnie de Mercurol et maison forte de Blanchelaine, la grange des Chenests, la vigne et le pré Corbel, les terres dudit

Corbel et du Chastelet, les domaines des Odoards, de Saint-Jayme et des Chassis, avec les rentes, lods et droits seigneuriaux, le tout moyennant la somme annuelle de 3,670 livres. En outre, le preneur sera tenu de donner chaque année deux sétiers de froment, mesure de Romans, aux Carmes de Tournon et dix-sept sétiers de seigle aux pauvres de Mercurol. Vers la même époque, Claveyson était affermé 4,250 livres.

En 1753, la marquise de Lionne vendait à M. d'Urre la terre de Mercurol au prix de 114,648 livres, en même temps qu'elle aliénait Claveyson à M. de Tournon pour la somme de 148,352 livres. La maison d'Urre, une des plus anciennes du Dauphiné, tire son nom du village d'Eurre, dont elle possédait autrefois la seigneurie; aussi a-t-elle souvent été appelée d'Eurre; elle s'est divisée en plusieurs branches, presque toutes éteintes aujourd'hui, dont Pithon-Curt a donné la généalogie incomplète, malgré son étendue, et d'où sont sortis des hommes illustres. Un cadet du rameau de Grane, Philibert d'Urre, s'établit à Croses au XVIe siècle, et l'on voit encore près du village la ferme qu'il habitait. Pendant longtemps, ses descendants eurent à lutter contre les difficultés d'une fortune médiocre, et quelques-unes de leurs alliances s'en ressentirent. Il fut le quatrième aïeul de Pierre-Henri d'Urre, né en 1702, mort en 1792, revenu par d'heureuses circonstances à une situation plus en rapport, selon les idées du temps, avec l'antiquité de sa race. Ce dernier acquit Mercurol : il est qualifié chevalier, seigneur de Chanelos (en Vivarais), qu'il tenait des Blanchelaine, de Mercurol, Blanchelaine, Saint-Clément et Saint-Pierre-de-Marnas. Dans quelques actes il est appelé le comte d'Urre. Il fut le père du comte Antoine-Henri d'Urre, pair de France par ordonnance du roi Charles X (1).

Du XIIIe au XVe siècle, les chartes d'hommages et les terriers

---

(1) Arch. de Blanchelaine; — Arch. de l'Isère, cartons du Valentinois, paquet, 2, N.º 5; — *Factum pour le comte de Saint-Vallier*, Grenoble, 1759, p. 6, 8, 9, 14, 15, 16, 17, 18, 42, 44, 54, 55, 57, 58, 59; — *Cartularium Clayriaci*; — *Requeste pour Claveyson......*, p. 20; — Cayer des anciens hommages de la baronnie de Cleirieu.

de la seigneurie de Mercurol nous ont conservé les noms d'assez nombreuses familles de gentilshommes qui résidèrent sur ce territoire ou y possédèrent des fiefs, comme les Boniface, *Bonifacii*, dont Briandus de Chans recueillit l'héritage en 1356, les Boson, les Didier d'Alixan, les Chandies, les Chaurisan, que nous retrouverons sur Larnage et qui hommageaient directement aux Clérieu; les Tyvoley ou Thivoley, qui émigrèrent à Brangues vers 1473; les Grangeron, les Brunier de Larnage, les Chitrieu, *dè Chitriaco*, les Borel et les Bencel (1484), les de Sall de la Bastie-Geyssans, les Bueys de Sainte-Hélène, etc. (1).

Sur la rive gauche de l'Isère et près de son embouchure, aux environs de Châteauneuf, la carte de Cassini indique une localité du nom de Blanchelaine. C'est là que vivait en 1474 Nicolas de Blanchelaine. Son fils, Gaubert, traita, le 7 juillet 1479, avec Aimard d'Urre, seigneur d'Ourches, pour la vente d'un pré à Mercurol; il habitait avec sa femme la rivière Saint-Clément et acquit sur Mercurol le lieu appelé jusque-là Penchenas, auquel il imposa le nom de Blanchelaine. Selon toute apparence, ce fut lui qui fit construire la maison forte, disparue de nos jours dans les nouveaux bâtiments de la ferme. Il fut père de Jean de Blanchelaine, 1er du nom, seigneur de Blanchelaine et Chanelost, qui testa le 29 novembre 1551, élisant sa sépulture en l'église paroissiale de Tain et la chapelle de Saint-Blaise. Dans une quittance qui lui fut délivrée, le 24 octobre 1544, par François Veilheu, de Curson, l'écu d'or ou soleil, « au coing de nostre tres chrestien roy de France », est évalué 45 sols tournois. Il avait épousé Anne de Chanelost, fille de noble Sibeud de Chanelost et de Marguerite de Beauvoir. Elle lui apporta le fief de Chanelost sur la paroisse de Saint-Didier-de-Préaux, mandement d'Ay en Vivarais, qui avait appartenu jadis aux Iserand, dont les Chanelost formaient peut-être une branche. Ils eurent entr'autres enfants Nicolas, chevalier de Saint-Jean-de-Jérusalem, et Jean, IIe du nom, à qui échurent,

---

(1) Arch. de Blanchelaine; — Notes du chevalier DU SOLIER; — MOULINET.

en sa qualité d'aîné, Blanchelaine et Chanelost. On l'appelait ordinairement M. de Chanelost. Il testa le 21 mai 1571, demandant à être enseveli dans l'église des Préaux et la chapelle de ses ancêtres maternels. Il avait épousé Magdeleine de Vigier, vivant encore en 1602. Depuis longtemps veuve, elle se trouvait aux prises à cette époque avec de sérieuses difficultés pécuniaires. Dans une correspondance adressée à un ami de la famille, M. de Chotard, elle raconte qu'elle ne peut rien obtenir de ses débiteurs et qu'elle a fait mettre en gage un gobelet d'argent. « Mon goubeau, dit-elle, vault de sept à huit escus, » et je n'en ay eu que trois en liards presque tous faux que » je ne pourroi passer. Je n'oserois rendre cette méchante » monnoie à ceux qui m'ont presté ». Elle a si grand besoin d'argent qu'elle en a la fièvre et ne peut se faire panser de ses yeux, faute de moyens. Elle demande douze ou quinze livres de cassonade blanche pour faire des confitures.

Just, Marguerite et Jeanne furent les enfants de Jean de Blanchelaine : Marguerite épousa Nicolas de Chaponnay, seigneur de Saint-Bonnet ; Jeanne, Claude de Florence, sieur de Gerbeys ; Just, qui testa en 1625, continua la lignée et eut de son mariage avec Claude ou Claudine Silla deux fils, morts sans alliance, Magdeleine, mariée, le 28 avril 1652, à noble Jacques d'Urre, fils de David et de Magdeleine de Bouvier, et Just-Henry, mari séparé de biens, par jugement du Présidial de Valence, d'Hélène de Planta. Ses dettes l'obligèrent à vendre, le 2 mars 1673, au prix de 24,000 livres et 24 pistoles d'étrennes, à Sébastien de Lionne, marquis de Claveyson, seigneur de Mercurol, « le domaine appelé de Blanchelaine, situé rière le » mandement de Mercurol, consistant en maison d'habitation, » grange pour le bestail, terres, bois, vignes, prés, molins, » bastoirs à chanvre et autres artifices. » Dès lors, la terre de Blanchelaine fit partie de celle de Mercurol. Just-Henry se retira à Tain, où il possédait une maison sur les bords du Rhône. Il ne laissa qu'une fille, Antoinette de Blanchelaine de Chanelos, mariée, le 10 août 1707, à Jean-Baptiste de Pellard, sieur d'Espagny, cornette au régiment de Châteaumorand, cavalerie, fils d'autre Jean-Baptiste et de Françoise de la Forest, comtesse de Rumilly en Savoie. Mais, à la suite de procès, Chanelos passa aux d'Urre, qui acquirent plus tard Blanchelaine, en même temps que Mercurol. Le château actuel, bâti au commencement de ce siècle par le comte d'Urre, appartient aujourd'hui à son petit-neveu, M. le comte d'Arces, qui a bien voulu nous ouvrir ses archives avec une obligeance dont nous ne saurions trop le remercier (1).

Croses, *Villa de Crosis, Mota de Crosis* (422 habitants).

Le village de Croses est placé à l'entrée d'une gorge, au pied d'un vignoble renommé. Ses maisons blanches, éparses, quelques-unes entourées d'un jardin, s'étendent sur les deux bords d'un torrent presque toujours à sec et témoignent de l'aisance des habitants. Sur la rive droite on discerne encore les vestiges des fondations du château, disparu depuis des siècles. Ce site paisible, où tant de générations se sont succédé dans l'amour du travail, n'a pas à proprement parler d'histoire et ne se souvient plus même du nom de ses anciens seigneurs. L'église, sous le vocable de Notre-Dame, autrefois prieuré, fut primitivement du domaine de Saint-Maurice de Vienne et passa à l'abbaye de Saint-André-le-Bas de la même ville, probablement sous l'archiépiscopat de Guy de Bourgogne, qui, devenu le pape Calixte II, confirma la possession à ladite abbaye, par une bulle du 14 février 1120, de la paroisse de Croses et des Vosserts « *parrochiam de Crosis et Valseriis* », ce qui prouve qu'au point de vue ecclésiastique Croses s'étendait alors sur une partie de la commune actuelle de Chantemerle. L'année suivante, le même pape soumit cette paroisse au prieur de Saint-André d'Humilian, qui dès lors y perçut les dîmes, ce qui fut maintenu jusqu'à la Révolution (2).

Le 1er janvier 1285, noble Josserand, seigneur de la Motte-de-Croses, prêtait hommage à Roger de Clérieu pour tous ses

---

(1) Arch. de Blanchelaine; — G. ALLARD, *Généalogie manuscrite des Blanchelaine*, à la bibliothèque de Grenoble; — le chevalier DU SOLIER; — MOULINET; — Acte de vente de Blanchelaine en 1673, comm. par M. Henry MACHON.

(2) L'abbé CHEVALIER, *Cartulaire de Saint-André-le-Bas*, N.os 197, 199, 00.

biens à Croses, Larnage, Mercurol, paroisse d'Humilian et Chantemerle, réservant seulement l'hommage dû à Notre-Dame du Puy pour une portion de ses possessions à Chantemerle. En 1327, le lundi après la fête de Sainte-Lucie, Pierre de Croses renouvelait le même acte de vasselage envers Guichard de Clérieu. A la même époque, le seigneur de Tournon exerçait aussi des droits sur une portion du territoire. Aux dates du 5 juillet 1335 et du 18 janvier 1344, on trouve des hommages rendus, le premier au même Guichard et le second à Louis de Poitiers, comte de Valentinois, par Artaud de Claveyson, seigneur dudit lieu et de Mercurol, pour la maison et forteresse de Croses, acquises de Guillaume Richard de Serves, fils d'Arnaud Richard, ainsi que diverses dépendances le long du ruisseau de Croses sur Larnage et Humilian. Le 29 mai 1492, honorable homme Pierre de Brion, marchand et bourgeois de la ville de Tournon, rendit hommage à Geoffroy de Claveyson, seigneur de Claveyson, Mercurol, la Motte-de-Croses, le Mas-de-Bressieu et Hostun, pour des biens appartenant un peu plus d'un siècle auparavant à Roland de Veaunes. Mais, dès 1459, la noble maison de Theys exerçait des droits à Croses, dont nous verrons l'origine à l'article de Larnage, et de l'autorisation du Parlement, d'accord avec Guillaume, seigneur de Tournon et Tain, faisait tracer les limites entre la juridiction de cette dernière localité et celle de Croses. Pierre de Theys en est qualifié coseigneur dans une reconnaissance par lui souscrite en 1469 au profit de l'église Saint-Julien de Tournon. En 1545, Gaspard de Theys, coseigneur de Larnage, est aussi seigneur de Croses. Cette terre était alors divisée entre plusieurs familles. On voit en 1508 noble Jacques des Massues seigneur du Mas-de-Bressieu et de la Motte-de-Croses; en 1538 noble Paul de Mistral, seigneur de Croses et coseigneur de Larnage, en même temps que Jacques des Massues possédait le Mas-de-Bressieu et la Motte. Le 7 juillet 1540, Louis Sarret fournit le dénombrement de la maison forte de la Motte. En 1546, Paul de Mistral rachète Croses, qu'il avait sans doute engagé. Neveu du chanoine Nicolas de Mistral, qui fit bâtir le pendentif de Valence, François de Mistral, baron de Croses, épousa en 1555 Louise d'Albert, veuve de Jean de Sade, et se fixa en Provence. Son fils Paul, seigneur de Montdragon et de Croses, enseigne de la compagnie de gendarmes du comte de Carces, prend alliance en 1576 avec Sylvie de Brancas. Paul fut consul de la ville d'Aix et soutint vaillamment en plusieurs rencontres la cause d'Henri IV contre les Ligueurs. Son petit-fils, nommé aussi Paul, s'étant pris de querelle à Avignon, dans la chambre de Philippe-Guillaume de Nassau, prince d'Orange, dont il était vassal, contre le sieur de Panisse, eut la hardiesse de poursuivre son adversaire l'épée à la main, ce que le prince eut grand'peine à lui pardonner. Il laissa deux fils, Dominique, résidant à Saint-Remy, et Paul, viguier de Marseille, seigneur de Croses, après son frère, et le dernier de sa branche, condamné par sentence du vibailli de Saint-Marcellin du 24 décembre 1641 à rendre hommage au baron de Clérieu. En 1670 noble Charles de Reymond, sieur de Modène, mari de Gabrielle de Givaudan, soutenait, comme ayant-droit de Louise de Mistral, un procès contre le président de Chevrières au sujet de la coseigneurie de Croses et Larnage. Ce qu'il y a de certain, c'est que, soit par transaction, soit à la suite de la commise encourue, tous ces droits passèrent au haut-justicier de la baronnie (1).

Le Mas-de-Bressieu, *Mansus Briciaci* dans les anciens titres, avait pour confins le mandement de Serves près du Rhône et ceux de Croses, Larnage, Vals et Chantemerle. D'après le dictionnaire d'Expilly (t. VI, p. 94 et 95), il était situé sur Érôme et Larnage. Il tirait sans doute son nom de la maison de Bressieu, d'où était issue Isabelle, femme de Graton de Clérieu, et à laquelle appartenait Gervans. Le 3 décembre 1450, Jacques d'Hostun, seigneur de Claveyson, au nom de sa femme Béatrix,

---

(1) *Cartularium Clayriaci*; — Collection Rousset, aux archives de l'Ardèche; — *Inventaire de Clérieu de 1681*, fol. 171, 183, 184, 185, 186; — Notes de MOULINET; — PITHON-CURT, *Hist. de la noblesse du Comtat*, t. II, p. 260; — Notes comm. par M. Ad. ROCHAS; — Divers factums ou arrêts du Parlement.

passait reconnaissance au Roi, en la ville de Romans, pour le mandement du Mas-de-Bressieu. Un droit de péage s'exerçait dans cette localité. En 1592 vivait noble François des Massues, seigneur du Mas-de-Bressieu et de la Motte-de-Croses. Ce fief devait avoir pour limite le ruisseau, dont il occupait la rive droite. Le 10 décembre 1625, Guy Pape, seigneur de Saint-Auban, mari de Mabille des Massues, remet par transaction la Motte-de-Croses et la coseigneurie de Croses à Aimar des Massues, en vertu d'un fidéicommis d'un ascendant qui avait eu pour femme Françoise d'Eurre. Un arrêt du Parlement du 26 janvier 1643 condamne Aimar des Massues, seigneur du Mas-de-Croses d'Eurre de Vercoiran, à passer hommage au comte de Saint-Vallier, comme seigneur de Clérieu. Aimar épousa en premières noces Lucrèce de Sauvaing du Cheylar et se remaria à Catherine de Martinet, qui, devenue veuve, vendit, le 19 novembre 1647, au président de Chevrières la coseigneurie de Croses et Mas-de-Bressieu au prix de 2,700 livres. Le fief utile de Croses passa donc en entier entre les mains du seigneur dominant, qui en 1652 concluait une transaction avec noble Jacques d'Eurre pour des rentes à Croses. La terre demeura au pouvoir des Saint-Vallier jusqu'à la Révolution. Les abbayes de Saint-Antoine en Viennois et de Saint-André-le-Bas possédaient des terriers sur cette paroisse (1).

Nous ne voulons pas sortir de cette commune sans nous arrêter à un trait de mœurs assez fréquent au moyen âge. Le 20 février 1426, Geoffroy du Sers Allamand, du lieu de Croses, qui appartenait à cette catégorie intermédiaire entre la noblesse et les serfs composée d'hommes libres de tout engagement (car il n'y avait pas encore de bourgeoisie dans les campagnes), vient en la présence de magnifique et puissant homme Amé ou Amien de Claveyson, seigneur dudit lieu, Mercurol, la Motte-

---

(1) *Arrest du Parlement de Dauphiné, du 21 mars 1652, de tous le droits, devoirs, revenus, profits de justice et de fiefs de la baronnie de Clérieu*, impr. de 26 p., in-4°, sans lieu ni date, aux arch. du château de Saint-Vallier; — *Inventaire de Clérieu de* 1681.

de-Croses, etc., et, lui exposant qu'il n'avait aucun seigneur dont il fût homme, supplie humblement ledit seigneur de le recevoir pour homme lige, franc de toute servitude rurale, étant prêt à remplir les obligations exigées en pareil cas et à donner en raison de l'hommage une demi-livre de gingembre blanc par an ; en échange le seigneur s'engage à veiller désormais à la conservation de son nouveau vassal. Tous deux trouvaient leur compte à cet arrangement. Tandis que le *suppliant* s'assurait à peu de frais (1) d'une protection fort nécessaire à cette époque, où l'isolement était une mauvaise condition d'existence, le seigneur de Claveyson étendait son patronage et comptait en cas de guerre un homme de plus (2).

Larnage, *Larnaticum, Larnatacum, Larnagium, Larnaje* (748 habitants).

La paroisse est sous le vocable de Saint-André. Cette église, au début simple chapelle, appartenait ainsi que Saint-André d'Humilian à l'abbaye de Saint-André-le-Bas de Vienne (Ordre de Saint-Benoît). Une bulle du pape Calixte II, du 4 février 1120, lui en confirma la possession, ainsi que de la chapelle de Saint-Christophe (de l'hermitage de Tain) (3). L'église en question passa plus tard avec ses revenus sous la dépendance de

---

(1) On sait que la difficulté des relations avec les Indes rendait à cette époque les épices rares. En 1372 le prix de la livre de gingembre était de 8 sols tournois, ce que Leber estime équivaloir à 22 fr. 75 c. de notre monnaie actuelle. (*Essai sur l'appréciation de la fortune privée au moyen âge*, Paris, 1847, p. 95.)

(2) Notes du chevalier DU SOLIER.

(3) Notre savant ami, M. Albert du Boys, dans l'*Album du Dauphiné* (t. II, p. 123), indique bien une bulle de Pascal II, de l'an 1100, reconnaissant à Saint-André-le-Bas la possession de Saint-André d'Humilian, de la chapelle de Larnage et de celle de Saint-Christophe au-dessus de Tain. Mais l'authenticité de cette bulle, dont on n'a pas l'original, est fort contestable. (Voy. l'abbé CHEVALIER, *Cart. de Saint-André-le-Bas*, 1re note de la ch. 195.) Nous avons au contraire une bulle du même pape, à la date du 7 février 1107, confirmant les possessions de l'abbaye de Saint-André, où il n'est fait aucune mention des localités dont il s'agit ici. (*Cart. de Saint-André-le-Bas*, N.° 198, et HAURÉAU, *Prov. vienn., instrumenta*, col. 28.)

Saint-André d'Humilian, érigé en prieuré. En 1344 on trouve parmi les reconnaissances des vassaux de la baronnie de Clérieu celle d'Amédée Berlion, abbé de Saint-André-le-Bas et en cette qualité prieur d'Humilian. Il s'engage, comme ses prédécesseurs avant lui, à fournir pour son contingent, en cas de guerre, deux hommes à pied armés, qui marcheront sous les étendards de Clérieu ou de Chantemerle, et à laisser appeler des sentences de ses officiers à la cour d'appeaux ou d'appel de Clérieu. Là se bornent toutes ses obligations féodales. Le prieuré tomba en commende et fut ruiné dans les guerres de religion. Nous voyons en 1529 Claude Chifflet, prêtre incorporé de Saint-Maurice de Vienne et prieur commendataire d'Humilian, arrenter pour trois ans la chapelle de Saint-Christophe de Tain (1).

Sur une éminence, à un kilomètre environ du village, on aperçoit les pans de murailles du château de Larnage, maçonnerie massive et sans élégance, bien moins importante et bien moins ancienne que celle de Mercurol. A quelle époque ce château fut-il détruit? Les données nous manquent pour fixer une date même approximative. Au milieu du siècle passé, la carte de Cassini indique déjà les ruines. On prétend cependant qu'une partie existait encore à la Révolution. Au XIIe et au commencement du XIIIe siècle, nous rencontrons dans les actes une famille du nom de Larnage. En 1108 Humbert de Larnage aliène la moitié des dîmes de Saint-Pierre de Marnas. Guigues de Larnage vit en 1180; Hugues de Larnage, chevalier, en 1192. En 1209 Willerme, Humbert et Boson de Larnage donnent à l'abbaye de Léoncel la condamine de Larnage près de Cognier (2). Du reste, la seigneurie, si elle leur avait appartenu, était déjà sortie de leur maison. En 1191 Guillaume l'Abbé,

---

(1) *Cartulaire de Saint-André-le-Bas*, N.ºs 196, 197, 200; — *Cartularium Clayriaci*; — Mémoire concernant la chapelle de Saint-Christophe au-dessus de Tain, vulgairement appelée l'Hermitage (XVIIIe siècle).

(2) *Cartulaire de Saint-Barnard*, N.º 154; — l'abbé CHEVALIER, *Cart. des hospitaliers de Saint-Paul-lès-Romans*, N.º 10; — Le même, *Cart. de Léoncel*, N.º 71.

seigneur de Clérieu, s'étant reconnu vassal de la dauphine Béatrix, lui remet en gage le château de Larnage. Isabelle, femme de Graton de Clérieu (qu'un fragment d'inventaire du XVIIe siècle nous apprend être sortie de la maison de Bressieu), « tient de nous, dit le testament de son mari en 1323, Larnage » et Gervans aux mêmes conditions que le seigneur de Bres- » sieu les tenait de notre père ». Le 17 juillet 1328, Guillaume Allemand prête hommage, pour raison de Larnage, à ladite Isabelle en la personne de Hugues de Bressieu, son frère. Aimar de Bressieu, en mariant, par contrat du 6 juillet 1329, sa fille Marguerite à Artaud de Claveyson, lui donna les fiefs de Larnage, Humilian, Gervans et Auberives en Royans, dont il se réserva cependant l'hommage. Le 16 décembre 1332, du consentement d'Aimar de Bressieu, Guillaume Allemand, seigneur de Margès, se reconnaît homme lige d'Artaud de Claveyson pour le château de Larnage et son mandement. Pour le même objet, son fils, nommé comme lui Guillaume, rend hommage, le 31 janvier 1382, à Geoffroy, seigneur de Claveyson. Larnage passa vers 1400 aux Brunier, que l'on croit de la famille de Jacques Brunier, chancelier du Dauphiné sous Humbert II (1).

On trouve de 1443 à 1426 noble et puissant homme Étienne Brunier seigneur de Larnage, dont il partageait la seigneurie avec Alix Malet. Selon Guy Allard, il se trouvait à la bataille de Verneuil. Nicolas de Marcols exerçait à cette époque la judicature du village. Didier Brunier tenait le fief en 1472; il fut exposé à des poursuites pour insultes au prieur d'Anneyron, et prit pour femme Anne ou Agnès de Grolée, dont il eut Jacques, qui épousa Isabeau de Theys, rendit hommage, le 24 janvier 1491, à Geoffroy de Claveyson d'Hostun et reçut de lui le Mas d'Humilian. L'hommage au baron de Clérieu est rejeté comme n'étant pas dû. Jacques II de Brunier, fils de Jacques Ier, fut après lui seigneur de Larnage et se maria, le 9 juillet 1508, à Catherine Adhémar, fille de noble et puissant seigneur Bertrand

---

(1) Arch. du château de Claveyson; — *idem* de Blanchelaine; — Notes du chevalier DU SOLIER.

Adhémar, seigneur de Marsanne en Dauphiné et baron d'Aps en Vivarais. Cette alliance avec une branche de l'illustre maison d'Adhémar, qui leur apportait deux terres importantes, donnait aux Brunier une grande situation dans la province : comme les Castellane-Grignan, ils firent bientôt précéder leur nom par celui d'Adhémar. Jacques Brunier obtint, ainsi que Gilet, son frère, par lettres apostoliques du 1er avril 1510, le singulier privilége de se choisir un confesseur, muni du pouvoir d'absoudre même les cas réservés, bien plus nombreux à cette époque qu'aujourd'hui. On trouve en 1540 Jean Brunier Ier du nom, seigneur de Larnage, en 1567 François Brunier de Larnage, marié à Marguerite de Chaste. La famille se divisa en plusieurs branches. Celle qui était probablement l'aînée garda les fiefs patrimoniaux ; une autre s'établit dans le Viennois ; une troisième alla se fixer à Orange, et était naguère, nous assure-t-on, représentée par un buraliste à Montpezat (Ardèche). C'est à ce rameau qu'appartenait la femme si cruellement compromise aux yeux de la postérité par l'indiscrétion de J. J. Rousseau (1). Nous croyons qu'il s'agit de Suzanne-Françoise Michel du Sosey, issue d'une famille grenobloise et entrée chez les Brunier. La rencontre que l'indiscret philosophe fait de cette dame à Moirans semble confirmer notre hypothèse de l'origine dauphinoise de l'héroïne de cette galante aventure. Quant au marquis de Torignan, leur compagnon de route, les souvenirs de Rousseau ne nous ont évidemment transmis qu'un nom défiguré. Il a voulu parler de Joseph-Louis-Bernard de Blégiers, dit le marquis de Taulignan.

Jean de Brunier, seigneur de Larnage et de la Sône, testa en 1590. De son mariage avec Antoinette d'Arzac il eut entre autres enfants Jean et Marguerite, qui devint la femme de noble Jacques-Philibert de Soubeyran de Montgiraud. Jean de Brunier-Adhémar, auquel un arrêt du Parlement de Toulouse, du 15 mai 1599, adjugea après un long procès la baronnie d'Aps, épousa en premières noces Jeanne, *alias* Sancette de Bessonnet,

---

(1) *Confessions*, livre VI.

dont vint Henry. En 1634 le vieux gentilhomme se remaria avec sa servante, Alix Besserelle, qui lui donna une fille, Françoise, mariée à noble Pierre-Gabriel Barnaud de Salènes et ensuite au sieur Delolle, de Crest. Les dettes commencèrent à entrer dans la maison. Les dots des filles, n'étant pas payées, s'hypothéquaient sur les fiefs. En 1632 M. de Montgiraud fut mis par cette raison en possession de la terre de Larnage. Mais, trois ans plus tard, il consentit à se dessaisir de la jouissance, conservant bien entendu son hypothèque. Henry Adhémar de Brunier, seigneur de Marsanne, Bonlieu et Larnage, baron d'Aps, fut contraint en 1644 de prêter hommage pour Larnage au président de Chevrières. En 1657 messire Jacques de Soubeyran, seigneur baron de Montgiraud, Saint-Martin, Cublaise, le Malploton et autres places, fit opérer la saisie du château situé au terroir de Larnage, ainsi que des granges de Margiraud, de la Garde et du Fougeret. On se décida sans doute à régler une partie de l'arriéré, car il abandonna bientôt ses poursuites, et en 1665 la terre de Larnage, avec ses droits féodaux et ses dépendances sur Chantemerle et Mercurol, était affermée trois cents livres. Par une transaction du 21 février 1670, conclue avec François Adhémar de Grignan, archevêque d'Arles, Melchior de Polignac, abbé de Montebourg, le vicomte de Polignac et François de la Baume, comte de Suze, Henry renonça à ses droits sur la terre d'Aps; il avait épousé en 1642 Marguerite de Richard, fille de noble César de Richard de Montdragon. Son fils et successeur, Jean-Louis Adhémar de Monteil de Brunier de Larnage, comte de Marsanne, baron d'Aps, seigneur de Larnage, Bonlieu, la Laupie et autres places, se maria en 1671 à Françoise de Flotte, fille de messire Jean-Baptiste de Flotte-Montauban des Astards de Laudun, baron de la Roche. Pressé par ses créanciers, il cherchait à se procurer de l'argent; il vendit un moulin et une terre sur Chantemerle; il emprunta à M. d'Eurre du Puy-Saint-Martin, à l'abbé de Chabrillan, à M. de la Buissonnière, à l'établissement des pauvres honteux de Valence; il affermait à Michel et Lhostelier, à raison de 190 livres, l'exploitation de la mine de terre blanche et d'une fabrique de pipes; — au sieur Félix Gaud, chirurgien à Rochegude, à son frère, teinturier à

Valréas, et à Louis Marfoure, de Dieulefit, la mine de vitriol ou couperose de Larnage, dite *mine noire*, pour la somme de 770 livres. Mais ces marchés n'étaient pas tenus et engendraient de nouveaux procès. En 1692 noble Charles d'Eurre de Croses, capitaine au régiment de Ville, auparavant de Montferrat, est qualifié seigneur de Larnage. Cette terre lui avait-elle été adjugée par autorité de justice? Nous n'en trouvons nulle trace dans les nombreux papiers timbrés qui ont passé sous nos yeux. Quoi qu'il en soit, Jean-Louis Adhémar fait acte de seigneur postérieurement à cette date, mais pour disparaître bientôt après du pays, et cette fois d'une manière définitive. En 1743 messire Honnest Adhémar de Monteil de Brunier, marquis de Marsanne, chevalier de Saint-Louis, premier maître d'hôtel du roi de Pologne, résidant à Lunéville, cherchait vainement à reconquérir Larnage par les moyens judiciaires. Il fut le père de haut et puissant seigneur Alexandre Adhémar de Monteil de Brunier, comte de Marsanne, premier gentilhomme de la chambre de feu le roi de Pologne, grand bailli d'épée, chevalier de Saint-Louis, et le grand-père de Jean-Charles-Alexandre, marquis d'Heudicourt, seigneur de Lénoncourt, capitaine de cavalerie au régiment de Royal-Lorraine, tous deux vivant à Nancy en 1782. A cette famille, encore représentée de nos jours à Tours, appartenaient le marquis de Larnage, capitaine de vaisseau en 1737; gouverneur et intendant général des îles sous le vent; son frère, D. Michel Brunier de Larnage, général de l'ordre des Chartreux en avril 1737; Pierre de Brunier de Larnage, lieutenant général des armées du Roi, mort en 1757, et enfin un conseiller au Parlement de Grenoble à la même époque. Le chevalier de Larnage, qui parut aux États du Dauphiné en 1788, était Jean-Baptiste-Louis de Brunier de Larnage, chevalier de Saint-Louis, seigneur d'Assieu, Saint-Romain-de-Surieu, Saint-Alban-de-Vareize, Vernioz et la maison forte de Petitcour au bailliage de Vienne. Petitcour passa depuis par succession aux Bectoz (1).

---

(1) MOULINET, *Dossier sur les Brunier*, comm. par M. P.-E. Giraud; — Papiers de procès des Brunier (XVIIe et XVIIIe s.) en notre possession; — D'HOZIER, *Les Chevaliers de Saint-Louis*, etc.

En 1710 François-Philibert de Soubeyran-Montgiraud, fils de Jacques, était devenu seigneur de Larnage. N'ayant pas d'enfants, il laissa son héritage au comte de la Forest-Divonne, qui, par arrêt du 7 juin 1734 de la première chambre des enquêtes du Parlement de Paris, se vit condamné à prêter hommage au comte de Saint-Vallier, baron de Clérieu. En 1756 Claude-Antoine de la Forest, comte de Divonne, était encore seigneur de Larnage. Il vendit cette terre avant 1768 à noble Claude-François Mure du Colombier, seigneur de la maison forte d'Herpieux (sur la commune de Chanas), secrétaire du Roi, maison et couronne de France en la chancellerie du Parlement de Grenoble. Jean-Antoine Mure de Larnage, fils de ce dernier, épousa Julienne de Ruinat, de Vaulnaveys près de Grenoble, acquit vers 1783 du prince de Soubise la seigneurie de Tain, émigra et mourut en 1796 à Constance. Sa postérité subsiste encore à Tain. Les biens composant la terre de Larnage furent vendus nationalement en 1794. Le domaine de la Garde, qui en faisait partie, était alors affermé 910 livres.

Sur le territoire de Larnage se trouvait le fief de Chaurisan. Une tradition locale, qui ne s'appuie sur aucune preuve, prétend qu'il était situé sur la rive droite du ruisseau de Toras, en face des Vosserts. En 1290, le dimanche de l'octave de Pâques, Guigonnet, fils de Guillaume de Chaurisan, damoiseau, et Odon de Chaurisan, chanoine de Vienne, rendent hommage à Roger de Clérieu pour tout ce qu'ils possèdent sur les mandements de Larnage et de Mercurol, ceux de Chaurisan et de Croses. Le grand chemin de Valence à Serves limite leurs fiefs au levant. Dans cet acte est réservée la fidélité due au seigneur de Tournon, dont ils sont hommes liges *ab antiquo* (1). Le 19 janvier 1344 le même hommage est renouvelé à Louis de Poitiers, comte de Valentinois, par Guillaume de Chaurisan, chanoine de Romans, Pierre Malet, damoiseau, de Charpey, et

---

(1) Dans l'hommage de Guillaume de Tournon à Guichard de Clérieu en 1332, analysé au 1er chap. de la 1re partie de cet essai, Guigon et Guillaume de Chaurisan sont appelés *de Chaurisiaco*.

Alisia, femme de son frère Jarenton Malet, et sœur de Piqua. Cette Alisia est sans doute l'aïeule d'Alix Malet, qui tenait la coseigneurie de Larnage du temps d'Étienne Brunier, et épousa en 1427 François, fils de Barrachin Leuezon, dit de Theys, chevalier, seigneur de Thorane. De là viennent ces coseigneurs de Larnage, seigneurs en partie de Croses, que nous retrouvons sur cette dernière localité. En 1537 André de Theys, seigneur de Thorane, Saint-Didier et Clelles, est coseigneur de Larnage; et en 1672 Charles de Reymond-Modène obligé par arrêt, comme mari et maître des droits de Gabrielle de Givaudan, à prêter hommage au président de Chevrières pour Croses et Larnage (1).

Le 27 janvier 1638 le Parlement de Grenoble autorise la communauté de Larnage à imposer les habitants et autres taillables dudit lieu de la somme de trois cents livres pour solde de diverses dettes contractées, et les ecclésiastiques y percevant dîmes et les nobles y possédant terres de cent cinq livres pour payer le restant du bail à prix fait du couvert de l'église paroissiale (2).

Montchenu, *Castrum de Monte Canuto* (1,019 habitants).

Cette localité tire probablement son nom de la couleur claire des sables de la contrée, car la douceur du climat ne permet pas de supposer qu'il soit question de la blancheur des neiges, comme pour l'épithète de *chenues* appliquée aux Alpes dans les vieux poètes.

L'église de Montchenu, sous le vocable de Saint-Michel, appartenait à Saint-Maurice de Vienne. Les seigneurs de Montchenu en avaient usurpé les dîmes, ainsi que celles de Saint-Pierre *de Enocio*, avec diverses terres constituant le patrimoine de ces églises. Le pape Calixte II résolut de remédier à un abus aussi criant, qui n'avait pu être arrêté par les excommunications. Au mois de février 1120, ayant tenu à Romans une assemblée composée des évêques de la province et des principaux

---

(1) *Cartularium Clayriaci*; — Notes de Moulinet; — Arch. de l'Isère, B. 1207.

(2) Extrait en notre possession.

seigneurs, il y convoqua Amédée de Montchenu, qui, avec de grands témoignages de repentir, s'engagea à renoncer à ces biens mal acquis et reçut en échange 200 sols, avec la possession viagère des terres et revenus en litige. Jordan, son fils, obtint plus tard, par suite d'un nouvel accommodement avec le chapitre de Vienne, la somme de cinquante sols. A son lit de mort, Amédée recommanda l'observation du traité à son fils, qui se dessaisit entre les mains des chanoines des droits prétendus par ses ancêtres et jura en face de l'autel de son église paroissiale de tenir scrupuleusement les engagements contractés (1).

L'élégante habitation moderne de M. Scipion de Montchenu, adossée à un fragment du rempart d'enceinte de l'ancien manoir, rassemble sous nos yeux par un contraste saisissant la vie actuelle et le passé glorieux s'enfonçant dans la nuit profonde des âges. Aucun nom ne retentit plus souvent dans les annales de notre province que celui des Montchenu. Ils avaient formé quatre branches principales : 1º celle des seigneurs de Montchenu, qui rentrerait dans notre sujet et joua un rôle important à la cour de France et à celle de Savoie ; 2º celle de Châteauneuf-de-Galaure, qui succéda à la branche aînée dans la première moitié du XVIe siècle ; 3º celle de Todure ; 4º celle de Beausemblant, en possession au XVe s. de la terre d'Argental en Forez. Notre collègue, M. H. de Collonjon, préparant une histoire complète de cette illustre maison, dont les papiers lui ont été communiqués, nous nous garderons bien de toucher à un sujet qui doit, nous n'en doutons pas, être traité de façon à satisfaire les juges les plus difficiles. Nous nous permettrons seulement de relever une erreur échappée à l'historien Charvet et répétée par plusieurs autres auteurs. Les registres capitulaires de l'église de Vienne mentionnent à la date du 8 mai 1248 une reconnaissance faite au chapitre de Saint-Maurice par Godemar, damoiseau, *dominus de Monte Calvo,* pour plusieurs

---

(1) CHARVET, *Hist. de l'église de Vienne*, p. 328, 338 ; — GIRAUD, *Essai hist. sur l'abbaye de Saint-Barnard*, t. Ier, p. 157, 161, et pièces justificatives à la fin du 1er volume du *Cartulaire*, p. 319.

manses, droits et revenus sur les paroisses de Saint-Martin de Roiffieu et de Saint-Alban d'Ay et lieux circonvoisins. Charvet traduit *de Monte Calvo* par *de Montchenu*. Ce Godemar appartenait évidemment à l'ancienne maison de Montchal en Forez, tirant son nom d'une localité alors chef-lieu d'une seigneurie importante composée de la paroisse de Burdignes et parties de celles de Saint-Sauveur et de Vanosc. Outre qu'il ne paraît pas que les Montchenu aient eu à cette époque aucune possession dans la contrée relatée par la charte, et que *mons calvus* n'est en aucune façon synonyme de *mons canutus*, le prénom de Godemar, que l'on chercherait vainement dans la généalogie de Montchenu, était assez répandu en Forez; ainsi, Godemar de Jarez et Godemar d'Escotay sont contemporains du personnage qui nous occupe; et ce qu'il y a de plus décisif c'est qu'environ un siècle auparavant un Gaudemar de Montchal était le mari d'une fille d'Aimon Pagan. Cette famille chevaleresque de Montchal donnait un siècle plus tard un archevêque à l'église de Vienne. « L'année suivante (1369), dit Charvet lui-même, Hum-
» bert III de Montchenu ou de Montchal (de Monte Calvo) monta
» sur le siége de Vienne.... Il étoit issu de la famille de Montchal,
» maison illustre et très-ancienne dans le Forez. Le château de
» Montchal est peu éloigné du Bourg-Argental; il appartient
» aujourd'hui à la maison de Gerlande.... » Chorier croit au contraire qu'il descendait d'une branche de la maison de la Tour-du-Pin. « Ses armes, dit cet historien, dans un sceau de
» l'an 1374, sont une tour avec son avant-mur, avec une bande
» brochant sur le tout, qui étoit une brisure; ce qui montre
» qu'il étoit de quelque branche de la maison de la Tour-du-Pin
» plutôt que de celle de Montchenu, comme quelques-uns l'ont
» cru ». L'opinion de Chorier se réfute d'elle-même. Jamais la similitude de scel ou d'armoiries n'a suffi pour prouver l'identité de race (1).

---

(1) *Reg. capitulaires de l'église de Vienne*, fol. XIV; — CHARVET, *Hist. de l'église de Vienne*, p. 394 et 481; — CHORIER, *Estat politique*, t. Ier, p. 310; — Mémoire pour les coseigneurs de la baronnie de la Faye en Forez au sujet du droit de mi-lods, par l'abbé DE TERNAY, Paris, 1769, N.ºs 256, 268, 292 de l'*Extrait chronologique*.

Sur la commune de Montchenu, l'église de Saint-Maurice de Montintier, plus ordinairement Saint-Murys, dépendait du chapitre de Romans. M. Giraud croit pouvoir l'identifier avec Saint-Maurice de Valdevent, donné à Saint-Barnard, le 30 mai 1090, par Aimon, fils de Blismodis de Malduno. La tour carrée de la maison forte de Saint-Murys ou Mury existe encore. Ce manoir appartenait dans la première moitié du XIVe siècle aux Montchenu. Mais en 1362 Guillaume Limone est qualifié seigneur de Saint-Mury. En 1446 Girard de Montchenu fit don de ce petit fief à noble Raymond Jean, dans la famille duquel il est resté plus de deux siècles. En 1455 Raymond reçoit l'hommage de noble Antoine Salvagni, du lieu de Montchenu, et de sa femme Alamanda. Un de ses descendants, nommé comme lui Raymond Jean, épousa sa voisine, Claudine de Baternay, sœur d'Imbert. Elle vivait encore en 1501. Nous ignorons comment Saint-Murys cessa d'appartenir à cette famille. Mais Pierre de Clermont-Chaste était seigneur de Geyssans et Saint-Murys en 1567; son fils Jacques eut de son mariage avec Suzanne Barjot Anne, mariée à noble Jean Peccat. Leurs filles, Jeanne Peccat, femme de Jacques d'Armand, seigneur de Brion, Anne Peccat, veuve de César de Bardonnenche, sieur de Champines, et Isabeau Peccat, vendirent Saint-Murys en 1655 à Jacques Coste, comte de Charmes. Dès lors cette terre ne cessa plus d'appartenir au comté de Charmes et en suivit toutes les vicissitudes jusqu'à la Révolution (1).

Nous voici à la fin de la longue tâche que nous nous étions imposée, et que la ténuité du sujet empêchera sans doute, malgré d'inévitables lacunes, d'être jamais reprise d'une manière complète par une plume plus exercée. Entraîné par notre culte pour les souvenirs historiques de notre province à la poursuite obstinée des traces fugitives des dominations seigneuriales dans la contrée qui nous environne, depuis longtemps nous avons dû lasser la patience du lecteur sous l'amon-

---

(1) *Cart. de Saint-Barnard*, N.os 184, 196, 197; — Arch. du château de Peyrins; — Le P. ANSELME, t. VIII, p. 936.

cellement des dates, par le récit minutieux des événements locaux, dont nous cherchions à dégager la vie, les passions, les caractères et les mœurs de cette société si différente de la nôtre et dont nous sommes cependant sortis tout entiers. Mais, dans l'amas de cendres que l'incendie laisse après lui, qui peut se flatter de retrouver les grands chênes, orgueil de la forêt? On n'a pas besoin de prouver une fois de plus quels puissants enseignements le spectacle du passé, même à un point de vue restreint, apporte aux générations qui se succèdent. Si l'on veut juger le moyen âge avec équité, il faut avoir la bonne foi de le mettre en regard des temps antérieurs. Le Christianisme pénétra de sa chaleur vivifiante l'humanité, si longtemps endormie dans les ténèbres de tant de paganismes divers. Graduellement, ainsi qu'il convient aux œuvres durables, l'esprit de liberté, de dignité, de justice, ignoré du monde jusque-là, sortait de l'Évangile comme une vertu secrète. Sans doute, les mauvaises influences n'abdiquaient pas toutes, et trop souvent encore la violence l'emportait sur le droit. Mais, tôt ou tard, sous l'aiguillon de la foi la conscience se réveillait, même chez les grands criminels. Se sachant faillible et déchue, la pauvre âme humaine en détresse se sentait attirée vers un idéal placé bien au-dessus d'elle. Les rhéteurs ne travaillaient pas alors avec une détestable persévérance à effacer les notions du bien et du mal; on ne rêvait pas comme aujourd'hui une société sans devoirs et sans Dieu, hostile à toute supériorité intellectuelle et morale, misérablement vautrée dans le bourbier des jouissances matérielles. Qu'ils appartinssent à la noblesse, qui a du reste conservé si peu de représentants des races illustres de cette époque, à la vaillante bourgeoisie des communes, aux corporations d'artisans groupés pour la défense de leurs droits, enfin à la population des campagnes échappant lentement au servage, dernier vestige de l'esclavage antique, nos ancêtres nous ont donné l'exemple de la foi en eux-mêmes, de l'énergie et de la persévérance; et nous devons être fiers de l'éclat qu'ils ont jeté sur notre pays. Ayant pieusement invoqué le nom du Seigneur et confiants dans la bonté de leur cause, ces hommes nouveaux se mirent résolument en marche : l'état de ruine des anciennes institutions, avant que la Révolution achevât de les renverser, dit assez le chemin parcouru. On a vu en vingt endroits de cet essai à quelles faibles sommes les droits féodaux s'affermaient au XVIII° siècle dans des terres considérables. Revenus à des jours non moins sombres que les leurs, imitons cet esprit de suite qui fut la sauvegarde de nos prédécesseurs; comptons d'abord sur nous, afin d'avoir le droit de nous appuyer sur autrui ; inspirons-nous de cette admirable union dont les préambules des anciennes chartes d'affranchissement nous transmettent la touchante expression; allons à tous ceux qui n'ont cessé de placer la grandeur et la prospérité de la France au-dessus des intérêts individuels, et nos cœurs s'élèveront assez haut pour résister avec avantage à ce vent de vertige et de dissolution qui menace de rejeter l'univers chrétien et civilisé sous l'inexorable loi de la force brutale, dans l'état de barbarie d'où il commença de sortir il y a moins de deux mille ans.

ADDITIONS ET CORRECTIONS.

P. 5, l. 7. Au lieu de *dix-sept communes*, il faudrait dire aujourd'hui *dix-huit*, la section de Pont-de-l'Isère ayant été détachée de la Roche-de-Glun, pour former une nouvelle commune.

Id., note 1, l. 2. Après Chanos et Curson, ajoutez *Chavannes*.

P. 21, l. 11. Effacez *Châteaubourg*.

P. 28, l. 1. Lisez : La destinée ne réservait pas même à cette race de se maintenir....

P. 49, note 1. Lisez : Il y a dans le texte 1393, mais il faut lire 1293, qui est la date portée dans l'acte d'hommage inséré à la p. 145.

P. 50. Ajoutez à la fin de la note 1 : Rochebloine ou Rocheblaine, quoique enclavé dans les montagnes du Vivarais, dépendait du Forez. Cette châtellenie comprenait la paroisse de Paillarez et partie de celles de Saint-Félicien et de Nozières. On voit encore sur la commune de Nozières les ruines du château en question. La mouvance de cette terre, après avoir appartenu pendant près d'un siècle et demi aux Dauphins de Viennois, revint en 1296 aux comtes de Forez, par le mariage d'Alix de Viennois avec Jean Ier.

P. 59, note 5, l. 2. Lisez *Lugduni* au lieu de *Lugdunum*.

P. 67. Graton, seigneur de Clérieu, se trouve au contrat de mariage d'Aymon de Bocsozel avec Polie de Roussillon-Annonay, le 17 des kal. de février 1311 (1312 n. s.), acte passé à Vienne. Graton s'y dit caution d'une partie de la dot. « Ledit acte, ajoute » M. de Satillieu, est en mon pouvoir. »

P. 72. Isabelle, femme de Graton de Clérieu, était de la maison de Bressieu.

P. 84. Roger II, fils de Roger Ier, avait pour femme Béatrix. (Cartons du Valentinois, aux arch. de l'Isère, paquet 3, N.º 225.)

Silvion III avait probablement pour femme Guigonne de Roussillon, que l'on voit avoir été l'aïeule de Roger, dernier de ce nom.

Le fils de Silvion III, appelé aussi Silvion, était marié dès 1230 à Béatrix, fille aînée de Guillaume, seigneur de Beldisnar, et apporta Châteaubourg aux Clérieu (voy. ci-dessus, p. 161).

Béatrix de Clérieu, femme d'Aymar, seigneur de Saint-Quentin, renonce, le 12 janv. 1283, à toute prétention sur l'hoirie paternelle en faveur de Guillaume Graton, son frère (id., paquet 3, N.º 17). Leur sœur Sibille épouse Guigues Allemand, par contrat du 9 des ides de janvier 1281, passé à Lausanea (La Sône). (id., paquet 3, N.º 13.)

En 1203, « *Selvo de Claireu qui est datus de Motelz* » (Cartulaire des Hospitaliers de Saint-Paul-lès-Romans, publié par l'abbé Chevalier, N.º 58). *Datus* doit s'entendre sans doute dans le sens de *donatus*. Ce Silvion de Clérieu était un oblat de la commanderie de Monteux.

Parmi les papiers du marquis de Satillieu, légués au comte de Tournon, aujourd'hui au château de Montmelas (Rhône), nous trouvons une généalogie de la maison de Clérieu, dont nous reproduisons en substance les traits principaux.

Silvion de Clérieu obtient en 1151 des lettres de Conrad, roi des Romains, par lesquelles il est exempté de la juridiction de tous les comtés. Il est l'un des ascendants de Roger de Clérieu, mentionné par Chorier (t. Ier p. 848), seigneur de la Roche-de-Glun en 1248, dont le château fut pris et démoli par Saint-Louis. Est-ce lui ou Roger, frère de Graton et de Guichard, qui rendit hommage en 1255 à l'église de Vienne pour Miribel et Baternay? Roger eut pour fils :

Silvion de Clérieu, seigneur de Clérieu, la Roche-de-Glun et Rocheblaine, à la droite du Rhône, bailli du Gapençois, qui fit, en 1250, Guigues Pagan prisonnier. Il fut père de Roger, qui suit, et probablement aussi d'Amédée, qualifié seigneur de Clérieu dans une quittance de douze cents livres, passée par lui, aux kalendes de février 1277 (1278 n. s.), en faveur d'Odon

Allemand, seigneur de Champs, dont il avait épousé la fille Philippe ou Philippine. (*Inventaire des titres du Dauphiné*, manuscrit au château de Serpaise, volume de l'Embrunois et Vivarais.)

Roger, seigneur de Clérieu et de la Roche-de-Glun en 1280, 1292, fut père de Guillaume Graton et de Guichard.

P. 89. Voyez aussi pour l'échange du Pouzin aux arch. de la Drôme, E. 605.

P. 114. En 1579, éclata en Dauphiné une jacquerie dont les adhérents prirent le titre de *Défenseurs de la cause commune*, et qui soulevait les populations, déjà exaspérées par les déprédations des soldats des deux partis, en leur rappelant l'inégalité de l'impôt au détriment du Tiers-État, question qui ne fut tranchée dans un sens plus équitable que bien des années après, à la suite du fameux procès des tailles. Fomentée, dit-on, secrètement par Lesdiguières, arrêtée par la sanglante défaite de Moirans, cette sédition eut la Valloire pour théâtre principal et s'étendit à la baronnie de Clérieu. Le 30 avril 1579, au son du tocsin et des tambours, accompagnement obligé de ces horribles scènes, un ramassis d'hommes en armes auquel les paroisses voisines avaient fourni leur contingent, massacra Jean Veilheu, juge de Clérieu, le châtelain Claude Seyvon et le greffier Jean Seyvon. Après l'information confiée au bailli de Saint-Marcellin, l'affaire fut évoquée devant le Parlement de Dauphiné, qui condamna Benoît Pales et Pierre Girard à être menés sur une charrette depuis la prison jusqu'à la Grand'Place de Romans, là pendus et étranglés, puis leurs têtes portées à Veaunes et mises sur des poteaux, l'une au chemin public, à l'endroit le plus rapproché de la maison des Seyvon, l'autre devant l'église, et leurs corps aux fourches patibulaires. D'autres coupables échappèrent par la fuite au châtiment de leur crime, ou eurent à subir la peine du fouet, avec des amendes considérables. Le Parlement ordonna en même temps que les cloches de Veaunes, qui avaient fait entendre, au moment du meurtre, les lugubres tintements du tocsin, fussent descendues du clocher et portées en la maison consulaire de Romans, pour y rester jusqu'à nouvel ordre; que les tambours de Veaunes et de Curson fussent brisés et toutes les armes offensives et défensives qui se trouveraient sur les paroisses de Curson, Veaunes et Chanos, consignées en la maison de ville de Romans. (Registres du Parlement de Dauphiné, aux arch. de l'Isère : extraits comm. par M. Brun-Durand.)

P. 119, l. 5. On a découvert il y a peu d'années des poteries antiques dans le cimetière Saint-Michel.

Id., l. 6. Lisez : *Sanctus Pardulphus.*

P. 156. Charlotte de Fay de Gerlande, veuve de noble d'Izerand de Lemps, seigneur du Mouchet, testa en faveur de Nicolas de Garagnol, à la charge de remettre la succession de la testatrice à Guy-Antoine de Rostaing, chevalier de Saint-Jean-de-Jérusalem, son neveu. — Charles-Louis de la Baume, comte de Suze, baron de Barbara, affermait à Jean-Étienne Lhostelier, notaire et procureur fiscal de Tain, la terre et seigneurie du Mouchet, au prix annuel de 5,400 livres. (Arch. de la Drôme, E. 791, 1,089.)

P. 165, note, l. 15. Lisez : *Lausanea* (La Sône).

P. 170. M. du Port-Roux veut bien nous communiquer un fait prouvant que la déroute de Bituit a dû avoir lieu dans le voisinage immédiat de l'Isère. Peu d'années avant la Révolution, des bergers trouvèrent dans le sable sur les bords du Rhône, près de l'embouchure de l'Isère, un pesant collier en or de chevalier romain, qui fut porté à un orfèvre de Valence et sans doute fondu par lui. L'agrafe seule avait été acquise par un archéologue distingué, M. de Sucy, et se voyait encore au château de la Vache, du temps du comte de Mac-Carthy, l'un des héritiers de M. de Sucy par les Bressac.

Le N.º 17,103 du fonds latin des manuscrits de la bibliothèque nationale ne contient point, ainsi que le porte une fausse indication au verso de la charte et au dos du volume, et qui est répétée dans un inventaire dressé par le savant M. Léopold Delisle (Bibliothèque de l'École des chartes, t. XXXI, p. 488), les franchises de la Roche-de-Glun, mais celles qui furent concédées par Guy, seigneur de Tournon, le samedi après la Saint-André 1313, à ses vassaux de Glun en Vivarais « ville de Gloyn ». En effet, Glun était incontestablement alors du mandement de Tournon, tandisque la Roche appartint aux Clérieu jusqu'à leur extinction. D'ailleurs, la mention faite de l'archevêque de Vienne Briand de Lavieu « *domino Briando dè Laviaco sancte Viennensis ecclesie archiepiscopo* » trancherait au besoin la difficulté. La Roche était du diocèse de Valence ; Glun et Mauves formaient au contraire sur la rive droite une enclave faisant partie du diocèse de Vienne. Enfin, *villa de Gloyn*, répété dans le cours de l'acte, et *locus dè Clivo*, que l'on rencontre dans une annotation marginale de date un peu postérieure, sur la 8me feuille, ne peuvent s'appliquer qu'à Glun.

Le 27 nov. 1503, le château de la Roche-de-Glun ayant été réuni au Domaine par suite de la mort de Guillaume de Poitiers, Louis d'Arces, précédent châtelain, remit les clefs à Guillaume de Genas, prenant possession de la châtellenie au nom de noble François Rabot. — Le 4 juin 1504, noble Julien Gioulx est châtelain, et noble Louis d'Arces vi-châtelain. — En 1505, noble Raymond Royet tient la charge de châtelain.

En 1547, M. Claude de Péronne, docteur en médecine à Valence, était seigneur de la Roche-de-Glun. Il y avait à cette époque dans la même localité une confrérie de Saint-Sébastien. (Minutes d'Odon Pérouse et Guy Pérouse, notaires à Valence, aux arch. de la Drôme.)

Marguerite de Barjac, veuve et héritière de Christophe-François de la Barge, donna la Roche-de-Glun par contrat à Marguerite-Laurence Coupeau de la Cochardière, en considération du mariage de cette dernière avec Paul de Grandis de Pommerol. Marguerite-Laurence étant morte sans enfants, son mari acheta tous ses droits, moyennant la somme de 45,000 livres. (Arch. de la Drôme, E. 999, 1,001.)

P. 173. Noble Loys des Motes, sieur de Coffolent en 1550, noble Jean des Motes, seigneur de la Brugière et Coffolent. (Inventaire des tiltres, terriers et documents concernant les droits sur la maison de Vauseiche et ses déppendances. Fol. 58, verso, comm. par M. Léopold Sonier la Boissière.)

P. 177. Pierre Brus était commandeur de Monteux le 14 décembre 1203. (Cartulaire des Hospitaliers de Saint-Paul-lès-Romans, publié par M. l'abbé Chevalier.)

P. 178. Dans la reconnaissance générale des habitants de

Chantemerle en faveur du président de Chevrières, il est dit que la paroisse de Saint-Pierre-des-Blés dépendait de Saint-Pierre de Vienne. (Arch. de la Drôme, E. 599.) Le même document nous apprend que le château, qui n'a pas laissé de vestiges, se trouvait autrefois sur la colline, à côté de l'église de Notre-Dame.

P. 193, note, l. 3. Au lieu de *Jean Gay*, lisez *Jean Hay*.

P. 203. Jérôme de Monteux acheta vers 1540, pour la somme de 2,200 écus d'or, le château, mandement et juridiction de Miribel, non de Diane de Poitiers, comme nous l'avons dit par erreur, mais d'Antoine Gondoin, citoyen de Grenoble, qui les avait acquis au même prix de Guillaume de Poitiers-Saint-Vallier, frère de Diane. (Comm. par M. Brun-Durand.)

P. 211. Antoine de Baternay fut bailli de Caen. Jacques de Baternay, évêque de Valence, avait été reçu en 1462 chanoine-comte de Lyon. — Imbert de Baternay fut un des témoins à charge cités à la requête de Louis XII dans le procès de dissolution du mariage dudit roi avec Jeanne de France, fille de Louis XI. (Voy. D. Lobineau, *Histoire de Bretagne*, t. II, col. 1558.) On avouera qu'en cette circonstance l'ancien favori témoignait d'une étrange ingratitude.

P. 233. Lisez LVIIII, au lieu de LVIII.

P. 244, note 2, l. 2. Lisez 200.

TABLE DES MATIÈRES.

Préface 3

Première partie. — Les seigneurs de Clérieu.

Chapitre Ier. La maison de Clérieu 7
Chapitre II. Clérieu sous les Poitiers 87
Chapitre III. Clérieu et les la Croix-Chevrières-Saint-Vallier 123

Seconde partie. — Les fiefs et arrière-fiefs.

Chapitre Ier. Les fiefs et les maisons fortes 134
Chapitre II. Les arrière-fiefs. 188
Additions et corrections. 261

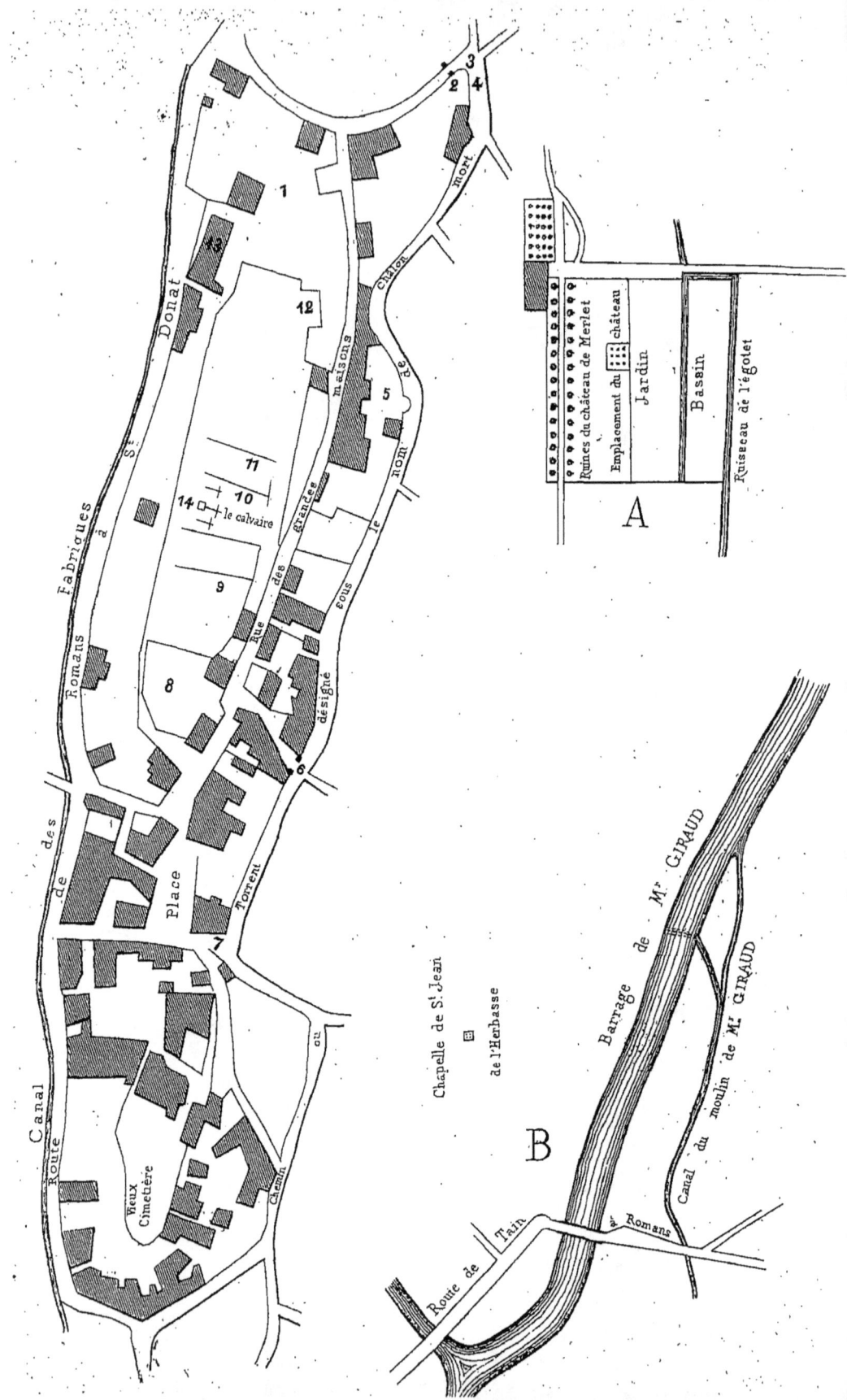

BOURG DE CLÉRIEU.

EXTRAIT DU CADASTRE,

Par M. Reynaud cadet.

1° Échelle de 1 à 2500 pour le plan d'ensemble du Bourg.
2° Échelle de 1 à 5000 pour les figures A et B.

LÉGENDE.

1. Emplacement des tours du château désignées sous le nom de Tourelles.
2. Porte d'entrée au quartier de la Loive.
3. Mur au nord de la porte faisant partie des remparts.
4. Remparts jusqu'à 6, porte du four banal.
5. Les Grandes-Maisons, résidence de M. de Tardivon.
6. Porte d'entrée au quartier du four banal.
7. Fin des remparts à la maison Faure, où il existait une porte.
8. Emplacement de l'église du château; il n'en reste plus de vestiges.
9, 10, 11. Mur dont il ne reste que les fondations; ce doit être l'emplacement du château.
12. Mur très-solide.
13. La maison de Barrat. Cette maison a été habitée par la famille Therme.
14. Le Calvaire, érigé par M. Philippe Seyvon, capucin.

TABLE ALPHABÉTIQUE

DES

NOMS DE LIEU, DE FAMILLE, ETC.

Les noms de lieu sont en capitales. — Bien persuadé qu'on n'ira pas chercher dans un ouvrage d'un intérêt purement local ce qui touche à l'histoire des Dauphins, des archevêques de Vienne, des évêques de Valence, de l'abbaye de Saint-Barnard, nous nous sommes presque exclusivement borné à recueillir les noms qui se rattachent à notre sujet.

A dhémar, évêque du Puy, 18, 178.
Ailly, 226.
Ainard, 9, 13, 26.
ALBON, 91, 108.
Alexandre III, 32, 157, 178, 198.
Alleman ou Allemand, 9, 49, 59, 62, 65, 66, 67, 80, 99, 158, 164, 165 (note), 197, 199, 201, 204, 205, 210, 230, 231, 250, 262, 263.
AMBONIL, 89 (note 1).
Annequin de Clérieu ou de Quirieu, 68.
AOSTE, 89, 90.
Arces, 150, 165 (note), 169, 244, 265.
Archinjaud, 20, 137.
Ardenc, 99, 200.
Arlod ou Arloud, 108, 149, 167, 172.
Armand, 258.
Auberjon, 147.
Aumale (Claude de Lorraine, duc d'), 110, 114; — (Charles de Lorraine, duc d'), 114, 174, 175.
AUREL, 66, 99, 137, 144, 145.
AURIPLE, 111.
Aymon, 47.

B AIX, 103, 105.
Bajoue, 173.

Balme ou la Baume, 165 (note), 199, 233.
Bancel de Confoulens, 173.
Bardonnenche, 9, 158.
Barge (la), 168, 173, 265.
Barletier, 203.
Barnaud de Salènes, 252.
BATERNAY, 52, 53, 55, 63, 207-229, 262.
Baternay, 54, 108, 109, 175, 207-228, 230, 231, 232, 258, 266.
Baume-Suze (la), 156, 264.
Beaumont, 107, 142, 143, 186, 199, 204, 205.
BEAUMONT-MONTEUX, 21, 82, 97, 105, 138, 174-178, 212, 223; — sa commanderie, 126, 169, 177, 262, 265; — sa maladrerie, 58, 115, 120.
Beldisnar ou Beaudiner, 80, 161, 172, 262.
Bencel, 242.
Bérenger, 9, 43, 140, 229.
Berlion, 59, 73, 78, 99, 141, 155, 162, 165 (note), 249.
Bermond d'Anduze, 51, 88, 121, 166 (note).
Bertrandi de Clérieu, 44.
BLANCHELAINE, 240, 241, 242-244.
Blanchelaine, 137, 242, 243.
Blégiers de Taulignan, 251.

Bocsozel, 36, 199, 261.
Boffin, 125.
Bonifacii, 79.
Bonnot de Mably et de Condillac, 139.
Borel, 242.
Boson, 242.
BOUCHAGE (LE), 212, 214, 218, 227.
Bouillon (duchesse de), 110.
BOUSOLS, 42 (note 1), 101.
Bouvenc, 101.
BOUVERIE (LA), 17, 19, 21, 29.
Bouvier, 111, 131 (note 2), 150, 168, 243.
Bovet d'Arier, 201.
Bovis, 143, 208.
BREN, 229.
Bressac, 174, 264.
Bressieu, 66, 143, 190, 202, 210, 246, 250, 261.
BRETONNIÈRE (LA), 201.
BRIE, 125.
Brion, 162 (note 2), 245.
Brunier (Jacques), 96.
Brunier de Larnage, 152, 242, 250-253.
Bucys de Sainte-Hélène, 242.
Buffevent, 143.
BUISSIÈRE (LA), 23, 48, 110.

Calixte II, 18, 19, 198, 244, 247, 255.
Catherine de Médicis, 203.
Célestin III, 169.
Chabert, 150.
Chabrières, 174, 176, 229, 232.
CHALENCON, 101, 103.
CHANELOS, 241, 242.
CHANOS, 19, 93 (note 2), 111, 126, 140, 148-150.
CHANTEMERLE, 61, 62, 63, 64, 91, 93 (note 2), 97, 98, 100, 113, 114, 178-187, 266; — description architectonique de N. D. de Chantemerle par M. de Saint-Andéol, 179-184.
Chantemerle, 185, 234.
Chapelle (Bertrand de la), archevèque de Vienne, 10, 92, 93.
Chaponay, 206, 243.
Charles VIII, 167, 223.
Charles IX, 228.

CHARMES, 210, 215, 227, 229.
Charmes, 43, 85, 143.
Chastaing, 138, 205.
Chastellard, 204, 206, 211.
Chastre (la), 227.
CHATEAUBOURG, 47 (note 1), 58, 61, 63, 64, 80, 81, 96, 159, 262.
Châteaubourg, 34, 59, 62, 66, 78, 79, 162 (note 2).
CHATEAUDOUBLE, 107.
Châteauneuf de Galaure, 51, 77, 101, 199, 208.
Châteauneuf de l'Albenc, 200, 201.
CHATEAUNEUF-DE-VERNOUX, 65, 73, 153, 166 (note).
CHAURISAN, 254.
Chaurisan, 76, 78, 99, 242, 254.
CHAVANNES, 111, 154.
Chavannes, 154, 206, 211.
Chitrieu, 169, 242.
Chomar, 142.
CLAVEISON, 38, 59, 63, 97, 99, 126, 189-198, 231, 235, 241.
Claveison, 20, 54, 59, 60, 78, 162 (note 2), 163, 165 (note), 175, 184, 185, 186, 187, 189-191, 208, 234-238, 245, 247, 250.
Clément IV, 57, 178.
CLÉRIEU, 7-133, 166; — inscription chrétienne expliquée par M. Allmer, 11; — le bas-relief, 116; — les églises, 115.
Clérieu (les sires de), 7-86, 121, 140, 141, 142, 143, 147, 149, 151, 155, 159, 162, 163, 164, 165, 170, 172, 185, 202, 203, 208, 234, 235, 236, 237, 244, 245, 246, 250, 254, 261, 262, 263; — leurs sceaux, 36, 52, 85, 118; — leurs tombes, 83; — leur généalogie, 84.
Clermont-Chaste, 201, 231, 251.
CLIOUSCLAT, 31.
Clivum, monasterium, 29 et suiv., 80.
COLOMBIER-LE-VIEUX, 76.
Commiers, 49.
CONDILLAC, 125, 138.
CONFLANS, 152-153, 177.
Conflans, 112, 152, 177.
CONFOLENS, 25, 63, 80, 96, 172, 265.
Conrad III, 24, 25.
Coronel ou Colonel, 142, 176.
Coste, 229, 258.

CRÉPOL, 17.
CREST, 89, 90.
Crest (Silvion de), 30, 81.
Crochis (dè), 99, 142, 155, 186.
Croix (la), 100.
Croix-Chevrières (la), 110, 111, 114, 118, 119, 123-132, 138, 145, 148, 152, 154, 174, 176, 196, 240, 246, 247, 254, 255.
CROSES, 38, 59, 76, 97, 99, 112, 116, 126, 231, 244-248.
Crussol, 41, 45, 47, 78, 97, 105, 162, 171.
Cugno (dè), 120, 143, 176.
CURSON, 81, 93 (note 2), 110, 126, 150-154, 166, 263.
Curson, 34, 62, 64, 80, 99, 140, 150, 162.

Davin, 152.
Degros, 153.
DEVESSET, 78.
DEYRAS, 76.
DIVAJEU, 89, 90.
Divonne (la Forêt), 254.
DOL, 57, 74.
Dorier, 151
Dupuy, 108, 147, 153.
DURFORT, 103.

EMPURANY, 76.
ENTREMONTS, 227.
Estissac, 103.
ÉTOILE, 104, 109, 111.

FARAMANS, 17, 21, 125, 212.
Farmer, 211.
Farnier, 151, 153.
Faure ou Fabri, 86.
Faure, sieur de Bavière, 204.
Faure de Chipre de Soubreroche, 169.
Faure de Vercors, 110.
Fay, 41, 78, 144, 198, 264.
Fayno (de), 41, 88.
Flaminge, 176.
Flotte, 9, 96, 252.
Fournier, 153, 204.
Frédéric Barberousse, 26.

Galbert, 51.
Gallier Saint-Sauveur, 184.

GARAUSON ou GROSON, 21, 57, 63, 64, 81, 96.
Gaste, 211, 225.
GERVANS, 72, 246, 250.
Gilbert de Maloc, 141.
Gioux, 106, 265.
Givors, 66.
GLUN, 32, 38, 80, 264.
Gobert, 204.
Gondoin, 138, 158, 266.
Goys, 78.
Grandis, 168, 265.
Grange (la), 169.
Grangeron, 242.
Grolée, 100, 143, 185, 250.
Gruel, 143.
Guigou, 148.

Harcourt, 211.
HAUTEVILLE, 59, 66, 112, 126, 145-148.
Hauteville, 34, 54, 59, 64, 66, 73, 78, 79, 81, 91, 99, 131 (note 2), 146, 162 (note 2), 163.
HÉRAS, 78.
Hérode, 99, 200.
HERPIEU, 206, 254.
Honneur (d'), 148.
Hostun, 142, 192, 197, 201, 227, 229, 238, 239, 250.
Houllefort, 211.
Humbert Ier, 56, 90, 235.
Humbert II, 60, 95 et suiv., 166, 171, 175, 237.
HUMILIAN, prieuré, 99, 244, 249, 250.

Innocent IV, 232.
ISERAND, 76, 155, 242.
Iserand, 77, 119, 140, 148, 155, 206, 210.
Isnards (Des), 168, 173.

Jaquemet de Saint-George, 229, 232.
Jean, 211, 258.
Jomaron, 138, 168, 172.
Joyeuse, 227.

Lambert-François, 18, 19, 20, 23, 56, 178, 234-236.
LARNAGE, 37, 72, 97, 99, 112, 126, 231, 248-255.

Larnage, 149, 249.
Laval, 211.
Léger, arch. de Vienne, 16, 148.
Lemps, 131 (note 2), 155, 177.
Léon IX (Saint), 208.
LÉONCEL, 34, 55, 59.
Lesdiguières (le connétable de), 175.
Lestrange, 57.
Lévi-Ventadour, 171.
Limon, 210, 258.
Lionne, 126, 193-195, 201, 239-241.
Lobet, 62, 64, 78, 79, 91, 99, 140, 146, 165 (note).
Loras, 77, 158, 225.
Louis (Saint), 46.
Louis XI, 46, 103, 104, 105, 157, 167, 175, 212-223.
Louis XII, 167, 223.
Loulle, 143.
Luc, 137, 138, 151, 152.
Luce II, 29.
Luzi-Pélissac, 206.

Macellier, 169.
Mache, 211.
Machon, 169.
Maillé, 225.
Malet, 99, 250, 254, 255.
Maleval, 141.
Maloc, 78, 91, 176.
Manissen, 186.
MANTES, 149.
MARCHES, 36.
MARGÈS, 38, 59, 63, 97, 99, 112, 210, 227, 229-232.
Marjays, 137, 162, 230.
MARSAS, 111, 157, 158.
MAS-DE-BRESSIEU (LE), 97, 245, 246, 247.
Massues (Des), 245, 247.
MAUVES, 159.
Medici, 62, 82.
Meffrey, 177, 197.
MERCUROL, 54, 59, 60, 97, 100, 112, 126, 190, 232-242.
Mercurol, 22, 28, 54, 149, 162 (note 2), 185, 234.
MERLEY (LE), 129.
Meyerie, 207.
Michel du Sosey, 251.
MIRIBEL-EN-VALCLÉRIEU, 52, 53, 55, 61, 62, 64, 71, 97, 105, 202-207, 262, 266.
Miribel, 202, 203.
Mistral, 138, 245.
Mitailler, 153.
Mitte, 125.
Moine, 115, 162.
Moirenc, 199, 202, 208, 209, 210.
MOLLARD-BOUCHARD (LE), 156.
Montaris (de), 73.
Monteux, 203-205, 266.
Monteynard, 192. (Voy. Ainard.)
Montchal, 257.
MONTCHENU, 38, 59, 63, 97, 99, 126, 190, 255-257.
Montchenu, 22, 28, 59, 60, 108, 151, 165 (note), 210, 214-217, 224, 225, 255-258.
MONTOISON, 89 (note 1).
MONTMEYRAN, 63.
Monts, 137.
Motte de Galaure (la), 199, 208.
Mottes, 173, 265.
MOUCHET (LE), 59, 99, 112, 119, 126, 155-157, 264.
Mouchet (Du), 59, 155.
Moulin (outillage d'un) au XIVe siècle, 236.
MURE (N. D. DE LA), 80.
Mure de Larnage, 254.
MUREILS, 51, 80 (note), 97, 99, 101, 112, 126, 198, 201.
Murinais, 152.

Nerpol, 210.
Nublat, 201.

Orlandin, 139.
ORNACIEU, 125, 214.

Pagan, 50.
Paluel, 80, 99, 199, 200.
Pape-Saint-Auban, 247.
PART-DIEU (LA), 36, 55, 61.
Pascal II, 247 (note 3).
Peccat, 258.
Pélisson (Jean), 159.
PEYRINS, 23, 95, 97, 100, 138, 164, 190, 212, 213 (note), 222, 223, 234, 235.
Pierregourde, 78, 162.
Pilavoine, 110.

Pisançon, 18, 19, 22, 23, 34, 36, 50, 55, 56, 58, 61, 62, 64, 71, 95, 109, 111, 125, 202, 240.
Planta, 243.
PLATS, 76.
Plovier, 172.
Poisle (Du), 120, 139, 140.
Poitiers, 41, 47, 55, 57, 59, 62, 64, 65, 68, 71, 72, 74, 75, 76, 77, 78, 79, 82, 87-114, 121, 125, 137, 138, 140, 141, 155, 163, 164, 166 (note), 167, 170, 171, 174, 175, 185, 186, 187, 190, 200, 202, 203, 214, 225, 230, 235, 238, 245, 254, 266.
Ponnat, 129.
Ponteniveo (dè), 131 (note 2).
Portetroyne, 48.
POUZIN (LE), 89, 263.
Priam, 138.
PRIVAS, 108.

RAC, 96.
Ravel, 112.
Raymond-Modène, 246, 255.
RETOURTOUR, 76, 162.
Revel, 80, 143.
REVIRAN, 91.
Rey du Mouchet, 148, 156.
Richard, de Serves, 99, 234, 245.
Ricolsi, 78, 81, 131 (note 2).
Riordan, 150.
Rivoire, 59.
Robiac, 150.
ROCHE-DE-GLUN (LA), 21, 29, 37, 42, 46, 47, 52, 54, 56, 58, 60, 61, 63, 64, 73, 74, 76, 77, 78, 81, 82, 96, 105, 107, 158-171, 262, 264, 265.
ROCHEBLAVE, 50.
ROCHEBLOINE ou ROCHEBLAINE, 50, 54, 163, 261.
Romanet Lestrange, 58.
ROMPON (SAINT-PIERRE DE), prieuré, 16, 90, 166 (note).
Rostaing, 53, 148, 151, 154, 156, 201, 202, 205, 206, 264.
Rousseau (J. J.), 139, 251.
Roussillon, 9, 52, 54, 55, 56, 58, 64, 77, 155, 163, 164, 165 (note), 190, 214, 218, 261, 262.
Ruyn, 49.

SABLIÈRE, 112, 125, 137, 138.
SAINT-ANDÉOL, 198.
SAINT-ANDRÉ-DE-ROYON, 20, **21**, 119, 154.
SAINT-BARDOUX, 56, 58, 61, 111, 115, 119, 120, 126, 130 (note 2).
SAINT-BARTHÉLEMY-LE-PIN, 63.
SAINT-BAUDILE, chapelle, 119, 130 (note 2).
SAINT-CLÉMENT, prieuré, 232, 241, 266.
SAINT-CHRISTOPHE, 206.
SAINT-CHRISTOPHE, chapelle à Tain, 247 (note 3), 249.
SAINT-DIDIER-LA-SÉAUVE, 64, 81, 163, 165 (note).
SAINT-DONAT, 100, 225, 227, 229.
SAINT-FÉLIX de Valence, abbaye, 17, 21, 23, 33, 34, 52, 53, 65.
SAINT-FORTUNAT, 103.
SAINT-GEORGES, 76, 80, 81, 166, 169, 171.
Saint-Jean, 69.
SAINT-JEAN-DE-CHATILLON, 116, 119.
SAINT-MAMANS, 40.
SAINT-MARCEL-DE-MILLIEU, 225.
SAINT-MARCELLIN, chapelle, 141.
Saint-Mars, 59, 66, 99, 120, 142, 146, 233.
SAINT-MAURICE, chapelle, 120.
Saint-Médard, 80, 162 (note 2).
SAINT-MICHEL, cimetière, 119, 264.
SAINT-MURIS, 207, 258.
SAINT-PIERRE-DES-BLÉS, paroisse, 178, 266.
SAINT-PIERRE-DE-MARNAS, 149, 241.
SAINT-PIERRE-DE-MEUILLON, 119.
ST-PIERRE-DE-VORASSIER, 21, 119.
SAINT-PRIEST, 230, 231.
SAINT-QUENTIN, 62, 64.
SAINT-VALLIER, 23, 37, 44, 68, 69, 79, 91, 95, 102, 103, 104, 107, 108, 111, 125, 126, 162 (note 2).
SAINTE-MARIE DE MARNAUDO, 170.
Salvagni, 258.
SAMSON, 19, 40.
Sarret, 245.
Sassenage, 9, 62, 164, 210.
Sayve, 110.
SENAUD, 156.
SERMÉANE, 139.
SERVES, 125, 190.

Seytre, 102, 137.
Sicard, 137, 143.
SILHARD, 52, 166, 173.
Silla, 243.
Sobon, arch. de Vienne, 13.
SOLIGNAC, 63.
Solignac, 78, 80.
Soubeyran de Montgiraud, 251, 252, 254.
SOYANS, 111.
SOYONS, 61, 159.

TAIN, 153, 171, 240, 243.
Tardivon, 139.
Thaumassin, 223.
Theys, 96, 245, 255.
Thomé, 138, 203, 206.
Tivoley, 231, 242.
TOULAUD, 63, 159, 162 (note 1).
Tour (la), 51, 59, 68, 70, 74, 140, 185.
Tourette (la), 73.
TOURNAY, 229.
TOURNON, 77, 159, 166, 171, 193.
Tournon, 67, 74, 75-78, 82, 138, 144, 151, 153, 156, 159, 162, 170, 171, 196, 197, 201, 230, 241, 245, 254, 264.
TULLINS, 67, 75, 81.

UPIE, 63, 89, 111.
Urbain II, 18, 208.
Urre, 116, 138, 155, 162, 196, 241, 247, 252, 253.

VACHE (LA), 111.
Vallier, 119.
Vallin, 211.
VALS, 111.
VAUX, 206.
Vaux, 136.
VOULTE (LA), 16, 17, 21, 25, 41, 51, 78, 88.
VEAUNES, 43, 59, 85, 93 (note 2), 99, 107, 111, 112, 126, 143-145, 263.
Veaunes, 66, 77, 101, 137, 144, 146, 245.
Veilleu, 112, 118, 136, 147, 152, 187, 203, 204, 238, 242, 263.
VERNAISON, 21, 44, 57, 60, 62, 83.
Vernous, 96.
Vivier (Du), 145.
Vounac, 73, 131 (note 2).
VOSSERTS (LES), 187, 244.

Wittert de Westrum, 170.

www.ingramcontent.com/pod-product-compliance
Lightning Source LLC
Chambersburg PA
CBHW050635170426
43200CB00008B/1030